"十二五"职业教育国家规划教材
经全国职业教育教材审定委员会审定

汽车美容

（第2版）

主 编 覃维献 程玉光

北京理工大学出版社
BEIJING INSTITUTE OF TECHNOLOGY PRESS

内容提要

作为"十二五"职业教育国家规划教材之一，本书以项目为载体，以学习情境为架构，介绍了汽车美容的基本知识与实践操作。全书由8个学习情境组成：认识汽车美容、车表清洗、漆面美容、内饰美容、外饰美容、汽车防护、汽车隔音工程及汽车电器装潢，并形成25个作业项目，重点介绍了车表清洗、电脑洗车机清洗、汽车封釉镀膜、内室消毒净化处理、车膜装贴、安装中控防盗、倒车雷达、底盘装甲、全车隔音、音响升级改装等汽车美容作业项目，突出了新技术的运用，项目作业介绍翔实细致，图文并茂，操作性强。

本书可作为高职高专院校及应用型本科专业教材，可供从事汽车美容的有关技术人员参考，也可以作为相关技术人员的自学教材。

版权专有　侵权必究

图书在版编目（CIP）数据

汽车美容/覃维献，程玉光主编. —2版. —北京：北京理工大学出版社，2019.1重印
ISBN 978-7-5640-9696-0

Ⅰ．①汽… Ⅱ．①覃… ②程… Ⅲ．①汽车-车辆保养 Ⅳ．①U472

中国版本图书馆 CIP 数据核字（2014）第 205409 号

出版发行 /	北京理工大学出版社有限责任公司
社　　址 /	北京市海淀区中关村南大街5号
邮　　编 /	100081
电　　话 /	(010) 68914775（总编室） 82562903（教材售后服务热线） 68948351（其他图书服务热线）
网　　址 /	http://www.bitpress.com.cn
经　　销 /	全国各地新华书店
印　　刷 /	三河市华骏印务包装有限公司
开　　本 /	787毫米×1092毫米　1/16
印　　张 /	17.5
字　　数 /	405千字
版　　次 /	2019年1月第2版第6次印刷
定　　价 /	45.00元

责任编辑/张慧峰
文案编辑/张慧峰
责任校对/周瑞红
责任印制/马振武

图书出现印装质量问题，请拨打售后服务热线，本社负责调换

前　言

汽车作为人类文明发展的标志，自 1886 年诞生至今，已有一百多年的历史。伴随着我国汽车工业的高速发展和汽车保有量的不断增加，20 世纪 90 年代一种新兴的服务模式——汽车美容进入我国。汽车美容店如雨后春笋般遍布全国各地，汽车美容业也应运而生，逐渐成为汽车后市场重要内容之一。

但是，相对汽车美容市场发展而言，我国汽车美容操作技术与人才培养方面未能做到与市场相适应，与汽车美容严格的系统性、规范性及专业性的要求不相适应。特别是汽车美容教材建设方面，存在介绍不全面，知识陈旧，与社会上汽车美容新技术脱节等问题；汽车美容技术教材缺乏理论与实践的双重支持，大多以理论知识为主而不具备操作性，不适合做职业教育教学与培训教材及自学读本。为此，我们编写了本教材。

本教材根据项目教学情境化的要求，结合工程教育模式（CDIO）理念，将汽车美容的工作内容设置了 8 个学习情境，分别是认识汽车美容、车表清洗、漆面美容、内饰美容、外饰美容、汽车防护、汽车隔音工程及汽车电器装潢。

本教材具有以下四个鲜明的特点：

一是编者在广泛调查研究的基础上，根据我国汽车美容行业发展的实际情况，着重对汽车美容的相关作业内容、操作工艺规程及相关美容产品的使用等进行了系统的讲解，并介绍了当前汽车美容装饰中的新技术、新工艺、新材料、新观念，使所提供的知识能够与汽车工业的发展同步。

二是在内容选取上针对性强，既涵盖汽车美容常规项目，又对当前市场的热点项目，如汽车镀膜、内室净化、车膜装贴、全车隔音及汽车音响升级改装等进行了翔实全面的介绍，而对一些易理解、易上手的项目不予介绍或简单介绍。

三是以学习情境为架构，以项目操作为主线，从功用、类型、特点、用品、工具设备等方面进行推进式叙述，并推出项目操作作业，有理有据，层次性强，易于学生接受。

四是内容新颖，图文并茂，由浅入深，细化的操作步骤与大量的实拍汽车美容作业图片相得益彰，全面展现每个项目的操作全过程，便于讲授及自学。

本书学习情境 1~4、6~8 由桂林航天工业学院覃维献编写，学习情境 5 由北京交通运输职业学院程玉光编写。全书由覃维献负责统稿,程玉光给出评审意见。在编写过程中,好友、同行提供了珍贵资料,并参阅了大量国内外专业书籍和资料,参考了汽车美容界同仁的一些著作,在此一并表示感谢。

本书是"广西高等学校优秀中青年骨干教师培养工程"资助成果,是2014年度广西高等教育教学改革工程重点项目(项目编号:2014JGZ152)"汽车服务工程应用型本科专业CDIO人才培养模式的创新与实践"阶段性成果。

汽车美容是一个新兴行业,汽车美容技术发展非常迅速。由于编者水平有限,书中难免有疏漏之处,敬请读者批评指正,以便今后修订。

编 者

目　　录

学习情境 1　认识汽车美容 / 001

　　项目 1　认识汽车美容作业项目 / 001

　　项目 2　认识汽车美容行业发展 / 008

　　项目 3　汽车美容行业从业人员规范 / 013

　　项目 4　汽车美容安全规范 / 017

学习情境 2　车表清洗 / 024

　　项目 1　专业人工清洗 / 024

　　项目 2　电脑洗车机清洗 / 040

　　项目 3　新车开蜡 / 046

学习情境 3　漆面美容 / 052

　　项目 1　漆面打蜡 / 052

　　项目 2　汽车封釉 / 060

　　项目 3　汽车镀膜 / 077

学习情境 4　内饰美容 / 086

　　项目 1　内室清洁护理 / 086

　　项目 2　车室消毒净化 / 100

　　项目 3　发动机室美容 / 109

学习情境 5　外饰美容 / 115

　　项目 1　汽车玻璃美容 / 115

　　项目 2　橡胶件美容 / 124

　　项目 3　塑料件美容 / 129

　　项目 4　金属电镀件美容 / 132

学习情境 6　汽车防护 / 137

项目 1　装贴汽车玻璃膜 / 137

项目 2　安装汽车中控防盗器 / 165

项目 3　安装倒车雷达 / 183

学习情境 7　汽车隔音工程 / 198

项目 1　车体隔音 / 198

项目 2　底盘装甲 / 221

学习情境 8　汽车电器装潢 / 232

项目 1　汽车音响升级改装 / 232

项目 2　安装车载导航仪 / 254

项目 3　改装氙气灯 / 262

参考文献 / 272

学习情境 1

认识汽车美容

汽车美容是汽车工业和人类文明发展到一定程度的产物,是一个新兴行业。汽车美容又是一门交叉学科,涉及机械、化工、美学、环保等各方面的知识和内容,同时也是一个操作性很强又极注重经验的技术工种。因此,从事汽车美容工作必须了解和掌握有关的知识,遵循礼仪规范,熟悉安全操作规程,这对提高汽车美容专业水平,确保汽车美容质量具有重要意义。

项目 1 认识汽车美容作业项目

学习目标

1. 能正确理解汽车美容的定义。
2. 能正确描述汽车美容的作用。
3. 能正确描述汽车美容的作业项目与内容。
4. 能正确理解汽车美容的依据与原则。
5. 会区分自助美容、专业美容。

一、项目情境引入

有人说,汽车美容不需要学,看别人做一下就懂了,不就是一条水管、一个水桶、一包洗衣粉、一块抹布吗?洗车、打蜡简单得很!这种说法对吗?

二、项目相关知识

(一)汽车美容定义

"汽车美容"一词源于西方发达国家,英文为"Car Beauty"或"Car Care",意指汽车的美化与维护。在西方国家,人们形容这一行业为"汽车保姆"(Car Care Center)。汽车美容是继汽车生产、销售、维修之后的第四行业。

汽车美容是指根据汽车各部位不同材质及美容机理，针对性地采用专业美容系列用品和专业工具设备，按照一定的操作工艺，由表及里对汽车进行细致的养护、修复和翻新，从而实现"旧车变新，新车保值，延寿增益"的功效。它不仅包括汽车打蜡、除渍、除臭、吸尘及车内外的清洁服务等常规美容护理，还包括漆面增光、打蜡、抛光、镀膜、封釉、划痕处理等漆面美容，以及汽车内外饰美容与电器装潢等一系列汽车美容技术。

汽车美容行业自1994年引入我国，由最原始的一条水管、一个水桶、一包洗衣粉、一块抹布以及一把刷子就完成对汽车的"美容"，逐步发展成为具有严格的系统性、规范性和专业性的全新朝阳产业、黄金产业。其中，系统性是着眼于汽车的自身特点，由表及里进行全面而细致的保养；规范性是每一道工序都有标准而规范的技术要求；专业性是严格的按照工艺要求采用专用工具、专用产品和专用技术手段进行操作。

我国汽车美容业快速发展的因素：一是由于国富民强、社会进步，汽车保有量的快速增长极大地推动了汽车消费，从而带动了汽车服务产业的蓬勃发展；二是汽车更新换代的时间由过去的8～10年缩短为4～5年，这使得二手车交易市场发展迅速，为了避免旧车贬值过快，从而推动了汽车美容业快速发展；三是汽车正以大众化消费品的姿态进入百姓生活，因而汽车的款式、性能以及汽车的整洁程度，无不体现车主的性格、修养、生活观及喜好，如同人们日常穿着一样，所以许多人想让自己的"驾座"看起来干净漂亮，用起来舒适，凸显自身品位，为实现这一目标，需要对汽车进行一系列美容作业；四是对汽车进行内外饰美容及汽车装潢等作业，可以极大地提高汽车装饰性、安全性、便利性、舒适性，实现全方位的呵护。

（二）汽车美容的功用

1. 提供保护

就车表而言，汽车在使用过程中，由于风吹、日晒、雨淋等自然侵蚀，以及环境污染的影响，漆膜会出现失光、变色、粉化、起泡、龟裂、脱落等老化现象；另外，交通事故、机械撞击、不合理车身美容等也会造成漆膜损伤。一旦涂膜损坏，金属等物体便会失去保护的"外衣"。适时打蜡、镀膜、封釉处理可为车表穿上一层隐形"保护衣"，不仅保护车膜，还可以增加车身的色泽。对内饰而言，通过对内饰的清洁、护理与净化处理，不仅会延缓内饰件的老化，而且还为车主营造了一个清洁健康的环境。另外，车膜装贴、安装导航DVD、安装防盗器以及倒车雷达等，还能较好保护汽车与驾乘人员。为此，汽车美容为汽车及驾乘人员提供了优质的保护。

2. 创造美感

五颜六色的汽车在城市中形成一条条绚丽的流动风景线。这些绚丽的风景线与我国汽车美容业的兴起是分不开的。如果没有汽车美容，道路上行使的汽车车身灰尘污垢堆积，漆面色彩单调、色泽暗淡，甚至锈迹斑斑，车漆层严重损伤，这样将与美丽的城市建筑极不相称。适时清洁、护理、除菌的内饰给驾乘人员温馨、舒适的感觉；车窗贴膜、汽车音响、汽车精品以及底盘装甲等无不为汽车增添美感与情趣。

3. 诠释自我

汽车不仅仅是一种交通工具，也是一种身份的象征，并反映了车主的生活格调。车主不仅要求汽车具有优良的性能、漂亮的外观，并想方设法把汽车装点得符合自己的需要，这就对汽车装饰性能的外延提出更高的要求。如同对现代个人的包装一样，人需要以整洁、得体的服饰来表征个人的某些内在意识、个性气质乃至生活观念和生活态度。作为汽车的使用者，汽车与车主朝夕相伴，无疑它早已成为车主形象表征的重要组成部分。因此，通过汽车美容作业，使汽车成为车主的自我表达以及自信的诠释。

（三）汽车美容的分类

1. 根据汽车服务部位分类

可分为车表清洗、漆面美容、车饰美容、汽车防护、汽车隔音工程及汽车电器装潢等。

1）车表清洗

车表清洗主要包括高压洗车，除锈，去除沥青、焦油、残蜡等污物等项目。经常洗车可以清除车表尘土、酸雨、沥青等污染物，防止漆面及其他车身部件受到腐蚀和损害。

2）漆面美容

漆面美容主要包括新车开蜡，漆面打蜡、封釉、镀膜，漆面轻度失光处理、轻度及中度浅划痕处理。

3）车饰美容

车饰美容包括内饰美容、外饰美容及发动机底盘美容三部分。

内室美容服务项目可分车室美容、行李箱清洁等项目，车室服务项目包括仪表台、顶棚、地毯、脚垫、座椅、座套、车门内饰的吸尘清洁保护，以及高温蒸汽杀菌、冷暖风口除臭、车室空气净化等项目。

外饰美容包括车窗玻璃、车灯、后视镜、保险杠、轮毂、轮罩、裙边等外饰件的清洁与护理。

发动机底盘美容包括发动机清洁、喷上光保护剂、发动机翻新处理。

4）汽车防护

汽车防护的项目包括车膜粘贴、安装中控防盗器、安装倒车雷达等。汽车防护不仅提高汽车美观性，更重要的是为全车提供更全面更合理的呵护，大大地提高车辆和行驶的安全性与驾乘人员的舒适性。

5）汽车隔音工程

汽车隔音工程主要包括车门隔音、后备厢隔音、引擎盖隔音、车地板隔音及底盘装甲，可为驾乘人员提供一个安静的驾乘空间，也为汽车音响升级改装提供基础。

6）汽车电器装潢

汽车电器装潢主要包括汽车音响升级改装、安装车载导航及安装氙气灯（HID），为汽车行车安全、便捷及驾乘人员享受提供了可能。

2. 根据汽车实际美容程度分类

可分为一般美容、专业美容、自助美容三类。

1）一般美容

一般美容就是人们常说的"洗车、打蜡"，是将汽车表面上的污物、尘土洗去，然后打蜡，增加车身表面的光亮度，起到粗浅的"美容"作用。这种方法，操作起来比较简单，通常是一两个人、一桶水、一条毛巾就可完成的"汽车美容"。这种操作往往清洗不彻底，护理不配套，还会把漆膜划伤，出现细微的划痕；水洗后擦拭不彻底，使有的部位留有水渍，"完工"后阳光一照，水分蒸发留下了水痕，影响表面光泽；在车身的门缝、窗边等凹槽处，因无法擦干，在阳光照射下出现水汽，加重了对漆膜和凹槽等处的腐蚀作用，使车身受损。由于上述原因，应避免采用这种方法对汽车进行美容。

2）专业汽车美容

专业汽车美容，不仅仅包括对汽车的清洗、打蜡，更主要的是根据汽车实际需要进行维护，采用针对性的专业美容系列用品和专业工具设备，按照一定的操作工艺，由表及里对汽车进行细致的养护、修复和翻新，专业汽车美容不仅包括汽车打蜡、除渍、除臭、吸尘及车内外的清洁服务等常规美容护理，还包括漆面美容、汽车内外饰美容与电器装潢等项目。

一般来说，专业汽车美容是通过先进的设备和数百种专用汽车美容用品，经过几十道工序，对车身、内饰、发动机、钢圈、轮胎、底盘等各部位，进行彻底清洗、保养和维护，使旧车面貌变新，并保持长久时间。这样的汽车美容，才是真正的专业汽车美容。

（1）专业汽车美容项目和内容。

专业汽车美容作业项目包括：整车全面彻底清洗；油污、飞漆、污物的清洗处理；漆膜粗研磨处理；漆膜细磨抛光处理；漆膜增艳处理；漆膜抗氧化保护处理；持久保护层处理；漆膜镜面处理；钢圈、轮胎、保险杠、底盘等美容护理；室内各部位及主要配置的美容护理；车室消毒净化；发动机室的美容护理等。

（2）专业汽车美容后达到的效果。

①车身漆膜应达到艳丽的新车效果，并能长久保持；应具有防静电、防酸雨、防紫外线的"三防"功能。

②发动机的清洗翻新，可使发动机表面形成光亮的保护膜并可长久保持。

③风窗玻璃的修复抛光，可使开裂发乌的玻璃变得清晰明亮，完好如初。

④轮毂、轮胎经美容护理后，应具有艳丽的光泽，并能延长使用寿命。

⑤室内、行李箱等处，经美容处理后，应更显清洁、清新，华美富丽。

⑥车辆金属裸露部分经除锈、防锈处理后，应具有金属光泽，不再生锈，并能延长其使用寿命。

3）自助汽车美容

简单讲，自助汽车美容又叫家庭式汽车美容，是指车主自己动手对汽车进行清洁和养护。在汽车的日常使用中，如果对汽车只用不养，容易加速汽车的磨损和老化；如果把汽车开进路边小棚，用破布、几桶水或高压水枪"呵护"一番，表面上把车子洗得干干净净，其实是在对汽车实施破坏性清洗；如果把汽车开进汽车"美容院"，虽然能护理周到，但费时费钱。其实，最经济、最便捷的美容是自己动手，开展汽车自助美容。当然，这必须是在自己能处理的范围之内。

（四）专业美容作业内容

专业的汽车护理作业流程通常分为33道工序。不同的汽车美容公司对这33道工序的描述不同，顺序上也略有差别，但大体上是一致的。基本工序与内容如下：

（1）全车外部冲洗大块泥沙。

（2）全车外部清洗，除油污，除静电，除交通膜。

（3）新车开蜡，深度清洗。

（4）漆面焦油、沥青、鸟粪等杂质处理。

（5）玻璃抛光增亮翻新。

（6）玻璃清洁、防雾处理，加装防冻洗涤剂。

（7）发动机表面清洁、翻新。

（8）全车的除锈、防锈、防腐蚀处理。

（9）底盘清洁养护。

（10）漆面橘皮等特殊现象的处理。
（11）漆面一度抛光翻新，去除深度氧化层、轻划痕。
（12）漆面二度抛光翻新，去除太阳纹、斑点。
（13）漆面增艳养护处理。
（14）漆面超级上釉、镀膜养护。
（15）保险杠装饰清洁翻新。
（16）车裙、挡泥板去杂质清洁养护。
（17）全车灯光及左右倒车镜清洁、抛光翻新。
（18）轮毂飞漆、焦油、氧化层的去除，增光翻新。
（19）轮胎清洁增黑、上光养护。
（20）漆面深度划痕、局部创伤快速修复。
（21）车室的全面除尘处理。
（22）车室顶篷除污翻新。
（23）转向盘、仪表板清洁上光养护。
（24）置物区、烟灰缸、音响区清洁。
（25）冷气出风口处理。
（26）全车电路系统清洁、防潮、防老化养护。
（27）车门内侧的清洁翻新，上光养护。
（28）真皮清洁，上光养护。
（29）车内丝绒表面的清洁，柔顺养护。
（30）行李箱除污清洁养护。
（31）车室去异味，杀菌处理。
（32）全车镀铬件表面去除氧化层，抛光翻新。
（33）全车检测。

以上33道工序并不是每一辆车都要做一遍，而是依据车的实际情况及客户的意愿而定。如果需要全做，则是专业全车美容护理。

（五）汽车美容作业的基本条件

专业汽车美容必须要具备如下条件：

（1）应有专用的汽车美容操作工作室。工作室应与外界隔离，并设有专门的漆膜维修处理工作室、干燥室、清洗室、美容护理室，而且相互不应干扰。

（2）各工作室应有相应的专用设备、工具及能源，可供作业所用。本书美容装饰项目及设备用品见表1-1。

（3）所有的施工人员、技术人员，必须经过专业技术培训，取得上岗证书后，方可进行施工操作。

（4）汽车美容用品及有关材料必须是正规厂家生产的合格品，而且应是配套使用的相关产品。这可避免在汽车美容施工时出现质量事故。

（5）有必要的售后服务保障。售后服务是对专业美容的补充，是专业美容的延续，可保证当一些质量问题出现后，能及时有效地进行补救处理。这既可在消费者心目中树立汽车美容企业的良好服务形象，也是对消费者权益的保证。

表1-1 现代汽车美容装饰项目及设备用品

序号	汽车美容项目	作业项目	设备及用品
1	汽车清洗	普通清洗	高压（冷/热）清洗机、泡沫机、空气压缩机、香波清洗剂（洗车液）、气枪、麂皮、毛巾、板刷、车轮清洁上光剂
		精细清洗	同上，另加焦油沥青清洗剂、树脂清洁剂、脱蜡清洁剂
		电脑洗车机洗车	电脑洗车机、水蜡、专用洗车液
		新车开蜡	强力开蜡水、无纺毛巾及清洗设备
2	漆面美容	漆面打蜡	打蜡机、打蜡海绵、保护蜡、上光蜡
		漆面失光处理/漆面轻度划痕处理	抛光/研磨机、研磨剂、抛光剂、还原剂、漆面增艳剂、漆面保护剂
		汽车封釉	封釉振抛机、抛光/研磨机、研磨剂、抛光剂、还原剂、镜面釉、洗车泥、烤灯
		汽车镀膜	抛光/研磨机、研磨剂、抛光剂、还原剂、镀膜套装
3	车饰美容	内饰美容	吸尘/吸水器、高温蒸汽清洗机、喷壶、毛巾、真皮清洗剂、塑料清洗剂、纤维织物清洁保护剂、真皮上光保护剂、地毯清洁剂、臭氧消毒机、光触媒
		外饰美容	玻璃清洗机、玻璃抛光剂、拨水剂、喷壶、毛巾、轮胎清洗保护剂、轮胎上光剂、塑胶清洗剂、镀铬抛光剂
		发动机室美容	高压清洗机、空气压缩机、喷枪、喷壶、毛巾、发动机表面活性清洗剂、机头光亮保护剂、塑料膜、电子清洗剂、塑胶保护剂等
4	汽车防护	车膜装贴	软刮刀、硬刮刀、太阳膜、喷壶、剪刀、模板、防爆太阳膜、数显烤枪
		安装中控防盗器	防盗器、中控门锁、万用表、胶布、剪刀、测试笔
		安装倒车雷达	倒车雷达、电钻、钻头、万用表、胶布、介尺、笔
5	汽车隔音工程	车体隔音	减振片、隔音材料、吸音绵、棍子、内饰拆装工具
		底盘装甲	空气压缩机、油水分离器、专用喷枪、举升机、遮蔽胶带、遮盖纸、大张塑料薄膜、底盘装甲材料
6	汽车电器装潢	汽车音响升级改装	隔音材料、主机、功放、喇叭、线材、扩音器、中纤板、内饰拆装工具
		安装车载导航仪	专用车载导航仪、内饰拆卸工具、万用表、12V测试笔、绝缘胶布、密封胶、剥线钳、高温风枪、热缩管及常规拆装工具
		安装氙气灯	氙气灯、万用表、12V测试笔、绝缘胶布、密封胶、剥线钳、高温风枪、电钻及常规拆装工具

（六）汽车美容的依据

汽车美容应根据车型、车况、使用环境及使用条件等因素，有针对性地、合理地安排美容作业的时机及项目。

1. 因车型而异

由于汽车美容项目、内容及使用的用品不同，其价位也不一样，对汽车进行美容不仅要考虑到工艺的难度、效果，同时也要考虑费用问题。因此，不同档次的汽车所采取的美容作业及使用的美容用品应有所不同。对于高档汽车应主要考虑美容的效果，而对于中低档汽车只要进行一般的美容作业就可以了。

2. 因车况而异

汽车美容作业应以汽车车膜及其他物面的实际状况出发制订工艺路线，有针对性地进行美容作业。车主或驾驶员应经常对汽车表面进行检查，发现异变现象要及时处理。如车漆表面出现裂痕，尤其是较深的划痕，若处理不及时，导致金属锈蚀，就会增大处理难度。

3. 因环境而异

汽车行驶的地域和道路不同，对汽车进行美容操作的时机和项目也不同。如汽车经常在污染较重的工业区使用，则应缩短汽车清洗周期，经常检查漆面有无污染色素沉着，并采取积极预防措施；如汽车在沿海地区使用，由于空气潮湿，且大气中含盐分较多，一旦漆面出现划痕应立即采取治理措施，否则很快会造成金属内部锈蚀；如汽车在西北地区使用，由于当地风沙较大，漆面易失去光泽，则应缩短抛光、打蜡的周期。

4. 因季节而异

不同的季节、气温和气候的变化，对汽车表面及车室具有不同的影响。如汽车在夏季使用时，由于高温漆膜易老化，在冬季使用时，由于严寒漆膜易冻裂，均应进行必要的预防护理作业。另外，冬夏两季车内经常使用空调，车窗紧闭，车内易出现异味，应定期进行杀菌和除臭作业。

（七）汽车美容的原则

汽车美容护理的对象是汽车，而汽车是贵重的物品，在实施美容护理及实际操作中都应该遵循一定的原则。

1. 护理原则

1）预防与治理相结合的原则

汽车美容以预防为主，即在汽车漆膜及其他物面出现损伤之前进行必要的维护作业，预防损伤的发生。一旦出现损伤应及时进行治理，恢复原来状况。因此，汽车美容应坚持预防与治理相结合的原则。

2）车主护理与专业护理相结合的原则

汽车美容很多属于经常性的维护作业，如除尘、清洗、擦车、检查等，几乎天天要进行，这些简单的护理作业，只要车主掌握了一定汽车美容知识，完全可以自己完成。但定期到专业汽车美容场所进行美容也是必不可少的，因为还有很多美容项目是车主无法完成的。尤其是汽车漆面、内外饰出现某些问题时，必须进行专业护理。为此，车主或驾驶员护理一定要与专业护理相结合，这样才能将车护理得更好。

3）单项护理与全套护理相结合的原则

汽车美容作业应针对性地选择项目和内容，进行某些单项护理就能解决问题的不必进行全套护理，这样不仅是为了节省费用，同时对汽车本身也是有利的。例如，汽车漆膜的厚度是有一定标准的，如果每次汽车漆面美容都进行全套的研磨、抛光、打蜡，这样漆膜厚度很快会变薄，当磨至露底色漆时，就必须重新喷漆，这就得不偿失了。当然在需要时对汽车进行全面护理也是必要的，关键是要根据不同情况具体对待。

4）局部护理与全车护理相结合的原则

汽车漆膜局部出现损伤时，只要对局部进行处理即可，只有在全车漆膜绝大部分出现损伤时，才能进行全车漆膜处理。在实际中应根据需要决定护理的面积，只需局部护理的，不要扩大到整块板；只需整块护理的，不要扩大到全车。

2. 操作原则

1）以稳妥为主，取稳避莽

急于求成是许多人容易犯的毛病，急躁是造成事故的主要原因之一。汽车美容护理的事故都是严重的，因为汽车的本身价值高。如果在研磨中把车漆磨透了，这辆车必须重新喷漆。操作人员遇到难题时要停下来，弄懂之后再做，不能拿车来做试验，不可蛮干硬来。

2）以质量为准，取轻避重

在保证质量的前提下，能用柔和型用品时，就不用强力型；能用微切就不用中切；能用稀释的就不用浓缩的；能用低速就不用高速；能用轻力就不用重力。只要把活干好，轻的永远比重的强。

3）以特性为主，避免强力

专业人员不应从用品的名称上、而应从用品的特性上去理解用品。例如，丝绒清洗剂和发动机清洗剂对普通消费者来说是两种不同的产品。但对专业人员来说，它们都是用来去油的，但发动机清洗剂的去油性强。了解了这一点，专业人员也可以用丝绒清洗剂来清洗不太油的发动机。在所有的内饰清洁中，由于其材质的不同，其清洗的力度也有轻有重。丝绒最娇气，应使用柔和型的清洗剂，化纤其次，地毯可使用强力清洗剂。遵循前两条专业美容护理的原则——"取稳避莽""取轻避重"，在清洗内饰时，就可以用丝绒清洗剂来清洗整个内饰，包括化纤、地毯等。如果都干净了，也就没有必要使用强力清洗剂。这一原则，在洗车、打蜡、抛光等工序中同样适用。

4）以精细为准，避免粗糙

专业美容是细活儿，仅次于艺术品的制作。边边角角的地方特别注意不能遗漏。一个小小的污点就有可能破坏整个形象。精益求精是专业汽车美容护理公司争取回头客的法宝。

项目 2　认识汽车美容行业发展

一、项目情境引入

经过两年多的汽车专业学习，小王打算毕业后选择汽车美容行业来创业，但汽车美容行业现状如何，投资情况如何，对此他一片茫然。这一现象表明，我们不能读死书，不能片面强调知识的积累、技能的把握，应该在宏观层面上对汽车美容行业的"软"环境有一个清醒的认识，必须对汽车美容行业有一个全面的认识。

二、项目相关知识

(一)我国汽车美容业的发展背景

回顾汽车美容的历史,西方工业发达国家汽车美容业几乎是与高档轿车的产生同步出现的,美、英等国于20世纪20年代末、30年代初率先产生汽车美容行业,到20世纪60年代,汽车美容业日益壮大并逐步形成规模。70年代后期,这一行业迅猛发展。在这一时期,汽车美容业开始走向亚洲,到20世纪80年代,汽车美容业在全球已发展成为一支不可忽视的产业大军。据不完全统计,1994年美国汽车美容业年产值就达到117亿美元,1999年为2647亿美元。根据欧美国家统计,在一个完全成熟的国际化汽车市场中,汽车的销售利润在整个汽车业的利润构成中仅占20%,零部件供应的利润占20%,而50%~60%的利润是从汽车服务业中产生的。美国汽车服务业的营业额已经超过汽车整车的销售额,其中单单一个汽车美容业年产值就已超过3500亿美元。从中不难看出,汽车美容业蕴含着巨大的社会效益和经济效益。

随着我国国民经济的发展,工业化与城市化进程的稳步推进,城乡居民生活水平大幅提升,推动了消费结构升级。据统计,2001—2008年,农村居民家庭人均纯收入从2001年的2366元增长到2008年的4761元,扣除物价因素,年均增长6.4%,并且人均生活消费支出比2001年翻了一番,达到3361元。城镇居民家庭人均可支配收入从6860元增长到15781元,扣除物价因素,年均增长为9.9%。2011年,全国农村居民人均纯收入增至6977元,剔除价格因素影响,实际增长高达11.4%。恩格尔系数由20世纪90年代中期的46.9%下降到2011年的约40%,已达到联合国粮农组织提出的30%~40%的富裕水平阶段。消费重心也明显由食物需求向穿、用等其他方面转移。近年来,国内私人购车比例由本世纪初的50%已跃升至80%以上,已成为拉动汽车消费的主要力量。居民收入的增长与城乡差距的缩小,刺激了二、三线城市汽车需求释放。2009年,在"汽车下乡"以及税费优惠等鼓励政策推动下,二、三线城市汽车消费首次超过一线城市。目前,仅二、三线城市就有近3亿人具备汽车购买能力,大量潜在需求有待释放。现阶段我国每千人汽车拥有量约50辆,与美国、德国、日本、法国等汽车强国790、600、550、500的每千人拥有量相比,差距巨大,与世界千人平均160辆的拥有量也相距甚远,我国千人汽车拥有量世界排名为第八十多位,市场发展空间仍然广阔。

随着我国经济体制改革的不断深入和对外开放的进一步扩大,我国汽车消费步入了快车道。表1-2反映我国十年来汽车保有量与产量的增长情况。十年来,我国汽车工业呈现出高速增长态势,产量增长了634%,保有量增加了590%。如此大的汽车保有量,以及巨大的发展潜力,这对于我国汽车美容行业发展来说将是一个非常广阔的市场。

表1-2 2002—2012年中国汽车保有量及年产量数据统计   万辆

年 份	2002	2004	2006	2008	2009	2010	2011	2012
民用汽车保有量	2 049	2 742	4 985	6 467	7 619	9 086	10 578	12 089
年产量	325	507	721	938	1 379	1 826	1 842	2 059

另外,我国城镇居民已经开始从汽车代步时代向享受汽车文化的时代迈进,大部分地区

的城镇居民正在进入汽车消费时代。汽车作为人们身份和地位的象征作用逐渐削弱，而成为汽车消费者对个性化、多元化文化取向的集中体现。汽车"飞入寻常百姓家"，为汽车"后市场"开辟了更广阔的市场。

（二）汽车美容行业预测

1. 汽车美容总产值和总利润预测

汽车美容业是一个新兴的产业，其产值的大小一方面受汽车拥有量的影响，另一方面也存在一个消费者认知的过程。根据相关行业和国外汽车美容业的发展经历，一般情况下，一个国家的汽车美容业要经历起步阶段、成长阶段、成熟阶段等三个发展阶段。在起步阶段，由于消费者生活水平不高，对汽车美容养护的认知不足，同时在全部汽车拥有量中低档次汽车所占的比例较大，汽车美容业虽然利润率较高，但总产值相对较低。在成长阶段，消费者的可支配收入大幅度上升，开始注意到自己驾乘的汽车如同穿在身上的衣服一样，是一个人身份、地位和文化品位的象征，因此比较注重汽车的性能和外表，经常需要进行汽车美容养护。同时在全部汽车拥有量中，轿车的比例上升、商用车比例逐年下降，而且高档轿车的比例不断增加，汽车美容养护的需求与日俱增。

根据以上分析和汽车拥有量的数据，2012年每辆轿车平均每年美容支出为4 000元、2015年为5 000元、2020年为6 000元；每辆商用车平均每年美容支出为2005年3 200元、2010年为3 800元、2015年为4 500元、2020年为5 500元，2010年，我国汽车美容行业的年产值达3 700亿元。

2. 汽车美容行业从业人员预测

由于汽车美容行业不同于一般的服务业，专业性很强，技术含量较高，因此，汽车美容业的发展需要大量的技术专业人才和管理人才。当然不同规模的汽车美容养护店所需的专业人才数量是不相同的，一般规模较小的店至少应配备2名汽车美容技师、1名管理人员，中等规模的汽车美容店应配备5~10名汽车美容技师、3~5名管理人员，大型的汽车美容店应配备30名左右的美容技师、15名左右的管理人员。按照每个美容店平均配备5名汽车美容技师、3名管理者计算，到2015年，我国汽车美容行业从业人员将达到240万人，其中汽车美容技师170万人，管理人员62.5万人。到2020年，汽车美容行业从业人员将达到366.4万人，其中汽车美容技师265.5万人，管理人员99.9万人。目前国内专营和兼营汽车美容的企业约有4 000家，从业人员约为45万人，专业的汽车美容技师还相当缺乏。这与30万家左右的汽车美容企业相比显得太少，也就是说，能够从事汽车美容的企业数量只有汽车维修企业数量的1%多一点，这与美国的80%相去甚远。2004年，我国汽车美容市场的产值约为80亿元左右，占全球汽车美容市场年产值的0.034%，只相当于美国的0.09%。而到2015年，我国汽车美容市场产值达到了600亿元，从业人员将为450万，产值增长8倍。

从以上分析可以看出，随着我国汽车大量进入家庭，人们的生活水平逐步提高，汽车文化的日益普及，汽车美容业将迅速崛起，并将成为我国服务业的一个新兴支柱产业。因此，汽车美容业不仅是服务业领域的朝阳产业，而且也是渴望勤劳致富者的黄金产业。

（三）存在的问题

1. 汽车美容行业管理法规制度不健全

1）市场准入制度方面

目前，汽车美容店开业是按三类汽车维修企业的标准来申请。三类汽车维修企业是指专门从事汽车专项修理（或维护）生产的企业和个体经营户。国标 GB/16739.3-1997《汽车维修业开业条件》规定了专项修理项目、设备、设施、人员和流动资金条件，汽车维修企业可以根据自身条件，申请从事一项或数项专项修理作业。从该标准中可以看出，汽车美容店开业的要求不高，汽车美容的详细项目并没有明确列于其中，与之相应的设备、技术、人员和资金流动方面的要求也就无从谈起了。目前，尚没有专门针对汽车美容行业的市场准入制度，那么，这个行业就无法规范。

2）行业管理方面

从国外的汽车服务市场来看，汽车美容服务已经完全从汽车维修行业中划分出来，成为一个独立行业。而我国目前的行业划分，汽车美容依然附属于汽车维修，而且经营项目也并未与汽车维修有所区分。

3）服务标准方面

一个健全的行业应有相应的技术及服务标准。汽车维修业相对汽车美容业是一个发展比较完善的行业。汽车维修行业在技术上有《汽车运输业车辆技术管理规定》；在质量上有"三级检验"制度；设备和人员等方面在《汽车维修业开业条件》中也有说明；在收费方面还有各省区市制定的《汽车摩托车维修行业工时定额和收费管理规定》。然而，汽车美容行业在技术、设备、人员和收费等各方面都没有标准可以参照执行，技术操作不规范和收费不合理现象大量存在。

2. 从业人员素质低，专业化人才不足

据调查显示，汽车美容市场上的从业人员基本上都是学徒工，不少从业人员仅具备初中文化程度。汽车美容技术的学习方式都是采取师傅带徒弟的方式，汽车美容技术的传授和更新速度极慢，从业人员的知识和技能十分有限，他们对汽车美容产品的使用基本上是按说明书操作，极少研究其工作原理。另外，汽车工业的新技术应用越来越广泛，电脑系统、电子技术的应用也在逐渐升级，非专业美容养护工人根本无法排除电子系统的故障。这种靠老师傅传、帮、带的学习方式，不能适应汽车美容市场的需要。从业人员素质低、专业化人才匮乏，严重制约了汽车美容业的发展。

3. 汽车美容用品质量参差不齐

目前市场上的汽车美容用品国外品牌居多，其中有符合国际质量认证的优质产品，但也不乏假冒伪劣甚至国外的垃圾产品。以汽车清洗剂为例，不少汽车美容企业都没有使用汽车专用清洗剂，而是使用一般的洗涤剂，甚至还有个别小店使用洗衣粉洗车。汽车美容产品质量低劣，美容用品损害汽车的消费纠纷屡见不鲜，妨碍了我国汽车美容业的健康有序发展。

4. 规模经济不明显，品牌优势不突出

我国汽车美容市场最显著的特点是企业规模较小、持续经营能力差及品牌优势不突出。国内的汽车美容企业经营具有一定的盲目性，投资者在货品渠道、操作技能、日常管理与经营发展等方面经验不足。无论连锁经营企业还是独立经营企业，可以称得上规模化又能树立起品牌的汽车美容企业寥寥无几。国际上的知名汽车美容品牌 3M、驰耐普、尼尔森及美丽狮等在近几年都进入了中国汽车美容市场，并开始建立连锁经营网络。相比之下，本土汽车美容企业规模经济不明显，品牌优势不突出，影响了企业通过差异化营销策略实现可持续发展。

5. 收费不合理，存在暴利现象和"以次充好"的情况

服务行业的定价差别大虽然属于正常现象，但就目前汽车美容养护工作的技术含量、服

务质量而言，收费不尽合理。另外，车主对汽车美容养护知之不多，也给不良商家带来可乘之机。许多汽车美容养护中心为了赚钱，常有"以次充好"的情况。很多美容中心缺乏技术工人，技术力量薄弱，导致服务质量差，这些都是需要引起重视的问题。

（四）解决措施

1. 加强汽车美容行业管理，健全制度

国家应对汽车美容行业制定相应的标准与规范，包括技术标准、设备标准和收费标准。政府有关部门应依据标准和规范加强对汽车美容市场的监督和管理，严格市场准入制度。汽车美容业应参考汽车维修业的做法，实行行业准入制度，将那些在经营规模、技术、人员、设备等方面不符合要求的企业拒之门外，维持行业内的秩序，使之处于一个良好的发展环境中。1995年8月，国务院的一次电话会议明确要求各级市政府对擦车族予以取缔。1996年5月，在成都召开全国"关于规范清洗车辆管理的会议"，目的是要逐步对汽车服务业进行规范化管理。2007年3月，中国汽车流通协会汽车装饰及用品专业委员会在北京召开了《汽车美容装饰业经营规范》第五次标准研讨会，经过数次深入、严谨研讨，《汽车美容装饰业经营规范》得以出台。它的出台将规范汽车美容行业，为汽车美容行业健康快速发展提供保障。

2. 加强人员培训，推进汽车美容职业证书认证，提供专业化人才

各大专院校和职业学校应加强汽车美容行业人才的培养，提供高素质、专业化人才。汽车美容企业应具备一定数量的专业技术工人方能开业。不同的汽车美容服务项目对技术工人的水平要求也不同，因此可根据工人的技术水平和操作熟练程度，划分出不同等级并颁发相应的技术证书，只有拥有相应等级证书的技术人员才能从事汽车美容工作。这样既能保护消费者的利益，又能确保从业人员的技术水平。

3. 提高产品质量和服务质量

产品质量和服务质量是企业生存的根本，企业应通过加强产品质量管理和服务管理，为消费者提供更加优质的服务。汽车美容消费一般都不是一次性消费，汽车美容企业应提高服务意识，运用多种服务方式，提高其有形产品和无形服务的质量，以满足消费者对汽车美容服务的要求，并且在服务价格上实行透明政策，不仅使消费者在消费时能心中有数，更重要的是能吸引其后续消费。同时，还应加强营销服务网络的建设，提升服务的适时性、及时性和有效性，构建高质量的服务网络以获取更多顾客，以此在行业竞争中生存并获得持续性发展。

4. 品牌化、规范化经营

尽管汽车美容业近期内还很难改变小打小闹的局面，但是专业化、规范化是大势所趋。主要原因有三：一是随着欧美知名汽车服务企业进入我国，行业内竞争日趋激烈，使得国内一些经营管理经验不足、品牌化和专业化水平低的企业难以生存，只有具备专业技术和一定知名度的专业店才能在激烈的市场竞争立足并获得持续发展。二是区域性竞争的逐步加剧。十几年的汽车美容行业发展吸引了众多的投资者，区域内惨烈的竞争已不再是新闻。核心竞争力越来越成为汽车美容业主关注的内容。三是信息全球化使价格透明度逐步增加。信息资源的产业化使任何一种商品的价格具有了国际化的特征。行业内的产品及服务价格已无秘密可言。四是行业的不规范生态环境。由于汽车美容无行业标准，经济行为缺乏信用等，不规范的行业生态环境形成了许多企业发展的障碍。因此只有品牌化、规范化才是企业发展的主流前进方向。市场最终会选择"有技术、服务好、底子厚、有实力"的品牌连锁店，他们代表了客户的利益，他们终究会赢得客户、赢得市场。

（五）发展趋势分析

通过以上分析，我们不难看出中国汽车美容行业不仅仅是一项汽车"后市场"中的朝阳产业，它也是中国劳动力释放的一项黄金产业。它的经历和变化，不仅确定其今后发展的趋势，也将成为众多企业投资的风向标。目前我国汽车美容所呈现的趋势主要为：

1. 汽车养护国产化产品代替进口品牌

国外汽车美容养护品牌产品直接在国内进行分装、灌装的方式，成了业内的趋势，越来越多的国内工厂流水线上线。据一位业内人士透露，除去广州这一汽车养护大省之外，上海、北京等地已经相继建立工厂，自主生产汽车养护产品。此种趋势必然带动国产化产品的发展、加之国产化产品对于国人消费理念的透析，相信国产化产品代替进口品牌产品必然成趋势。

2. 发展水剂产品或成业界趋势

行业龙头企业对于汽车美容水剂产品的重点研发，众多二线品牌对于汽车美容水剂产品的尝试，成为业内发展水剂产品的趋势。由于水剂产品的防火、环保功能，符合政府的环保政策理念的同时，也顺应了汽车美容养护产品的发展。

3. 市场规范指日可待

汽车养护假冒产品横行，与行业内标准缺失不无关系，倘若能做到如国外市场一样有着严格的准入体系，随着行业整顿的力度加大，国家管理规章制度的出台，相信中国的汽车美容养护业也将形成一个规范的秩序，汽车养护假冒产品将难以有容身之处。届时，中国汽车美容业必将迎来一次大的洗牌，汽车美容养护行业的规范有序的状况指日可待。

项目 3　汽车美容行业从业人员规范

一、项目情境引入

如果你是一家专业汽车美容店的业务接待员，在从业规范方面你应该注意哪些问题？

二、项目相关知识

在我国，汽车美容是一个新兴的行业，在服务规范方面还在不断地探索中，目前主要借鉴对象是宾馆和民航等一些较为成熟的窗口行业。

（一）仪容仪表

不同的行业对从业人员的仪容仪表有不同的要求，但总体来讲，仪容仪表是指人的外在、内在部分，它包括容貌、姿态、服饰、气质等多个方面。仪容仪表是一个人精神面貌的外在表现，是人际交往中一个不可忽略的重要因素。顾客对汽车美容门店的第一印象常常来源于员工的穿着打扮和行为举止。良好的仪容仪表既是员工自尊自爱的体现，又是对岗位工作责任感与事业心的反映，更是对顾客的尊重。因此，汽车美容行业的从业人员应从以下几个方面对日常的仪容仪表进行规范。

1. 服装

衣着可以体现人的审美情趣，从事汽车美容服务的人员也需注意自己的服饰。由于汽美容的主要作业对象是汽车，同时又在与客户进行面对面的交流，这里既有技术操作因素，也有服务工作的成分。因此，从业人员的着装应当体现以下几个原则。

1）服装宜宽不宜紧

由于在进行汽车美容作业时，从业人员要不断地变换各种姿势，因此应当选择宽松一点的服装，以免影响操作。图1-1所示为汽车美容行业常用服装。

图1-1　汽车美容行业常用服装

2）服装颜色应醒目

由于从业人员的服务对象是汽车，车主前来接受服务时，需要驾车进来，从业人员的服装颜色应比较醒目，可避免一些车辆无意的碰、擦事故。此外，服装颜色过于灰暗，也不利于从业人员的自身形象。

3）服装不宜采用化纤制品

化纤制品容易产生静电，尤其冬天气候干燥时，化纤服装更会吸附灰尘等有害物质。

4）服装的面料不宜低劣

劣质面料工作服容易褪色，一旦服装被汗水或洗车水打湿，容易污染汽车内饰。

5）服装不宜有硬质物件外露

一旦服装有硬质物件外露，容易对汽车表面的涂层或内部饰件造成损伤。因此，从业人员的服装最好不要采用拉链或者外露的纽扣，特别是金属纽扣，较为理想的应当是采用带门襟的尼龙搭扣的样式。

6）服装不能过于陈旧

服装过于陈旧，表面的纤维容易脱落，如附着在汽车上，就会影响汽车美容的服务质量。

7）服装的样式应该合适

服装的口袋尽可能少，特别是口袋最好不要做在正面。如需要留有口袋放置本子、笔之类的物品时，可将放笔的口袋安排在上衣左袖上臂的外侧，将放本子的口袋安排在裤子后面臀部的上侧或裤管的右大腿外侧。

8）服装穿着应该规范

服装的口袋里尽量不要放置太多的东西，否则一方面口袋会显得臃肿，难看，另一方面口袋里的东西多也容易碰擦汽车。

2. 配件与饰品

为了避免美容作业中对汽车造成损伤，从业人员工作时，除佩戴代表身份的工号牌外，一律不能佩戴戒指、手表、项链、手（脚）镯（链）等佩件与饰品。工号牌也不宜采用别针或金属夹固定在前胸，最好将其佩戴在左上臂。

3. 仪容卫生

良好的仪容卫生既表示对顾客的尊重，又能体现从业人员的自尊自爱。它不仅会产生积极的宣传效果，同时还能弥补由于条件限制、缺乏某些服务配套设施而产生的不足。因此，从业人员应当做到如下几点。

（1）头发要经常梳洗，发型要朴实大方。

（2）指甲要经常修剪，不得留长指甲，以免给汽车的某些部位造成伤害。

（3）注意个人卫生，勤洗澡，勤换衣，忌吃葱、蒜、韭菜等带有异味的食物。最好不要抽烟，否则有可能在汽车内饰清洁后，在车内留下异味。

4. 仪表仪态

仪态是指人在行为中的姿态和风度。从业人员的仪态，既包括平时迎客、候客时的仪态，也包括在汽车美容操作时的各种姿态。

1）站姿

站姿一般是在工作场所等候顾客时的常用体姿。站姿的要求是：端正、自然、亲切、稳重，也就是人们常说的"站如松"，即站得要像松树一样挺拔。正确的站姿要领是：上身正直，头正目平，面带微笑，微收下颌，挺胸收腹，腰直肩平，双肩向后向上，不要含肩；两臂自然下垂，两腿相靠站直，脚掌分开呈 V 形，肌肉略有收缩感，站立时，脚千万不要抖动；双手可自然下垂于身体两侧，手指稍有弯曲，呈半握拳状，也可将双手轻握放在后腰处或者双手相交放在小腹部。注意站立时切忌双手叉腰或者将双手抱在胸前，这样会给顾客造成一种傲慢和懒散的印象。

2）坐姿

一般情况下，从业人员在工作岗位上不宜采取坐姿，遇特殊情况确需坐下时，应注意坐姿的要求是"坐如钟"，即坐相要像钟那样端正。其基本要领是：上身正直，腰背稍靠椅背，两腿自然弯曲，两脚平落地面。坐下时切忌出现二郎腿坐姿、两腿交叉前伸坐姿、分腿坐姿、O 形腿坐姿等。

3）步姿

从业人员在工作中有时需要来回走动，此时要注意走路的姿态，不能一步三摇，或摇头晃脑，让人看起来不舒服。正确的步姿要求是"行如风"，即走起路来要像风一样轻快。其基本要领是：上身正直不动，两肩相平不摇，两臂自然摆动，两腿直而不僵，步度适中均匀，步位相平直前。行走姿势正确的人，脚印应是正对前方的，如果走起来两脚尖向内或向外歪斜，就是俗称的"内八字"或"外八字"脚，从业人员应尽力避免。

此外，还要注意步位和步度。步位是指两脚下落到地面的位置：行走时，两脚要踩两条平行线，两脚轮换前进。男子行走要用大腿发力，不能甩小腿，踩的平行线要略宽一点。女子因臀部肌肉比较丰满，行走时，踩的平行线尽可能窄一点。这样，从背后看去可显得姿态优美。步度指跨步时两脚之间的距离，一般步度的大小因个人腿的长度而异，总的原则应以步态轻松为宜。

4）手势

恰当地运用手势，可以增强与顾客之间感情的表达。但从业人员与顾客交谈时，手势不宜过多，动作不宜过大，更不要手舞足蹈。在引路、指示方向时，切忌用手指或者手中的物件进行指点。为顾客带路时的正确姿势是：面带微笑，身体微倾，同时使用手势和敬语，走在顾客左前方，与顾客保持 0.8 ~ 1.2m 之间的距离，并按顾客的步履节奏行走，注意不能走得太快，以免顾客感到匆忙。在为顾客指示方向时，需四指并拢，手心向上，同时用亲切的语调不时向顾客进行提示。当送别顾客时，应走在顾客后面。其余要求同引路礼仪。

5）表情

表情是人的思想感情的外露。在人际交往中，喜、怒、哀、乐等表情最为常见。作为从业人员，尽管也经常会受到各种情绪的干扰，但在为顾客服务时，应注意始终要面带轻松友善的微笑，真诚地为他们服务。

（二）礼貌礼节

礼貌是人与人之间在接触交往中，相互表示敬重和友好的行为准则，它既体现了时代的风格和道德品质，又体现了人的文化层次和文明程度；而礼节则是人们在日常生活中，特别是在人际交往场合中，相互问候、致意、祝愿、慰问以及给予必要的协助与照料的惯用形式，是礼貌的具体外在表现。

1. 思想态度

人与人相互观察和了解，一般都是从礼貌礼节开始。德国著名哲学家弗兰西斯·培说："行为举止是心灵的外衣。"我国古语也有"诚于中而形于外"之说，即只有思想"诚"，才能表现在行动中自觉地讲究礼貌礼节。因此从业人员在为顾客进行汽车美容服务时，首先要端正自己的思想态度和服务意识，注意以下几个方面：

1）不卑不亢，自尊自爱

从业人员在接待顾客时，要特别注意把握分寸，既要克服低人一等的自卑观念，又要避免简单粗鲁的工作作风。

2）一视同仁，真诚关心

汽车美容服务的对象来自各个方面，不管汽车档次如何，都应满腔热忱地进行接待和服务，决不能看客施礼。从业人员应本着"来者都是客"的真诚态度，以优质服务取得顾客的信任。

3）得理让人，和气生财

在汽车美容服务工作中，顾客有时会提出一些无理甚至是失礼的要求，或者对从业人员无端进行指责，此时，从业人员应该耐心地加以解释，绝不能穷追不放，把顾客逼至窘境，使其产生对抗情绪，致使矛盾升级，最终影响业务。得理也要让人，应学会宽容，给顾客一个下台阶的机会。当然宽容绝不是纵容，也不是无原则的姑息迁就，对于那些有恶意行为和有意寻衅滋事者，从业人员则应根据事实真相，进行有理、有利、有节的说理。

2. 言谈举止

1）言谈

语言是社会交际的工具，也是人们表达意愿及思想感情的媒介。俗话说："良言一句三冬暖，恶语伤人六月寒"。汽车美容尽管是针对车辆而言，但总的服务过程还是从问候、接待车主开始，到送别车主结束。因此，在为顾客服务时，一定要使用礼貌语言"五声十个字"："您好""请""谢谢""对不起""再见"。另外一定要使用敬语和雅语。

所谓敬语，就是表示尊敬和礼貌的词语，它的最大特点是彬彬有礼、热情庄重。如应说

"请问"而不是"喂"，应说"能为您做什么？"而不能说"你还有什么事？"等。

所谓雅语是指一些比较文雅的词语，它一般和俗语相对。与顾客交谈时宜用"哪一位"来代替"谁"，用"洗手间"来代替"厕所"等。

2）举止

当顾客问话时，从业人员应热情地给予答复，千万不能因为忙于手头的工作而冷落了别人。通常顾客与从业人员谈话有两个原因：一是确有问题提出，需要从业人员予以解答；二是顾客对从业人员比较认可，主动交谈几句以示亲热。此时，最好能一面工作，一面回答顾客的提问，同时，还应不时抬起头来与顾客进行目光交流，这样就容易取得顾客的认可，时间一长，就会慢慢使其成为忠实的客户。如与顾客面对面交谈，则应经常注视他们的眼鼻三角区，这样既使顾客不感到唐突，又不至于冷落他们。

3. 次序礼节

掌握一些常用的次序礼节对汽车美容从业人员来说是提高服务质量必不可少的技巧。

1）座位的次序礼节

如在室内就座，以前我国一般以坐南朝北者为尊。在现代都市建筑内部，对方位的概念不十分明确，故现在较为通用的做法是：面对房门者为尊。而在同一排座位上，一般以坐在左边者为尊。国外礼节与我国正好相反，是以右为尊。

2）行走时的次序礼节

如二人并排行走，则走在左边者为尊；如三人并行，则居中者为尊；如三人前后行，走在最前面者为尊。从业人员在迎接顾客时，一般应走在顾客前面引路。当送别顾客时，则应走在其后面，右手四指并拢，手心向上，遇到障碍或拐角时，还要不时向顾客进行提示。

3）上小轿车时的次序礼节

当顾客上车时，应当请顾客中的尊者先从后排右侧车门上车，坐右位，然后请位低者从车尾绕过并从左侧车门上车，坐左位。

4. 服务规范

当顾客的汽车到达后，从业人员应快步上前，以规范的手势引导车辆到合适的地方停妥。然后在用右手拉开车门的同时，用左手挡住车门框的上沿，以免顾客碰头。当车门打开时，应面带微笑，热情招呼："您好，欢迎光临！"同时鞠躬致礼，然后将顾客领进接待室。对一些经常前来的顾客，最好能称呼他们的姓或职务。

项目 4　汽车美容安全规范

一、项目情境引入

作为一名资深汽车美容技师，刘工最近皮肤出现大面积搔痒，经医院检查是由于长期与汽车美容用品接触所致。刘工花费了数千元，被迫休息治疗一个余月。这个案例告诉我们，从事汽车美容作业一定要遵守作业安全规范。

二、项目相关知识

"安全为了生产，生产必须安全"是我们一贯的口号。由于汽车美容所使用的材料很多属于易然和有毒物品，这些材料不仅危害人体健康，还会危及施工安全。因此，在汽车美容施工中必须坚持"预防为主，安全第一"的原则。汽车美容从业人员应增强保护意识，防止职业病，保障身体健康，防止中毒、火灾、爆炸等事故的发生。从业人员必须学习和掌握有关安全防护方面的知识，严格按安全操作规程进行施工操作。

因此，通过本项目的学习，汽车美容从业人员必须熟悉人员安全操作规程及设备安全操作规程，掌握防火、防毒的操作方法。

（一）人员安全操作规程

汽车表面清洗、护理中所使用的清洗剂多数带有一定的毒性和腐蚀性，施工现场有水、电、汽等，也都有一定的危险性。为确保施工安全，施工人员必须遵守以下安全施工规则：

（1）施工人员必须从思想上重视安全工作，以高度的责任感和严肃的态度认真施工。施工中要树立安全第一、客户至上、精心服务的观念，严格遵守操作规程，杜绝事故的发生。

（2）施工人员必须熟悉施工现场及周围环境，了解水、电、汽开关的位置及救护器材的位置，以备应急之用。

（3）施工人员必须熟悉施工安全技术、清洗剂的使用方法和急救方法。

（4）注意用电安全。地线必须接地，防止漏电。使用电器时要严防触电，不要用湿手和湿物接触开关。施工结束后，要及时把电源切断。

（5）现场施工人员直接接触酸、碱液时，应穿工作服、胶靴，戴防腐蚀手套，必要时应戴防毒口罩。

（6）清洗、护理作业现场必须整洁有序，严禁烟火。

（7）清洗、护理现场应有消防设备，要有充足的水源和电源，确保施工安全需要。

（8）清洗、护理设备在使用前应进行试运转，使用后应用清水冲净，按要求维护保养，如有故障应及时排除。

（9）施工中排放的清洗废液应符合排放要求，不许随地乱排放。

（10）施工安全工作要有专人负责，定期检查，并不断总结安全施工的经验，确保安全施工。

（二）设备安全操作规程

1. 电动、气动工具安全操作规程

（1）操作人员应熟悉所使用的设备和工具，使用前检测各零部件是否安装牢固，各紧固件是否牢靠，电缆及插头有无损坏，开关是否灵活并观察内部有无杂物。

（2）使用前应检查所用电压是否符合规定，电源电压应尽量使用220V，如电源电压为380V，应检查接地是否良好，并注意地线标记。

（3）使用电动工具操作时，应检查是否接地，检查声音是否正常。

（4）经检查后可接通电源空运转，检查声音是否正常。

（5）使用中如发现有大火花、异响、过热、冒烟或是转数不足等现象，应停止使用，修复后再继续使用。

（6）各电气元件应保持清洁，接触良好。轴承及变速箱内的润滑油每半年换一次。

（7）工具不用时应存放在干燥处，以防受潮、锈蚀。

（8）使用风动工具时，必须防止由于连接不牢而造成压缩气损失和人身事故。

（9）工具在转动中不得随处放置，需要放置时就关机，停稳后再放下。

（10）使用砂轮机时，开机后砂轮应轻轻接触工件。

2. 空气压缩机安全操作规程

（1）空气压缩机应设专人开动和管理。

（2）开动前认真检查空气压缩机、电机和电动控制部分是否良好，一切正常无误后，开动空气压缩机试转片刻，观察正常后再正式使用。

（3）气泵要按规定顺序启动，设备运转时要认真注意运转状况，观察气压表计数，发现异常现象要及时排除，并报有关部门。

（4）在工作中禁止操作人员和其他人闲谈。机器运转时，操作人员不得随意离开机房，必要时停机后再走，以防事故发生。

（5）任何人不经操作者同意，不准开动机器。

（三）安全防护

根据汽车美容作业的性质，决定了其安全防护重点是防火、防毒、防止发生伤亡事故，同时要防止职业病，保障职工身体健康。施工人员要学习和掌握有关安全防护知识，严格按照安全操作规程进行施工是做好安全防护工作的重要保证。

1. 防火

在汽车美容作业中，经常要与柏油清洗剂、去油剂等溶剂打交道。这些溶剂均属易燃易爆物品。易燃和可燃液体的易燃性分级标准如表1-3。

表1-3 易燃和可燃液体的易燃性分级标准

类 别		闪 点	举 例
易燃液体	一级	低于28℃	汽油、苯、酒精
	二级	28℃～45℃	煤油、松节油
可燃液体	一级	45℃～120℃	柴油、硝基苯
	二级	高于120℃	润滑油、甘油

1）引发火灾和爆炸的原因

根据统计资料，溶剂施工场所发生火灾和爆炸事故的主要原因有以下几个方面：

（1）施工场所不具备安全防火条件，没有通风排气设备，挥发的溶剂不能及时排出，溶剂蒸汽达到一定的浓度，遇明火即可起火爆炸。

（2）电气设备达不到防爆等级；照明灯、电动机、电气开关没有安装防爆装置；电气设备选用不当或损坏未及时维修；照明器具、电动机、开关及配线等在危险的场合使用，在结构上防爆考虑不充分，有产生火花的危险。

（3）浸有溶剂的棉纱、碎布等擦拭物没有及时清理而长期堆积，由于化学反应会渐渐发热以至达到燃点而自燃。

（4）施工人员不遵守防火规则，在操作车间使用明火或吸烟。

（5）施工场所没有足够数量的灭火器、黄沙及其他防火工具。

2）防火措施

为消除火灾的隐患，安全操作，务必做好表1-4所列的防火措施。

表1-4 防火措施

序号	类别	具体措施
1	完善防火设施	操作车间所有结构件应采用耐火材料制成，并通风良好
2	按防爆等级规定安装电器	（1）凡能产生电器火花的电器和仪表不得在施工场所使用 （2）电器和机械设备不超负荷运转 （3）施工场所的电线、电缆、电动启动装置、配电设备、照明灯等都应符合防爆要求，电动工具和电器部分应接地良好 （4）在使用溶剂的直接场所，禁止装闸刀开关、配电盘、熔断器，普通电动机及照明开关应安装在室外
3	严禁烟火	（1）施工场所严禁吸烟，不准携带火种入内 （2）如必须动用明火，只能在规定的安全区域内进行 （3）车间及仓库都要设立"严禁烟火"的醒目标志
4	防止冲击火花	（1）应尽量避免敲打、碰撞、冲击、摩擦等操作 （2）对于燃点低的涂料或溶剂开桶时，应用非铁工具（如铜、铝制工具）开启，以免产生火花引起燃爆事故
5	严防静电	施工场所的设备、管道、容器都应安装地线
6	谨防自然	浸有溶剂的棉纱、碎布等抹擦物，必须放在指定地点，定期销毁
7	废料严禁随意摆放	废弃的易燃溶剂要集中管理，并在安全场所销毁，严禁倒入下水道
8	备足灭火器材	施工场所必须备有足够的灭火器、黄沙及其他灭火工具，并定期检查更换
9	及时灭火	（1）当物品发生燃烧时，应使用扑盖物罩上，或使用灭火器扑灭 （2）发生较大火灾时应立即报警，立即切断电源，关闭运转的设备和邻近车间门窗，防止火势蔓延并组织扑救

3）灭火的基本原则

灭火的方法多种多样，但基本原则为以下三个方面：

（1）隔离火源原则。即发生火灾时，将火源与燃烧物迅速隔离，使之熄火。

（2）隔绝空气原则。即在燃烧物周围切断助燃的氧气供给，使其自动熄火。如漆桶着火，用盖子将桶盖住，或用不燃性气体（二氧化碳等）喷射到燃烧物上，使空气中的氧气降到16%以下，就能灭火。

（3）冷却降温原则。用冷却液（如水），使被燃烧物的温度降低到着火点以下，即可灭火。

4）灭火器的类型与使用方法

常用灭火器类型及适用范围如表1-5所示。

表1-5 常用灭火器类型、成分及适用灭火类型

序号	类别	适用范围		使用方法
1	泡沫灭火器	（1）扑救柴油、汽油、煤油、天那水等引起的火灾 （2）扑救竹、木、棉、纸等引起的初期火灾 （3）不能用来扑救忌水物质的水灾	手提式	将灭火器平衡提到火场，用手指压紧喷嘴，然后颠倒灭火器，上下摇晃几次，松开喷嘴喷射到燃烧物表面
			推车式	将灭火器推到火场，按逆时针方向转动手轮，开启瓶阀，器身卧倒，上下摇晃几次，抓住喷射管，扳开阀门，将泡沫喷射到燃烧物表面
2	二氧化碳灭火器	（1）扑救电气设备、精密仪器、图书、档案、文物等 （2）不能用来扑救碱金属、轻金属的火灾	手提式	拔掉保险销或铅封，握紧喷筒的提把，对准起火点，压紧压把或转动手轮，二氧化碳自行喷出，进行灭火
			推车式	卸下安全帽，取下喷筒和胶管，逆时针方向转动手轮，二氧化碳自行喷出，进行灭火
3	干粉灭火器	扑救石油产品、油漆、可燃气体、电气设备等火灾		撕扯铅封，拔去保险箱，对准火源，一手抓住胶管，一手按一下压把，干粉自动喷出，进行灭火
4	消火栓	（1）不能用于扑救与水能发生化学反应的物质引起的火灾 （2）不能用于高压电器设备和档案资源、文物等引起的火灾		（1）将存放消火栓的仓门打开，将水带取出，平放打开 （2）将阀头接在水带上，对准火源 （3）双手托起阀头，打开水闸，进行灭火

2. 防毒

清洗剂、护理用品、涂料及溶剂大部分都有毒，在操作作业时所挥发出来的溶剂气体通过人的呼吸道或皮肤渗入人体，对人体神经系统和血液系统产生刺激和破坏作用，可造成头昏、头疼、失眠乏力和记忆力减退等症状。它还能造成人体血液系统的损害，引起白血球减少，出现血小板和红血球降低，以及皮肤干燥、瘙痒等症状。为防止中毒事故，应采取防护措施。

1) 控制空气中有毒物质的浓度

为确保操作人员身体健康，必须采取有效措施控制空气中有毒物质的浓度，使空气中的溶剂蒸汽浓度降低到最高许可浓度以下，即长期不损害操作人员身体和安全的浓度。一般最高许可浓度是毒性下限值的 1/2 ~ 1/10。

控制空气中有毒物质浓度的具体措施有：

（1）施工场所应有良好的通风和排风换气设备，使空气流通，加速有害气体的散发，使空气中有害气体含量不超过卫生许可浓度。

（2）在采用暖风的情况下，一般不采用循环风。在有害气体浓度不超标的场合才允许部分采用循环风。

（3）含有毒成分的尘雾和气体应经过净化处理后排入大气，排气风管应超出屋顶1m以上。

（4）吸新鲜空气点和排废气点之间的距离在水平方向不小于10m。

（5）对于毒性大、有害物质含量高的涂料严禁用喷涂法涂装。

2）防毒措施

（1）汽车美容师在操作时，应穿戴好各种防护用具，如专用工作服、手套、面具、口罩和鞋帽等，不允许操作人员将工作服穿着离开车间。

（2）操作前穿戴好劳动保护用品，使用有空气净化器的头罩或面罩。

（3）施工时，如感头痛、眩晕、心悸、恶心时，应立即离开现场到通风处呼吸新鲜空气，严重的应及时治疗。

（4）为防止有毒气体通过肺部吸入人体，在汽车精洗、底盘装甲、光触媒处理等含有有毒溶剂、涂料作业时，要戴附有活性炭的防毒面具。有毒气体还可通过肌肤进入人体而发生危害作用，因此在施工完毕后，要用肥皂洗脸和手。

（5）为保护皮肤，施工前可涂以防护油膏，施工后洗干净，再涂其他润肤油膏保护。

（6）要随时注意个人卫生和保健，不能在施工场所进食、饮水和吸烟。工作衣物要隔离存放并定期清洗。

（7）工作结束后，应洗淋浴，换好干净衣服到室外呼吸新鲜空气。还应多喝开水，以湿润气管，加速和增加排毒能力。

思考与练习

一、填空题

1. 汽车美容的功用：_____；_____；_____；_____。
2. 车身漆膜美容不仅要应达到艳丽的新车效果，同时应具有_____、_____、_____的"三防"功能。
3. 汽车美容的依据：_____；_____；_____；_____。
4. 汽车美容操作原则：_____；_____；_____；_____。
5. _____、_____规范化才是企业发展的主流前进方向。

二、选择题

1. 下列（　　）不属于汽车四大产业链之一。
   A. 生产　　　　B. 配件　　　　C. 维修　　　　D. 美容

2. 汽车美容产生的背景有（　　）。
   A. 社会消费时尚的流行　　　　　　　　　　B. 新事物猎奇、追求新异思想
   C. 社会进步和人类文明程度的不断提高　　　D. 科学技术的不断发展

3. （　　）是指严格按照工艺要求采用专用工具、专用产品和专用技术手段进行操作。
   A. 系统性　　　　B. 规范性　　　　C. 专业性

4. 车膜装贴属于（　　）。
   A. 漆面美容　　　　B. 汽车防护　　　　C. 汽车电器装潢

5. （　　）两季车内经常使用空调，车窗紧闭，车内易出现异味，应定期进行杀菌和除臭作业。
   A. 春夏　　　　B. 夏秋　　　　C. 秋冬　　　　D. 冬春

三、判断题
1. 传统的洗衣粉、肥皂水、清洁精也可以用于清洗汽车。（　　）
2. 从高速公路下来的车可立即进行汽车清洗。（　　）
3. 不同档次的汽车所采取的美容作业及使用的美容用品应有所不同。（　　）
4. 专业的汽车美容是指一两个人、一桶水、一条毛巾就可完成的"汽车美容"。（　　）
5. 汽车美容与汽车涂装，作业时不必严格按安全操作规程进行施工操作。（　　）

四、简答题
1. 何为汽车美容？
2. 简述一般美容、专业美容、自助美容三者之间的异同。
3. 简述汽车美容服务礼仪规范。
4. 简述专业汽车美容必须具备哪些条件。

五、操作题
在本地区的汽车行业情况做一次调查，对存在的问题提出自己的看法。

学习情境 2

车表清洗

汽车清洗是汽车美容的首要环节，同时也是一个重要环节。它既是一项基础性的工作，也是一项经常性的作业。随着电脑洗车的迅速发展，通常将车表清洗分为专业人工清洗、专业电脑洗车机清洗。人工清洗作业是指通过高压清洗机与专用的清洗剂配合，并经过人工作业将车表污垢去除的一种作业方法；电脑洗车机清洗是由电脑洗车机提供全自动洗车，全程作业几乎无须人工操作自动完成，效率非常高。

项目 1 专业人工清洗

学习目标

1. 能正确描述车表污垢的形成机理。
2. 能正确区分清洗剂的种类与功用。
3. 了解汽车清洗剂的除垢机理。
4. 会进行车表污垢分析。
5. 会合理选择清洁用品。
6. 掌握车表清洗的作业。

一、项目情境引入

如图 2-1 所示，汽车在使用过程中，车身表面不但要经受日晒、雨淋、石击及冰雪、严寒及炎暑等多变环境条件的影响，同时在行驶中经常会接触化学药品及酸、碱、盐等腐蚀性的物质。车身表面更容易被碰撞划伤。如果不及时清除这些污垢，不仅影响了汽车的外观，还会导致锈蚀与损伤。所以，汽车清洗对保持车容美观，延长车辆使用寿命有着重要作用。

图 2-1　汽车在泥泞的道路中行驶

二、项目相关知识

(一) 汽车清洗的作用

1. 保持汽车外观整洁

汽车的使用环境复杂，经常置身于飞扬的尘土中、雨雪天气中，有时还要在泥泞道路上行驶，汽车尾气排放、柏油路本身也会对汽车产生油污，因此车身外表难免被泥水、油污所沾污，影响整体外观整洁。为使汽车外观保持清洁亮丽，必须对汽车进行清洗。

2. 清除大气污染侵害

大气中有多种能对车身表面产生危害的污染物，其中酸雨的危害性最大，它附着在车身表面会使漆膜形成有色斑点，如不及时用专用清洗剂清除还会造成漆膜龟裂、老化。因此，车主应定期将汽车送到专业的汽车美容店进行清洁护理。

3. 清除车身表面顽渍

车身表面如黏附树胶、鸟粪、虫尸、焦油、沥青等顽渍，如不及时清除就会腐蚀漆层，给护理增加难度。因此车主要经常检查车，一旦发现黏附着以上腐蚀性的顽渍应尽快清除，如果已经腐蚀漆膜，必须到专业汽车美容店进行相应的专业处理。

(二) 汽车车身表面污垢分析

汽车车身表面的污染物主要是由尘土、泥水及油污等引起，污垢包括：外部沉积物、附着物、水垢、锈蚀和润滑残留物。它们往往具有很高的附着力，牢固地附着在车身及汽车零部件的表面。由于这些污垢各有不同的性质，因此清洗的难易程度也不同。

1. 外部沉积物

外部沉积物，可以分为尘埃沉积物和油腻沉积物。大气中含有一定数量的尘埃，在运动着的车辆附近，当尘埃的颗粒度为 5～30mm 时，其含量就会达到 $0.05g/m^3$ 左右。当尘埃颗粒的含量增加时，它在金属表面的凝聚和沉积也就会加快。在潮湿的空气中，由于吸附在汽车表面的水膜会提高尘粒间的附着力，从而使尘粒加速凝聚。尘粒附着在汽车表面上的牢固程度主要取决于车身表面的清洁程度、尘粒的大小和空气的湿度。

油腻沉积物，是由于污泥和尘埃落到被机油污染的零件上而形成的。也可能相反，是由于润滑油落到了被污泥所污染的表面上，此时润滑油浸透了污泥并附着在车身表面。

2. 附着物

汽车在行驶中，容易沾上不同的附着物，如柏油、沥青、鸟粪及虫尸等。这些附着物能牢固地粘在车身表面，一般很难用水清洗干净，要用有机溶剂清洗。而且，这些附着物在车漆表面停留时间过长，会侵蚀到油漆的内部，甚至会对车身的基材造成损害，所以对这些附着物一定要及时清除。

3. 水垢

落到汽车表面的水滴中会有颜料、化学溶剂等，会损坏漆面，时间长了水分蒸干后，就会在车身上形成很难去掉的水垢。有些水垢甚至会浸透到油漆内，损伤车身钢板。若车身打蜡过度，或蜡的质量不好，融化后也会形成难以去除的污垢。

4. 锈蚀

汽车锈蚀主要发生在车身的钢铁部件上。在汽车底盘很难接触到的部位堆积含盐分、灰尘和湿气等物质，因轻微意外或碎石碰撞而划破表面烤漆防护层，以致造成锈蚀。沿海地区空气中含有盐分，工业污染区的灰尘中含有化学物质，都会加速锈蚀，尤以温度刚高于冰点为最。若汽车某部位长期潮湿，尽管其他部分保持干燥，潮湿部位亦可能生锈。

5. 润滑残留物

润滑残留物是汽车发动机、底盘最常见的污垢。在使用汽车时，润滑油经受急剧变化，发生"老化"、氧化和聚合。但要从长期工作于润滑油介质中的零件表面上清除润滑油残留物是比较困难的。

（三）车表除垢机理

车表污垢按除垢机理可分为水溶性污垢与非水溶性污垢。水溶性污垢主要包括泥土、沙粒、灰尘等，这类污垢能溶于水中，因此很容易将其冲洗掉；非水溶性污垢，主要包括炭烟、矿物油、油脂、胶质物、铁锈、废气凝结物等，此类污垢不溶于水，一般应用有机清洗剂清洗。

清洗非水溶性污垢的清洗剂应具备以下特性：

（1）表面活性。在汽车表面清洗过程中，清洗剂应能使固体污垢形成悬浮液，使液体污垢形成乳浊液，以便于将其从汽车表面上冲洗掉。

（2）分散性。具有使固体污垢的颗粒在水等介质中分散成细小质点或胶状液体的能力。

（3）湿润性。具有对污垢的湿润能力，即使固体污垢容易被水浸湿，形成浓稠的泡沫，增加清洗效果。

清洗剂是由多种表面活性剂配制而成的，具有很强的分解能力，能有效地去除车表的油污，其独特的表面活性剂成分可去除车身携带的静电和防止交通膜的形成，性质温和不腐蚀汽车漆面，液体浓缩、泡沫丰富，使用方便经济，是洗车最基本的耗材。

（四）汽车清洗剂

1. 汽车清洗剂的功用

一是快速高效。由于清洗剂去污力强，采用清洗剂大大提高了清洗速度，并可将清洗与护理合二为一，减少了美容程序，提高了作业效率。

二是优质环保。用清洗剂不仅可干净彻底地清除各种污渍，而且对汽车表面具有保护作用。采用环保型清洗剂清洗汽车，可减少对环境的污染。

三是经济节能。1kg清洗剂可代替30kg溶剂油，大大降低了汽车清洗的费用。用清洗剂替代溶剂油清除油垢，减少了汽油或柴油的消耗。

2. 清洗剂的除垢机理

清洗剂除垢包括润湿、吸附、增溶、悬浮、去污五个过程。

1）润湿

当清洗剂与汽车表面上的污垢质点接触后，由于清洗剂溶液对污垢质点有很强的润湿力，使被清洗物的表面很容易被清洗溶液所润湿，并促进它们之间充分的接触。清洗溶液不仅能润湿污垢质点表面，而且能深入到污垢聚集体的细小空隙中，使污垢与被清洗表面结合力减弱、松动。

2）吸附

清洗剂中的电解质形成的无机离子吸附在污垢质点上，能改变对污垢质点的静电吸引力，并可防止污垢再沉积。清洗汽车外表面时，既有物理吸附（分子间相互吸引），又有化学吸附（类似化学键的力相互吸引）。

3）增溶

使污垢溶解在清洗剂溶液中。

4）悬浮

清洗剂中的表面活性物质能在污垢质点表面形成定向排列的分子层，进一步增加了去污作用。从清洗剂的基本结构上看，在其分子内有两个部分：一部分是由长的碳氢链组成，它在油中溶解而在水中不溶解；另一部分是水溶性基因，它使整个分子在水中能够溶解而发生表面活性作用。这种分子又称极性分子，分子中油溶性部分称为亲油基或憎水基，水溶性部分称为亲水基或憎油基。表面活性物质分子与污垢质点接触后，其憎水的一端会吸附在污垢质点上，而亲水的一端与水结合在一起，这样吸附在污垢质点周围的很多定向排列的分子就起了桥梁作用，使污垢质点和周围的水溶液牢固地连结在一起，使憎水性污垢具有亲水性质，表面上的污垢脱落后，悬浮于清洗剂中。

5）去污

最后通过高压水枪射流冲击力将污垢冲掉。

汽车清洗正是通过这种润湿—吸附—增溶—悬浮—去污五个过程，不断循环，或综合起作用，将汽车表面上的污垢清除掉。

3. 汽车清洗剂的种类与选用

由于车表污垢形成复杂，要"对症下药"地清除污垢，对不同污垢要采用不同的清洗美容方法，因此清洗剂产品也是名目繁多，多种多样，主要包括4类。

1）不脱蜡清洗剂

该类型适于汽车不脱蜡清洗。该清洗剂含有表面活性剂，有很强的分解能力，能有效地去除车身漆膜的油污和尘垢之类污物，具有性质温和、不破坏蜡膜、不腐蚀漆膜、液体浓缩、泡沫丰富、使用方便、成本低等特点。不脱蜡清洗剂名称较多，通常有汽车香波、洗车香波、清洁香波及洗车液等别名，应用比较广泛，有瓶装也有桶装的，专业美容店多用桶装的，如图2-2、图2-3所示。

图2-2　瓶装汽车香波清洗剂

图2-3　桶装汽车香波清洗剂

2）脱蜡清洗剂

脱蜡清洗剂含柔和性溶剂，具有较强的溶解功能，不仅可以去除车身油垢，而且能把以前的蜡洗掉。主要运用于新车开蜡和旧车重新打蜡前的车身除蜡清洗。脱蜡清洗剂属于柔和型溶剂。其别名也比较多，开蜡水、脱蜡剂、除蜡剂等都是指此类产品，如图2-4、图2-5所示。

图2-4　瓶装开蜡水　　　　图2-5　桶装通用型除蜡剂

3）车身表面多功能清洗剂

此类清洗剂主要用于清洗汽车表面灰尘、油污等，且在清洗的同时进行漆面护理。主要有二合一清洗剂、环保型清洗剂等。

二合一清洗剂俗称水蜡，如图2-6所示，既有清洗功能，又有上蜡功效，可以满足快速清洗兼打蜡的要求。此种清洗剂主要由多种表面活性剂配制而成，上蜡成分是一种具有独特配方的水蜡，它可以在清洗作业中，在车漆表面形成一层蜡膜，增加车身鲜艳程度，有效保护车漆。二合一清洗剂适用于车身不太脏的汽车，洗车后直接用毛巾擦干，再用无纺棉轻轻抛光。

图2-6　水蜡

4）专用清洗剂

黏附在车身的沥青、焦油、鸟粪、交通膜及各种粘胶等污物，必须及时去除，否则对车漆腐蚀性很强，特别是鸟粪。但一般清洗所用的香波清洗剂去污能力有限，难以彻底去除，需进行特种清洗，因此要采用专用清洗剂。清洗时应根据污物的种类选用合适的专用清洗剂。常见产品有焦油沥青去除剂、树脂去除剂等。

（1）焦油沥青去除剂，也称柏油去除剂、柏油清洁剂，如图2-7所示。该清洗剂具有很强的乳化分解能力，通过软化功能可去除附着在车体和镀铬表面的焦油、沥青等污垢，具有品质温和，对漆面、塑胶无腐蚀等特点。

图 2-7　柏油清洁剂

（2）树脂清洗剂，也称残胶去除剂，如图 2-8 所示。该类清洗剂以其特有的软化功能，使鸟粪、树胶与漆面"脱离"，最大限度地防止对车漆造成伤害。此类产品的溶解力非常强，去除功能非常强大，可去除树脂、残胶、鸟粪、虫尸、柏油、油污等，适合于精细清洗。

图 2-8　树脂清洗剂

（五）车表清洗工具

1. 清洁工具

常用的清洁工具主要有海绵、毛巾、桶、洗车手套，如图 2-9 所示，另外还有麂皮、车巾、喷水壶等常用工具。

图 2-9　洗车套装（含洗车毛巾、洗车水桶、洗车海绵、洗车手套）

1）海绵

海绵具有柔软、弹性好、吸水性强和较好的藏土藏尘能力等特点，有利于保护漆面及提高作业效率。清洗汽车时能使沙粒或尘土很容易深藏于海绵的气孔之内，这样可以避免因擦洗工具过硬或不能包容泥沙而给车身表面造成划痕。使用前，让海绵吸入适量已经配好的洗车液，这样可利于清除车漆上附着力较强的污垢。

2）毛巾

毛巾是人工清洗和擦拭汽车不可缺少的工具。专业汽车美容场所需准备多块毛巾，包括大毛巾、小毛巾和湿毛巾、半湿毛巾、干毛巾等。大毛巾主要用于车身表面的手工清洗和擦拭；小毛巾主要用于擦洗车身凹槽、门边及内饰部件等处的污垢；湿毛巾、半湿毛巾和干毛巾在清洗、擦拭车窗玻璃时应结合使用。

3）洗车手套

用于擦拭车身，它既可戴在手上便于操作，同时又可利用手套上的绒毛容纳灰尘，可避免划伤漆面。

4）麂皮

麂皮（图2-10）具有质地柔软、韧性及耐磨性好和防静电等特点，同时吸水强，触感极佳，擦拭后不留棉絮及水痕，经久耐用，主要用于车身打蜡后抛光。

5）喷水壶

多为手压式喷水壶，如图2-11所示，通过调节喷头，可控制喷出水珠大小、柱状、雾状喷洒。主要用于车表精细清洗、内饰清洗、车膜装贴。

图 2-10　麂皮　　　　　图 2-11　喷水壶

6）附件

附件包括水桶、工作围裙、防水鞋、软胶管和涂料过滤漏斗等一些常用辅助件。

（六）车表清洗设备

现代汽车清洁设备大多使用专用设备，其特点是效率高，质量好。常用的专用清洁设备主要有冷水高压清洗机、冷/热高压清洗机、洗车泡沫机、地毯甩干机等。

1．冷水高压清洗机

1）基本结构

冷水高压清洗机主要由电动机、水泵、管路、喷枪等组成，如图2-12所示。电动机通过弹性连轴节直接心水泵。水泵由壳体、叶轮及进、出水口组成。水泵出水口经胶管与喷枪相连，喷枪由枪体、手柄、扳机及喷嘴等组成。

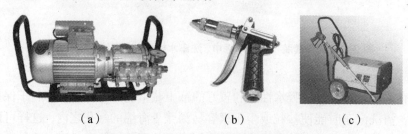

图 2-12　常见冷水高压清洗机及喷枪

（a）固定式清洗机；（b）喷枪；（c）移动式清洗机

2）工作特点

先将水泵进水口与水源接通，再接通电动机电源（220V、380V），电动机带动水泵中叶轮旋转，将水泵出出水口，经胶管、喷枪、喷头射向汽车表面。最高压力为 7MPa，工作压力为 6MPa，流量为 10L/min。用此类移动型清洗机，清洗质量较好，设备投资少，但清洗时间长，耗水量大，属半机械化清洗。这种普通型冷水变压清洗剂多为南方中小规模的企业所采用。

3）操作与使用

将清洗机的进水口一端接通水源，接好电源，按下电源开关，启动清洗机；通过旋转喷枪前的调节螺母（图 2-13 所示），可以调节出水流的形状，如图 2-14（a）、（b）（c）、（d）所示。柱状水流或圆形喷嘴，水流冲击力强，可以除去汽车车身的干涸泥土；雾状或扇形喷嘴，水流覆盖面积大，除污效率高，适于除掉一般污垢。

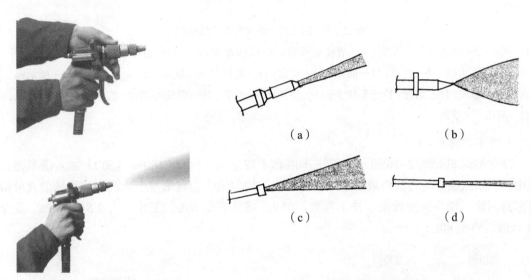

图 2-13　调节喷枪水流形状　　　　　图 2-14　水流形状

（a）柱状；（b）雾状；（c）扇形喷头；（d）强力圆孔

4）维护保养

（1）检查水泵曲轴箱内润滑油的油位、油的品质，如有异常，应及时添加或更换。

（2）每运转 200h 需要更换一次润滑油。

（3）清洗机长期不用应将剩水排尽，并存放于干燥处。

（4）定期检查皮带完好情况及张紧度，皮带过松要及时调整或更换。

2. 高压冷/热两用清洗机

高压冷/热清洗机又称高温高压清洗机。由于中国地域辽阔，北方洗车必须使用高温高压清洗机才能满足一年四季洗车要求。高压冷/热清洗机出水压力高，温度高，清洗效果好，但结构复杂，维修不便，配件价格高，保养维护要求高。

高压冷/热两用清洗机的结构如图 2-15 所示。高压冷/热两用清洗机较冷型清洗机增加了电加热装置，还配套了洗涤剂供给、防腐剂供给等装置，并备有控制保护系统，同时还装备了获得各种不同形式液流的全套喷嘴。这些装置可完成冷水或热水、加洗涤剂或不加洗涤剂、低压或高压等各种不同需要的清洗作业。

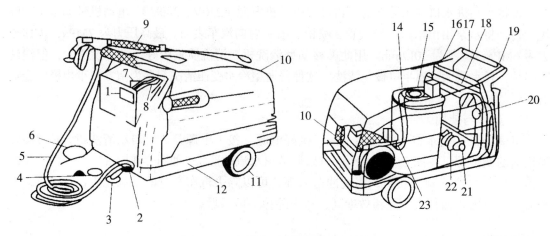

图 2-15　高压冷/热两用清洗机结构

1—商标；2—进水口；3—后轮；4—清洗剂吸嘴；5—高压水管；6—电源线；7—温控开关；8—电源开关；9—高压水枪；10—护罩；11—前轮；12—底盘；13—电机、高压泵总成；14—加热器；15—喷油嘴、点火电极总成；16—烟囱；17—车扶手；18—油箱；19—枪托；20—燃油滤清器；21—油泵；22—风机；23—高压点火线圈

3. 洗车泡沫机

洗车泡沫机如图2-16所示。将洗车液和水按比例（1:（100～150））加入洗车泡沫机中，利用压缩空气将混合液以泡沫形式吹出，均匀地喷洒到车身上。混合液泡沫能充分溶解车身污物，增强清洗效果。技术参数一般为：罐体容量80L，工作压力2.5～4kPa、安全阀4kPa，容积80L。

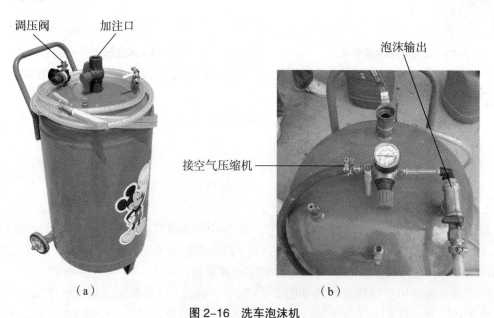

图 2-16　洗车泡沫机

（a）洗车泡沫机外观；（b）洗车泡沫机顶部

1)使用方法

打开加水阀和排气阀,加入清水,以水柱标高为准,然后按比例加入清洗剂;再将开水阀和排气阀关好,然后用快速接头接上空气压缩机;打开压缩开关,等压力升至0.25~0.40MPa时,打开喷枪阀,并微调调压阀,调至最佳发泡效果,如图2-17所示。

图2-17 洗车泡沫机气压调节

2)维护保养

定期检查容器安全阀及排水是否有渗漏现象;经常检查接头密封圈是否老化、变形;保持设备的清洁,每次用完后将剩下的清洗溶剂倒出,清洗干净。

(七)清洗的时机

1. 依天气来判断

(1)连续晴天时,只要用鸡毛掸子清除车身上的灰尘,再用湿毛巾或湿布擦拭前后挡风玻璃、车窗与两旁的后视镜。一般先清洗车顶,再清洗前后挡风玻璃、左右车窗、车门,最后清洗发动机盖及行李箱盖。如果连续晴天,一周做一次全车清洗较合理。

(2)连续雨天时,只需用清水喷洒全车,使车上的污物掉落,接下来用湿布或湿毛巾擦拭全车所有的玻璃。但当放晴之后,就得全车清洗一番。

(3)忽晴忽雨时,就得常常清洗车身,虽然很累人,但为求车身清洁及避免车表水滴的凸透镜效应,损伤车漆也是不得已。

2. 依行驶的路况来判断

(1)行驶在工地或行经工地时,一般车子都会受工地的污泥或水泥所溅及,如果车子被溅,应该立即使用大量清水清洗,以免附着久了伤及烤漆。

(2)行驶在海岸有露水或有雾气时,特别是驱车在海边垂钓过夜,因海水盐分大且有露水、雾气湿重,倘若返回后没立刻使用清水彻底清洗一番,车身钣金则易遭受腐蚀。

(3)特殊情形。如停车在工地旁,受施工的水泥粉波及,或行驶中受工程单位涂刷油漆的波及,或行驶中受道路维修工程的柏油波及等情况,除应立即用大量清水清洗外,对油漆、柏油类的清洗应在打蜡中进行。

(八)清洗作业分析

汽车经常处于复杂的环境下行驶,附着的污物各异。因此,对于专业的汽车美容清洗而言,必须分析车身污垢状况,选择不同的清洁方式,而且每一种清洁方式都应使用专业用品并采取专业的操作步骤进行。专业汽车美容的全部项目中,车身清洗主要分为普通清洗、精细清洗、除蜡清洗、增艳清洗四种类型。

1. 普通清洗

普通清洗主要是将不脱蜡清洗剂（洗车液）经过发泡涂布于车上，经过擦拭即能达到良好的清洁效果。

2. 除蜡清洗

若普通清洗未能较好去除污物时所进行的非去蜡清洗作业，称为精细清洗。精细情况主要包括去除交通膜、沥青、鸟粪、树脂等顽渍。

3. 除蜡清洗

除蜡清洗又可分为新车开蜡与残蜡清洗，其本质都是去除漆面上的原蜡，为车漆上蜡做准备。新车刚出厂时，表面涂有一层保护膜（封蜡）以免受到风吹雨淋、烈日暴晒、烟雾酸雨对车身漆面的侵害以及运输过程中对漆面的伤害。新车在使用前需将这层蜡除掉，再重新上光蜡。如果残蜡未能清除干净，上新蜡时还会因为两次蜡的区别和上蜡的时间不同，极易产生局部新蜡附着不牢的现象。清除残蜡的方法是将强力开蜡水喷涂于汽车表面，停留 3~5min，然后用高压水流冲去即可。应该提醒的是，开蜡水是溶剂型清洁剂，对人体是有伤害的，使用时注意。

4. 增艳清洗

增艳清洗是为了节约汽车美容时间，将汽车清洗与上蜡同时完成。使用的产品是清洁上蜡二合一香波，用这种产品进行清洗效果很好，不仅可以去除污物，同时会留下一层薄薄的蜡膜，为接下来的上蜡工序打基础，不但能增艳漆色，同时能增加蜡膜的光泽，提高汽车抗静电和抗氧化的能力，但持久性差，遇水极易溶化。人工作业的车表清洗极少采用增艳清洗，多用于电脑洗车机洗车。

三、项目实施——人工车表清洗

人工车表清洗工艺流程图如图 2-18 所示。车身清洗最好安排两人配合进行，这样不仅速度快，清洁的效果也好。具体操作步骤如下：

图 2-18 人工清洗工艺流程图

（一）准备工作

（1）人员着洗车服装，穿防滑鞋，摘下手表和戒指，不得穿有扣子的衣服，皮带一定被外衣所遮住,不得伤及漆面。

(2)调试好清洗机,洗车泡沫机按比例将洗车香波与水兑好,并准备好桶、毛巾、麂皮等洗车工具与用品。其中,毛巾要分类摆放,考虑细节处理。

(二)接车检查

(1)帮助车主开门,提醒车主将车内贵重物品管理好。

(2)与车主共同检查车表状况,并做相应的声明与记录,如图2-19所示。

(3)将车停到清洗工位,并拉上手刹,将车上用电开关关闭,关好门窗。车内不得留人。

(a) (b)

图2-19 检查车况

(a)检查车表状况;(b)记录车表检查状况

(三)分析车表污垢状况

如图2-20所示。图2-20(a)为柏油等水不溶性污垢所污染,建议先用香波清洗剂进行普通清洗后再用柏油、树脂清洗剂进行精细清洗。图2-20(a)粗看为大量水溶性的泥水所黏附,用香波进行普通清洗后,需再次分析污垢状况。

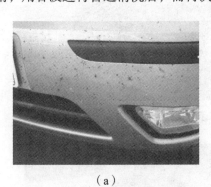 

(a) (b)

图2-20 车表污垢分析

(a)柏油污染;(b)黏附泥水

(四)预冲

为了更好地将车身水溶性的污垢去除,应预先喷淋浸润,后用清洗机冲洗。

步骤一:喷淋浸润。

两人配合,先用鸡毛掸将全车灰尘、污物清除一遍,并将脚垫拿出,一人负责冲洗脚垫,另一人先以较低的水压将全车浸润(图2-21)。

喷淋的顺序是:①左侧车顶、前脸部分、后窗玻璃<②左侧车身侧面+轮胎<③左右发动

机罩、前脸部分＜④右侧车顶、前脸部分、后窗玻璃＜⑤左右发动机罩、前脸部分＜⑥右侧车身侧面＋轮胎＜⑦行李箱、后尾部周围部。如图 2-22 所示。

(a)　　　　　　　　　　　　(b)

图 2-21　预冲浸润
(a) 浸润车顶；(b) 浸润车身

步骤二：冲洗。

经过喷淋后立即可进行冲洗作业。冲洗时必须按照图 2-22 的冲车顺序进行。冲洗操作、持枪手法如图 2-23、图 2-24 所示。

> 提示：冲洗时不能忽视的部位是挡泥板与底盘，这些地方极易"藏污纳垢"。同时注意持枪方式，应与被冲洗面呈 30°～45° 斜角，见图 2-24 所示，同时注意赶水方式。

图 2-22　冲车顺序示意图

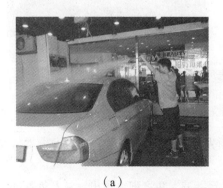 

(a)　　　　　　　　　　　　(b)

图 2-23　冲洗
(a) 冲洗车顶；(b) 冲洗车身

 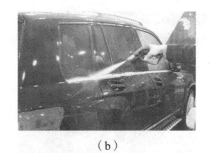

图 2-24 持枪手法

(a) 冲洗车顶持枪手法；(b) 冲洗车身持枪手法

(五) 全车发泡

车身泡沫浴。车身经过高压冲洗后，将洗车泡沫机内已经发泡好的泡沫状清洗剂涂布于全车，如图 2-25 所示，喷涂顺序同冲洗操作。

图 2-25 全车发泡

(a) 喷发泡清洗剂；(b) 涂布发泡清洗剂

(六) 擦拭

（1）两人手持海绵，一左一右按照从上到下的顺序擦洗车身，擦洗时要仔细，特别是角落及车身缝隙、裙部等地方，不可用大力，以免损坏车身漆面。对于沥青、树胶等顽固污渍，则要用相应的清洗剂或加专用的工具来去除，如图 2-26 所示。

> 提示：门边非常易于遗漏，处理办法是打开车门，用蘸有泡沫的海绵擦拭门边处，并与全车一起冲洗即可。

图 2-26 车表擦拭

（2）用蘸有香波清洗剂的海绵擦拭清洗轮胎与轮辋，见图2-27所示。若未能彻底去除污物，可参照学习情境5外饰美容的操作来实施。

(a)　　　　　　　　　　　(b)

图2-27　清洗车轮

(a) 清洗轮辋；(b) 清洗轮胎

（七）冲洗

擦洗完毕之后，开始冲洗车身，冲洗顺序与方法见预冲相同，这时要注意始终让水从上往下流，将上面的污垢带下，边缝处、转角处要多冲洗。

（八）再次分析漆面污渍状况

此步非常重要，由于车表被泡沫香波清洗后，一些顽渍就暴露出来了。仔细检查全车，对焦油、沥青等水不溶油性污垢可用沥青去除剂来清除，由沥青引起的交通膜污垢用交通膜去除剂或静电去除剂来清除，由树脂、残蜡、鸟粪引起的污垢用强力开蜡水来处理，车表镀铬件上的污垢用金属去污上光剂来清除。

（九）去除顽渍（特种清洗）

1. 柏油去除

将柏油清洗剂喷涂于柏油脏污处，等待1～3min后可见柏油会慢慢溶解下溜，此时用半湿毛巾擦拭溶解后的柏油。如果仍未能完全溶解，可再多喷柏油清洗剂使其溶解。擦拭干净后，要立即用清水清洗该处并再次擦拭干净。具体操作如图2-28所示。

提示：溶解擦拭完后立即用清水快速冲洗，否则再次附着的车表上一是污物没有得到有效的去除，二是沥青清洗剂本身对车漆是的腐蚀性的。

 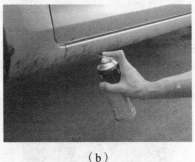

(a) 　　　　　　　　　　　(b)

图2-28　去除顽渍

(a) 去除发动机盖顶污；(b) 喷涂清洗剂

2. 残蜡、树脂去除

汽车在树下停放时,树上的黏液飘落到车身上很难洗掉的,必须用专用的树脂(胶)清洗剂(产品见图2-8所示)来去除;对于车身上的残蜡也可以用树脂(胶)来去除,方法与柏油去除作业相同。

(十)擦干

用半湿大毛巾两人配合,从车头到车尾预擦一遍,再用干毛巾细擦一遍,要求擦干水痕,如图2-29所示。注意检查操作中易擦不到或遗漏的地方,如散热器栅格、车灯、刮水器等部位。

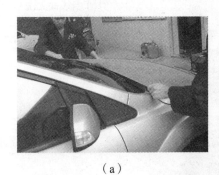 

(a)　　　　　　　　　　(b)

图2-29　擦拭车身

(a)双人配合用大毛巾擦拭玻璃水渍;(b)擦拭发动机舱盖水渍

(十一)吹干

许多汽车美容店经过前面几道工序就结束了,其实汽车一开动水珠就会从车缝、门边等处跑出来,清洗效果大打折扣,所以必须吹干。方法是工人一边手持空气压缩机(高压)的气枪,扣动气枪扳机,倾斜45°对着车表进行吹水作业,一边手拿着干净的抹布,边吹边擦,彻底去除水分,操作如图2-30所示。重点处理的部位主要有车身缝隙处、前后保险杠、车门把手、车牌照、后视镜、车灯等。

(a)　　　　　　　　　　(b)

图2-30　全车吹干

(a)吹干车尾部;(b)吹干缝隙处

(十二)质检交车

验收标准是外部饰件应无尘土、无污垢、无水痕;玻璃应光亮如新,无划痕,如图2-31所示。清洗工可先自检一遍,发现问题及时补救,然后由车主、质检员及作业方三方共同验收。

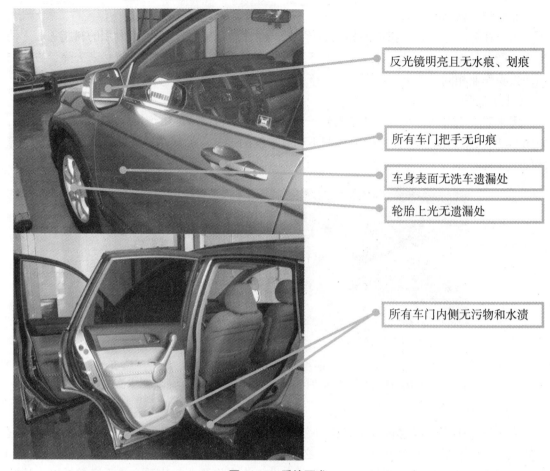

图 2-31 质检要求

项目 2　电脑洗车机清洗

学习目标

1. 能正确选择电脑洗车剂。
2. 了解电脑洗车机的分类与特点。
3. 掌握电脑清洗机清洗作业。

一、项目情境引入

小李属于城市"金领"一族，快节奏的都市生活使他没有时间将爱车开到汽车美容店进行全面精细清洗，于是他的哥们给他支招：最新兴起的电脑洗车机可以提供高效快速的汽车清洗服务。于是，电脑洗车机洗车成为小李一族的最爱。

这一现象表明，电脑洗车机洗车已经成为洗车业新的种类，它与高压发泡清洗、专业人工清洗一样，成为车主们又一新的选择。

二、项目相关知识

（一）电脑洗车机

电脑洗车机属于大型固定式清洗设备，它是利用电脑控制高压水流或控制毛刷与高压水流结合来清洗车身的一种全自动机器。

电脑洗车机按有无滚刷分为无刷电脑洗车机和有刷电脑洗车机。后者又按其工作方式不同分为固定式和移动式二种。所谓固定式，就是洗车机不动，汽车缓慢通过洗车机的工作区域，洗车机按照相应的指令程序清洗汽车。如隧道式电脑洗车机、通道式洗车机、无轨电车（地铁、旅客列车）清洗机以及滚轴转轮式洗车机等。所谓移动式就是汽车不动，洗车机按照一定的程序在导轨上来回移动，同时执行洗车指令，如龙门往复式电脑洗车机。电脑洗车机都采用循环水洗车，属于节约环保型洗车方式。由于电脑洗车机速度快（120辆/h）、洗车效果好、节约水资源且成本低，它已经成为大中城市较为普及的洗车方式之一，但该机价格较高。下面介绍应用比较广泛的无刷式电脑洗车机、隧道式全自动汽车清洗机和龙门式电脑洗车机。

1. 无刷式电脑洗车机

1）主要结构

该设备主要由高压喷水清洗系统和电脑控制系统组成，如图2-32所示。高压喷水系统由水泵室、储水罐、输水管路和喷头及控制阀等组成。控制系统全部由电脑控制。

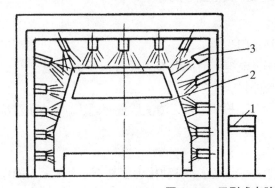

图2-32 无刷式电脑洗车机

1—电脑控制系统；2—被清洗的轿车；3—高压喷水清洗系统

2）操作方法

（1）把需清洗的汽车开到清洗位置，停稳，关好车门，并关好清洗机门。

（2）启动控制系统，调好高压水压，打开喷头控制阀，按清洗整车的清洗工艺要求所规定的参数，对汽车进行喷淋清洗。

（3）清洗完后，停机。把机门打开，用干净的抹布把车身外表擦干净，然后把车开出来，对清洗质量进行检查。若不合格，则进行补救清洗，直到合格为止。

3）使用注意事项

必须确保水源质量，并定期清洗喷嘴。

2. 龙门式电脑洗车机

工作原理：车不动，由机器本身往返移动，完成洗车、吹干、上蜡等工作程序。龙门式电脑洗车机可实现自动清洗车辆外表、自动定位刷车轮、高压冲洗底盘、自动加注清洗剂、自动打蜡及全自动吹干，以上功能通过电脑控制一次性完成，并可针对不同的洗车要求设有

8种洗车程序供选择。可针对清洁程度不同的车辆选择相对应的洗车程序进行清洗。很多机型还专门设置了泡沫洗车程序、蜡洗程序,使清洗护理效果更加完美。为防止洗车过程中发生意外,一般洗车机的各个系统在电脑自动控制的基础上都设有人工干涉功能,确保洗车过程安全。此洗车机一般每小时洗车为20~40辆。缺点是噪声大,蜡和水浪费较多。目前逐步退出欧美等发达国家市场,但在我国正方兴未艾。

1)主要结构

龙门式电脑洗车机主要由侧洗辊轮、俯洗辊轮和端洗辊轮组成。辊轮上材料主要有尼龙纤维、海绵或其他纤维制成,比较蓬松、柔软。在辊洗时,不会刮伤面漆。如图2-33所示。

图2-33 龙门式电脑洗车机

2)使用方法

(1)把车开到清洗位置,停稳,关好车门。

(2)启动控制系统,调好清洗的水压、流速、时间等有关参数,开始清洗。

(3)全过程由电脑控制,洗完后自动停机。

(4)停机后,把车开出来,把车外表擦干,检验。若无清洗质量问题,即完成了清洗任务。

3)特点

(1)该机能喷水也能喷洗车液。

(2)该机清洗速度快,几分钟就可清洗一台汽车,自动化程度高,可实现无人操作洗车。排放达到环保标准要求。

(3)该机具有独立的故障自动检测功能,使用安全可靠。

(4)详细的操作按设备的使用说明书要求执行。

3. 隧道式电脑洗车机

隧道式电脑洗车机可以实现自动加注清洗剂、自动打蜡、无接触仿形吹干以及底盘冲洗。隧道式洗车机价格较高,洗车速度快,每小时洗车120辆左右。隧道式洗车机为龙门式洗车机的换代产品,也是目前国际的主流机型,其特点为:能耗低、噪声小、洗车快,可实现快速、靓丽、安全和无划痕的洗车要求。

1)结构和功能

隧道式电脑洗车机结构如图2-34所示,结构与功能如下:

(1)输送机系统。待清洗的汽车进入隧道时,轮胎的导正系统可使汽车停在输送机的停车轨道上。收好天线,放空挡,勿动雨刷。输送机系统可将清洗的汽车通过隧道而完成清洗的运输功能。

(2)高压喷水系统。采用强力电动机和水泵产生高压水流,对汽车表面进行冲洗,可将车身上的微小砂粒和灰尘除去，以便进行刷洗。

（3）一对前小刷。前小刷可对汽车的下部外表进行刷洗，可除去部分污垢等。因为汽车下部污垢一般较中部和上部严重，所以，此部位要多洗刷一遍。

（4）高泡沫喷洒系统。该系统向车身喷洒高泡沫洗车液，以增强清洗除污能力。

（5）滚刷系统。由前大侧刷一对、顶刷一个、后顶刷一个、轮刷一对和后小刷一对，组成了隧道式洗车机的滚刷系统。

大侧刷可依车型的斜度自动倾斜，轻柔而平稳地包裹车身，以达到良好的洗净效果。

刷洗车身的前后刷似手臂，采用交叉式刷洗方法，洗车无死角，清洗效果最好。

独创的横卧式洗刷，能将车身下方的严重污垢干净彻底地清除。

（6）亮光蜡喷洒系统。在滚刷刷洗之后，用亮光蜡喷洒系统对车身进行清洗后的护理，使车身涂膜更加鲜艳靓丽。

（7）强力吹风系统。由前风机和后风机组成，用清洁的高压空气将车身吹干。

（8）擦干系统。由特殊的绒毛布条组成，可将风干后所残留的水痕彻底擦拭干净。

（9）控制操作箱。整个控制操作系统，由控制箱和操作控制台组成，可实现快速洗车，靓丽、安全、无划痕。整个操作实现人性化，由电脑自动感测车型，一次启动，不用人员操作选择；可连续依其车型，连续清洗轿车、厢式车等不同车型的汽车。

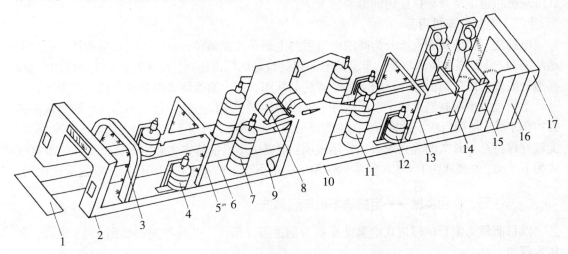

图2-34　隧道式电脑洗车机

1—轮胎导正器；2—隧道入口；3—高压喷水系统；4—前小刷；5—高泡沫喷洒系统；6—输送机系统；7—前大刷；8—前顶刷；9—轮刷；10—后顶刷；11—后大刷；12—后小刷；13—保护剂喷洒系统；14—前风机；15—后风机；16—隧道出口；17—控制箱及操控台

2）洗车操作

隧道式电脑洗车机的洗车过程是全自动的，全过程约需30s即可完成，可达到快速、靓丽、安全和无划痕的洗车要求。其洗车过程如下：车辆对正洗车机入口，同时车辆左前轮驶入传送带入口，松开车辆驻车制动器，挂空挡。再由操作员按下启动按钮启动设备，车辆随传送带前行。当车辆头部遇到各工作系统（喷水器、清洗刷、雨刷、前排竖刷、横刷、后排竖刷、蜡液喷头及吹干系统）时，各系统依次进入所选择的作业，直到车辆尾部"走过"该系统。车辆由洗车机出口驶出后，洗车作业完成。

3）维护及注意事项

（1）洗车机工作过程中，操作人员不得离开，以防意外事故发生。

（2）车辆进入洗车机时，左轮必须停放在入口的轨道间。

（3）关好车门、车窗，折回后视镜，收下天线，对车身突出物做适当的处理。

（4）开机前，检查导轨有无卡死现象，确保滚轮行走灵活。

（5）定期检查电控元器件的安全保护措施是否得当。

（6）主框架的材料是否生锈，若生锈应适时处理。

（7）每天都应检查刷毛材料，沙粒或杂物应立即清除；定期检查洗车机的刷毛材料是否变硬，变硬应及时更换，否则会损伤车漆。一般来说第三代电脑洗车机泡棉刷的质量好，不易损伤车漆，而第一代尼龙刷、第二代棉布刷则容易变硬，刷里易裹沙粒或杂物，使用第一、二代刷应相应缩短检查周期。

（8）严格按照使用说明操作，防止误操作，减少不必要的损失。

（9）严寒天气要按照使用说明采取相应的措施，预防冻结。

（10）洗车机长时间闲置或冬天的夜晚，要放空水管中的积水，防止积水锈蚀元件或冻裂水管。

（11）定期给洗车机轴链部位涂抹黄油，如轮刷回转轴、顶刷回转轴、侧刷回转轴和各刷子的回转链条等部位。涂抹时要注意及时擦净流出的黄油，以免粘到刷子和车辆上（移动式洗车机轨道上严禁涂抹任何润滑油脂）。

（二）电脑洗车机用品

电脑洗车机使用的香波分为高泡香波型与上蜡香波型两种，pH 为 7.0，呈中性，是一种超浓缩剂，具有强力清洗功能。丰富的泡沫起到较好的润滑作用，可有效延长设备使用寿命。高泡香波多可以与前面所介绍的不脱蜡清洗剂互用，而上腊香波为电脑洗车机广泛使用。

上蜡香波也叫高泡水蜡，采用高分子界面活性剂，不仅泡沫丰富去污力强，同时具有超强的驱水性，使用后吹干效果好；在漆面能形成一层蜡膜，具有上光防尘之功效。经常使用，能较好保持车漆长久的光亮效果。使用说明：根据洗车机抽蜡方式确定配比比例，一般自吸式为 1∶60，虹吸式为 1∶30，但实际使用中应根据洗车机及水蜡使用说明来确定配比比例。

三、项目实施——电脑洗车机车表清洗

以目前最为流行的隧道式电脑洗车机为例进行介绍，工艺操作流程如图 2-35 所示，具体步骤如下：

图 2-35　电脑洗车机工艺操作流程

（一）准备工作

调试洗车机，确保运转良好，各种易耗材料正常，关好车窗。

（二）人工预洗

对汽车污垢严重部位先用手工方式进行预洗，主要是翼子板、车轮、保险杠，如图2-36所示。如果脏污程度不严重则可直接上电脑洗车机清洗。

图2-36　人工预洗

（三）汽车入位

将汽车驶入隧道入口规定位置，轮胎导正系统可使汽车停在输送机的停车轨道上，如图2-37所示。松开车辆驻车制动器，挂空挡。关好车门、车窗，折回后视镜、收下天线，对车身突出物做适当的处理。

图2-37　左车轮停右停车轨道上

（四）高压喷水

输送机系统可将汽车自动通过隧道至各个清洗作业位置，直至完成全部清洗。高压喷水系统对汽车车表进行冲淋，如图2-38所示。

（五）前小刷刷洗

前小刷对车身下部部位进行刷洗，如图2-39所示。

图 2-38 车表冲淋

图 2-39 前小刷刷洗

（六）喷涂清洗剂

高泡沫喷洒系统向车身喷洒经过发泡的泡沫清洗液。

（七）车表刷洗

通过大刷、顶刷和后小刷对车身进行全面刷洗，如图 4-40 所示。

（a）

（b）

图 2-40 全面刷洗

（a）大刷刷洗；（b）后小刷刷洗

（八）上蜡护理

通过光亮蜡喷洒系统对车身进行清洗后的护理

（九）风干

先由强力吹风系统将车身吹干，再通过特殊绒毛条组成的擦干系统将残留水痕擦拭干净。

（十）质检交车，结束作业

项目 3 新车开蜡

学习目标

1. 能正确描述新车封蜡的必要性。
2. 能正确描述新车开蜡的必要性。
3. 了解封蜡的类型与特点。
4. 掌握新车开蜡的作业。

一、项目情境引入

陈总预定了一辆进口车，当高高兴兴去提车时，却发现车表光泽暗淡，询问后销售人员告之：这种类型的新车必须进行开蜡美容作业后才能看到"真容"。

二、项目相关知识

新车出现一层油膜且车表光泽暗淡的原因是，汽车生产厂家在新车储存和运输（尤其是海运）过程中，为了防止新车漆膜受到酸碱侵蚀及剐蹭，在出厂前对汽车漆膜喷涂了一层专用防护蜡，简称封蜡，它能对车表面起到长达一年的保护作用。这层保护蜡厂家做得比较厚，并且十分坚硬。

当新车交付使用后，必须尽快去除这层封蜡，其原因为：

（1）新车封蜡不同于上光，该蜡没有任何光泽，透气性差，严重影响汽车美观。

（2）汽车在使用中，封蜡易黏附灰尘，且不易清洗。

（3）封蜡在阳光紫外线、大气酸性物质的长期作用下演变成有害物质，腐蚀车体。

由于封蜡的蜡层厚且干硬，一般方法不易去除。为此，车主购买后应到专业的汽车美容店除去此蜡。除蜡的过程被称为"新车开蜡"。此作业是通过开蜡清洗而还原车表原有的面目，属于车表清洗的范畴。

（一）保护性封蜡的类型与特点

封蜡主要含复合性石蜡、硅蜡、PTFE树脂等材料，因此不同类型的封蜡在开蜡时应选用不同的开蜡用品。目前封蜡常见的主要有油脂型保护蜡、硅蜡型保护蜡、树脂型保护蜡三种。

1. 油脂型保护蜡

油脂型保护蜡蜡膜呈半透明状态，可提供极硬的保护层，多用于长途海运的进出口汽车。即使海水飞溅于涂有封蜡的车体表面，也不能对其造成任何伤害，并可防止大型双层托运车在运输途中遇到树枝或其他人为因素所造成的轻微损伤，保证新车在出厂后一年内不受其他有害物质的侵蚀。

2. 硅油保护蜡

硅油保护蜡蜡膜呈透明状态，新车出厂时为汽车提供短期的保护层，能有效防止紫外线、酸碱气体、鸟粪、树枝抽打等一般的侵害，而对于海水或运输新车过程中所造成剐蹭现象却不能起到很好的保护作用。所以，这种新车保护蜡已在20世纪70年代被各大汽车制造商淘汰。

3. 树脂型保护蜡

树脂型保护蜡蜡膜呈半透明状态，主要用于短途运输的汽车，可以为车身提供一年以上良好的硬质保护层。这层保护膜在厚度上大约是油脂型保护蜡的1/3，能防止运输新车过程中人为轻微剐蹭所造成的划痕现象，但无法抵御海水的侵蚀，所以这种树脂型保护蜡不大适合在海洋运输中的汽车。

（二）新车开蜡用品

新车开蜡用品通常称为开蜡水或开蜡洗车液，属于柔和性溶剂，对于各种蜡层都具有极佳的乳化分解能力，能快速清除新车的蜡层，在汽车封釉镀膜作业等漆面美容中去除车体漆面的旧蜡层，且完全不损伤漆面，便于后续的抛光或上光。目前市场上新车开蜡的用品主要有油脂开蜡水、树脂开蜡水和强力开蜡水等种类，如图2-41所示，使用时应根据新车封蜡的不同类型选用对应的开蜡水。

图 2-41　强力开蜡水

（三）设备与工具

除了车表清洗中的高压清洗机、泡沫机、香波清洗剂、专用洗车海绵、纯棉毛巾外，另外还要增加喷壶、防护眼镜、橡胶手套、塑料异形刮板，如图2-42所示：

1. 喷壶

用于盛装开蜡水，作业时通过喷壶将开蜡水喷涂于车表上。

2. 防护眼镜

它可防止施工时药剂飞溅到眼睛里。如有类似情况发生，应立即用清水冲洗，情况严重者应立即就医。

3. 橡胶手套

因多数开蜡液均属轻质型煤油类产品，渗透分解性极强，对皮肤有害，所以应使用橡胶手套采取保护措施。

4. 塑料异形刮板

这种刮板刮片质地较软，具有一定韧性，使用时裹纯棉毛巾，所以操作时不会对漆面造成任何损伤。擦车时，可用此刮板清除手指触及不到的地方，如板块连接处、车标等。

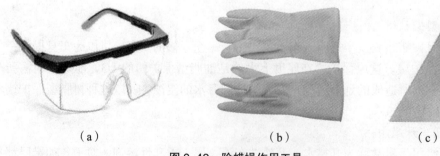

(a)　　　　　　　　(b)　　　　　　　　(c)

图 2-42　除蜡操作用工具

(a) 防护眼镜；(b) 橡胶手套；(c) 塑料刮板

三、项目实施——新车开蜡

新车开蜡的工艺流程图如图 2-43 所示,具体操作如下:

图 2-43　新车开蜡工艺流程图

（一）冲洗车身

按车表清洗作业冲洗全车,但冲洗后无须擦干。

（二）喷开蜡水

首先要判断车漆表面为何种封蜡,从而选择对应的开蜡水,然后将开蜡水按一定比例与水稀释后装于手动喷壶中,加压后均匀地喷洒于车体。对于瓶装的开蜡水,经过摇晃均匀后直接喷洒于车表即可。

开蜡操作要领:开蜡作业应以车身板块为单位由高到低进行作业,防止重复或遗漏。喷洒开蜡水后,要等待 3 ~ 5min,使开蜡水完全渗透于蜡层中,封蜡完全溶解后方可进行下一步擦拭作业。

（三）擦拭

封蜡完全溶解后,喷洒少许清水,用半湿毛巾对车身进行擦拭。擦拭过程要及时清洁毛巾。喷洒开蜡水与擦拭是反复进行的,对于缝隙及弯角处的残蜡可用塑料异形刮板裹纯棉毛巾擦拭去除。

（四）清洗车身

用香波清洗剂按车表清洗流程对全部车身进行清洗,尤其是车身连接缝隙处残留的封蜡要用毛刷刷洗干净,并气枪将车身吹干。实际操作如图 2-44 所示。

图 2-44　去蜡作业流程

1—冲洗车身；2—喷开蜡水；3—擦拭；4—清洗车身

（五）验收

质检标准是车身和连接缝隙处残留的封蜡清除干净，漆面光洁。

思考与练习

一、填空题

1. 汽车清洗是汽车美容的＿＿＿＿环节，同时也是一个＿＿＿＿环节。它既是一项＿＿＿＿的工作，也是一项＿＿＿＿的作业。
2. 人工清洗作业是指通过＿＿＿＿与＿＿＿＿配合，并经过人工作业将车表污垢去除的一种作业方法。
3. 用柏油清洗剂喷涂于柏油脏污处，等待＿＿＿＿后可见柏油会＿＿＿＿，此时用＿＿＿＿擦拭掉溶解后的柏油。
4. 冲洗车身时，一般水压不高于＿＿＿＿MPa。
5. 去除水不溶性污垢的清洗剂应具备＿＿＿＿、＿＿＿＿、＿＿＿＿特性。
6. 清洗剂除垢包括＿＿＿＿、＿＿＿＿、＿＿＿＿、＿＿＿＿、＿＿＿＿五个过程。
7. 冷水清洗机主要由＿＿＿＿、＿＿＿＿、管路、＿＿＿＿等组成。
8. ＿＿＿＿具有柔软、弹性好、吸水性强和较好的藏土藏尘能力等特点。

二、选择题

1. 汽车香波清洗剂的 pH 值是（　　）。
   A. 酸性　　　　B. 碱性　　　　C. 中性　　　　D. 强酸性
2. 下列（　　）属于可水溶性的污垢。
   A. 树胶　　　　B. 鸟粪　　　　C. 焦油　　　　D. 泥沙
3. 电脑洗车机最为常用清洗用品是水蜡，这是说法（　　）。
   A. 正确　　　　B. 错误　　　　C. 不确定
4. 下列工具中（　　）是车表清洗没有用到的设备。
   A. 泡沫机　　　B. 空气压缩机　　C. 清洗机　　　D. 吸尘器
5. 新车上运输保护蜡的作用是（　　）。
   A. 提高漆面光泽，吸引顾客
   B. 消除车身表面污垢和消除发丝划痕
   C. 防雨、防酸、防紫外线
   D. 防止新车漆膜受到酸碱侵蚀及剐蹭
6. 新车开蜡作业时应使用（　　）进行开蜡处理。
   A. 煤油　　　　B. 汽油　　　　C. 开蜡水
7. 下列（　　）不属于新车开蜡作业使用工具。
   A. 防护眼镜　　B. 橡胶手套　　C. 喷枪　　　　D. 喷壶

三、判断题

1. 电脑洗车机最常用的清洗用品是水蜡。（　　）
2. 为了便于车身干燥，最好在阳光直射下清洗汽车。（　　）
3. 车身清洗干净后应使用干毛巾将车身擦拭。（　　）
4. 二合一清洗剂是指既有清洗功能，又有上蜡功效的清洗剂。（　　）

5. 汽车香波具有脱蜡清洗功能。（　　）

四、简答题

1. 汽车清洗剂的种类有哪些？如何选用？
2. 简述高压清洗机的操作程序与维护事项。
3. 简述隧道式电脑洗车机的结构与功能。
4. 简述汽车封蜡的作用与危害。

五、操作题

1. 人工车表清洗操作。
2. 新车开蜡操作。

3 学习情境

漆面美容

漆面美容是指在车表清洗的基础上，采用专用的护理用品，对车身漆面实施护理的美容作业。由于车身漆面美容护理产品不断推陈出新及操作工艺不断革新，使得漆面美容的内涵与外延不断拓展。目前，漆面美容主要包括漆面打蜡、汽车封釉及汽车镀膜等护理性美容。

项目 1 漆面打蜡

学习目标

1. 了解车蜡的发展历史。
2. 能正确描述车蜡的功能与种类。
3. 掌握打蜡项目的操作技能。

一、项目情境引入

一天，汽车美容店接待员小张向一位经常来店做清洗的客户询问："陈先生，虽然您经常来洗车，但您的爱车还是那么容易脏，并且车的颜色也变浅，漆面光泽也没有原来好了，你知道这是为什么吗？""有什么办法解决吗？"面对陈先生渴望的眼神，小张给出了解决方法：定期打蜡，或者进行封釉、镀膜。

二、项目相关知识

汽车漆面打蜡是在车漆表面涂上一层蜡质保护层后，再将车蜡抛出光泽的护理作业。它是汽车美容中基本的护理性美容。

（一）车蜡的发展历史

车蜡从产生发展至今已有几十年的历史。最初的打蜡概念仅仅是增加光泽，如今的打蜡概念已是保护性上光。功能作用上可以说发生了质的飞跃。这个发展过程大体经历了如下阶段：

第一代车蜡——固体石蜡：此蜡的石油蒸馏物含量极高，附着力很差，无保护作用，闪干时间很长，约24h，非专业人员使用会出现亮度不匀的现象。

第二代车蜡——膏状石蜡：此蜡是液体石蜡的过渡性产品，附着力很好，但闪干时间较长，约8h，使用后容易出现油腻现象。

第三代车蜡——液体石蜡：此蜡是经稀释以后的复合型石蜡，渗透力较强，附着力较好，闪干时间较长，约8h，但仍然采用以前的配方，使用后很难在第二次打蜡时清洗干净。

第四代车蜡——单种聚合蜡：此蜡是内含单聚合物的保护性上光蜡，包括清洗型和非清洗型两种。清洗型上光蜡内含有柔和的上光材料，上光同时能够去除漆面轻度氧化和细微划痕。非清洗型上光蜡具有保护作用。

第五代车蜡——多种聚合蜡：此蜡是内含多种聚合物的保护性车蜡，能在漆面形成一层薄薄的膜，具有上光、防腐蚀、抗氧化等多种功能，可使用于任何颜色的漆膜，保护时间长，耐候性极好，用于透明漆的效果极佳。

第六代车蜡——纯天然原料蜡：此蜡属于高科技产品，采用纯天然原料更有利于对车漆的保护。

前三代车蜡都是以石油蒸馏物为主要原料，属于传统车蜡，使用起来较麻烦，需要晾干后才能抛光，而且沾水易掉。从第四代开始属于新产品了，蜡中所含的聚合物成分（如特氟隆、釉、硅等）使车蜡具有多种功能，对漆面起到保护作用。所谓保护性上光蜡，就是指含有聚合物成分的车蜡。

车蜡中含有柔和的研磨材料，在机械打蜡的过程中能够去除漆面轻度氧化和细微的划痕，这种蜡叫抛光蜡，也称沙蜡。

含有多种聚合物成分，能在漆面形成一层薄薄的膜，具有上光、防腐蚀、抗氧化等多种功能，且保持时间较长的车蜡被称为"镀膜"。

近几年，含有聚合物的车蜡和天然材料制成的车蜡逐步占领市场，种类很多，主要有以下几种：

（1）色蜡：按车的颜色用蜡，红色用红色蜡，黑色用黑色蜡。目前的流行色有12种之多。

（2）含釉成分的车蜡：有的称为"太空蜡"，这类车蜡的特色是抗腐蚀、抗氧化，增加亮度。

（3）含特氟隆的车蜡：特点是牢固、持久、防氧化，可渗入漆表层。

（4）含研磨剂的车蜡：在打蜡的过程中起抛光的作用。

（5）含天然原料的车蜡（如棕蜡等）：能产生极好的光泽和透明度，是美容产品中的极品。

（二）车蜡的功用

车蜡的主要成分是聚乙烯乳液或硅酮类高分子化合物，并含有油脂和其他添加成分。这些物质涂覆在车身表面具有以下功用：

1. 上光

上光是车蜡的最基本作用，经过打蜡可改善车身表面光亮程度，使车身恢复亮丽本色。

2. 隔离

上蜡犹如给经常在复杂环境下工作的汽车披上一层外衣，起到防水、防风沙、防尘及防划伤等作用。汽车经常暴露在空气中，免不了受风吹雨淋，当水滴存留在车身表面而天气转晴时，在强烈的阳光照射下，每个小水滴就是一个凸透镜，形成聚焦效应，焦点处温度可达800℃～1 000℃，灼烧漆面形成暗斑，影响漆面质量及使用寿命。同时，水滴易使暴露的金属表面产生锈蚀。

另外，有害气体和有害灰尘会造成车漆变色和老化。车蜡可在车漆与大气之间形成一层保护层，将车漆与有害气体、有害灰尘有效地隔离，起到一种"屏蔽"的作用。车蜡可使车身表面的水滴附着减少60%～90%，高档车蜡还可使残留在漆面上的水滴平展，呈扁平状，最大限度地减少了水滴对阳光的聚焦，大大降低了车身遭受侵蚀的可能性，使车漆得到保护。

3. 抗高温

车蜡可以对来自不同方向的入射光产生有效反射，防止入射光使漆面老化、变色。

4. 防静电

汽车静电的产生，一是来自纤维织物，如地毯、座椅、衣物等；二是来自汽车行驶过程中，空气中的尘埃与车身金属表面相互摩擦，形成的难以清洗的交通膜。无论是哪种原因产生的静电，都会给乘员带来诸多不便，甚至造成伤害。车蜡防静电作用的原理是隔断尘埃与车身表面金属的摩擦。由于涂覆蜡层的厚度及车蜡本身附着能力不同，不同车蜡的防静电作用有一定的差别，防静电车蜡在阻断尘埃与漆面摩擦的能力方面优于普通车蜡。

5. 防紫外线

车蜡防紫外线作用与抗高温作用是并行的。紫外线的特性决定了紫外线较易于折射进入漆面。防紫外线车蜡充分考虑了紫外线的特性，可以最大限度地降低紫外线对车身表面的侵害。

6. 研磨抛光作用

含研磨材料的车蜡还具有抛光作用，可改善漆面的光洁程度。

（三）车蜡的种类

1. 按物理状态不同分类

车蜡按其物理状态的不同可分为固体蜡、半固态蜡、液体蜡和喷雾蜡四种。这些车蜡的黏度越大光泽越艳丽、持久性越强，但去污性越弱，而且打蜡操作越费力。相反，黏度越小的车蜡越便于使用，但持久性越弱。

2. 按装饰效果不同分类

车蜡可分为无色上光蜡和有色上光蜡。无色上光蜡主要以增光为主，有色上光蜡主要以增色为主。

3. 按生产国别不同分类

车蜡按其不同生产国，大体分为国产蜡和进口蜡。目前，国产车蜡基本上都是低档蜡，中高档车蜡绝大部分为进口蜡。常见进口车蜡多来自美国、英国、日本、荷兰等国。例如美国龟博士系列车蜡、英国尼尔森系列车蜡、美国3M系列车蜡等。

4. 按功能不同分类

车蜡按其主要功能分为上光蜡和抛光研磨蜡两种。国产上光蜡的主要添加成分为蜂蜡、松节油等，其外观多为白色或乳白色，主要用于喷漆作业中表面上光。国产抛光研磨蜡主要添加成分为地蜡、硅藻土、氧化铝、矿物油及乳化剂等，颜色有浅灰色、灰色、乳黄色及黄褐色等多种，主要用于浅划痕处理及漆膜的磨平作业，以消除浅划痕、橘纹，填平细小针孔等。

（四）部分品牌车蜡产品介绍

随着汽车美容市场的快速发展，车蜡产品极其丰富。主要的国外品牌有龟博士系列车蜡、3M系列车蜡、驰耐普系列车蜡、日本SOFT99系列车蜡。这些品牌由于具有精良的汽车美容护理效果、强大的市场开拓力度及优良的服务成为市场的主角，特别受中高档车主的欢迎。国产品牌从市场的销量来看，还是处于被冷落的状态。一方面是质量不过关，另一方面是产品的推销力度不够，品牌的认可度不够。市场上可以看到的国产品牌有彩虹7CF、DCTR车喜、爱车宝、999车仆、标榜等。常见的上光硬蜡如表3-1所示。

表3-1 常见上光硬蜡

产品	产品特点	使用方法
3M水晶硬蜡	采用高分子聚合技术，渗透性更强，光泽保护更持久，抵抗紫外线、酸雨、风沙、风雪、冰冻等环境污染有特效，具有持久水晶般光泽	1. 将海绵浸湿并拧成半干状态 2. 用海绵蘸上少许蜡，以画圆的方式均匀涂覆在车表上 3. 待蜡发白时，用纯棉干毛巾抛光
龟博士新车蜡	不含抛光剂、研磨剂，不伤车漆，旧车抛光可还原为新车状态，具有增光保护使用，适用于各色车漆，对新车伤害较大的酸雨、紫外线、氧化、工业排放、自然生物等多种污染有特殊的抵抗效果	
龟博士铂金盾GP-521水晶硬蜡	本品富含纯正"巴西棕蜡"，具有凝水般天然光泽质感，具有清洁、上光及护理三效合一功能，含氟树脂技术，高效防水，保护时间长，抗紫外线强。含填补高分子聚合物，能有效去除漆面微小划痕，实现镜面效果。无屑配方，易上蜡抛蜡，手工上蜡、机器上蜡都可	
999车仆固蜡	本品主要成分为蜡、硅油及溶剂，内含特种树脂，在车体上形成坚固的特殊保护层，防止汽车划伤及老化，具有较好的上光性及不沾水性。适合于深色车	

（五）工具与设备

上蜡作业所用到的工具与设备比较少，如果是手工上蜡，只需要不脱毛的纯棉毛巾及打蜡海绵，如果是机械上蜡则需要打蜡机。在此重点介绍打蜡机。

打蜡机是把车蜡打在漆面上，并将其抛出光泽的设备。打蜡机以椭圆形旋转，类似卫星绕地球的旋转轨道，故称轨道打蜡机（见图3-1）。轨道打蜡机具有重量轻、做工细、转盘面积大、操作便利等特点。转盘直径有203.2mm（8in）、254mm（10in）和304.8mm（12in）三种。

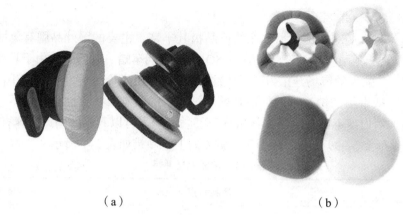

图3-1 轨道打蜡机及盘套
（a）打蜡机；（b）盘套

1. 种类

轨道打蜡机型号很多，样式不一，大致可分为普通轨道打蜡机和离心式轨道打蜡机。普通轨道打蜡机具有转盘较小，使用材料较差，扶把位置不容易平衡等缺点，一般在非专业汽车美容场所使用。离心式轨道打蜡机的动作是靠一种离心式的、无规律的轨道旋转来完成的。这种旋转方式模拟人手工操作，但比手工操作要快得多。离心式轨道打蜡机是专业汽车美容人员喜欢使用的机型。

2. 配套材料

轨道式打蜡机的配套材料主要指打蜡盘的各种盘套。打蜡机使用固定的打蜡盘，但盘套却有下列选择：

1）打蜡盘套

打蜡盘套的作用是把蜡涂在车体上。其结构为：外层是毛巾套，底层是皮革，皮革起防渗作用。

2）抛蜡盘套

抛蜡盘套的作用是将蜡抛出光泽。其材料有三种：一是全棉制品；二是全毛或混纺制品；三是海绵制品。

目前使用最广泛的是全棉盘套，该盘套应选择针织密集而且线绒较多的，要有柔和感，越柔和就越减少发丝划痕，越能把蜡的光泽和深度抛出来。全棉盘套不宜反复使用，很多专业人员一辆车要换一个新的。即使不换新的，旧的也一定要洗干净，清洗时要使用柔和剂，否则晒干后盘发硬，最好是用防静电方式烘干。

3. 使用方法

1）上蜡

使用打蜡盘套上蜡时，将液体蜡转一圈倒在打蜡盘上，每次按 $0.5m^2$ 的面积涂匀，直至打完全车。

2）凝固

上完蜡后，等待几分钟时间，待车蜡凝固。

3）安装检查抛蜡盘套

将抛蜡盘套装上，确认绒线中无杂质。

4）抛光

打开打蜡机，将其轻放在车体上横向（或纵向）进行覆盖式抛光（见图3-2、图3-3所示），直至光泽令人满意为止。

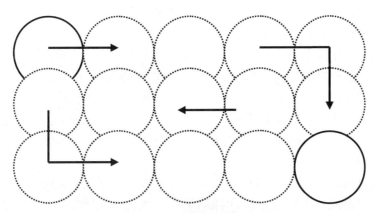

图3-2　打蜡机的抛光路线

（a）

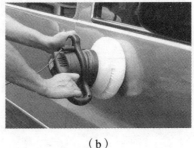
（b）

图3-3　机械抛蜡操作

（a）抛光发动机舱盖；（b）抛光车门

（六）注意事项

车身漆面打蜡是汽车美容中最常见的基本护理性美容，其目的在于增强漆面的防水防紫外线、防划伤能力等，保持车身漆面永久光亮感、深度感和立体感。要达到以上目的必须把握好打蜡频率，做到正确的选用车蜡、合理的操作工艺，注意相关事项。

（1）由于各种车蜡的性能不同，其作用与效果也不一样，所以在选用时必须要慎重，选择不当不仅不能保护车体，反而使车漆变色。一般情况下，应根据车蜡的作用特点、车辆的新旧程度、车漆颜色及行驶环境等因素综合考虑。对于高级轿车，可选用高档车蜡；新车最好用彩涂上光蜡以保护车体的光泽和颜色；夏天宜用防紫外线车蜡；行驶环境较差时则用保护作用突出的树酯蜡比较合适；而对普通车辆，用普通的珍珠色或金属漆系列车蜡即可。另外，选用车蜡时还必须考虑与车漆颜色相适应，一般深色车漆选用黑色、红色、绿色系列的车蜡，浅色车漆选用银色、白色、珍珠色系列车蜡。

（2）新车不要随便打蜡。有人购回新车后便给车辆打蜡，这是不足取的。因为新车本身的漆层上已有一层保护蜡，过早打蜡反而会把新车表面的原装蜡除掉，造成不必要的浪费，一般新车购回五个月内不必急于打蜡。

（3）应在阴凉处给汽车打蜡，保证车体不致发热。因为随着温度的升高，车蜡的附着性变差，会影响打蜡质量。

（4）要掌握好打蜡频率。由于车辆行驶的环境、停放场所不同，打蜡的时间间隔也应有所不同。一般有车库停放、多在良好道路上行驶的车辆，每3～4个月打一次蜡；露天停放的车辆，由于风吹雨淋，最好每2～3个月打一次蜡。当然，这并非是硬性规定，一般用手触摸车身感觉不光滑时，就可再次打蜡。

（5）打蜡前最好用洗车水清洗车身外表的泥土和灰尘。切记不能盲目使用洗洁精和肥皂水，因其中含有的氯化钠成分会侵蚀车身漆层、蜡膜和橡胶件，使车漆失去光泽，橡胶件老化。如无专用的洗车水，可用清水清洗车辆，将车体擦干后再上蜡。

（6）上蜡时，应用海绵块涂上适量车蜡，在车体上直线往复涂抹，不可把蜡液倒在车上乱涂或做圆圈式涂抹；一次作业要连续完成，不可涂涂停停；一般蜡层涂匀5～10min后用新毛巾擦亮，但快速车蜡应边涂边抛光。

（7）车身打蜡后，在车灯、车牌、车门和行李舱等处的缝隙中会残留一些车蜡，使车身显得很不美观。这些地方的蜡垢若不及时擦干净，还可能产生锈蚀。因此，打完蜡后一定要将蜡垢彻底清除干净，这样才能得到完美的打蜡效果。

综上所述，打蜡时注意不能让车漆受到伤害。不过有条件的话，还是建议做封釉或镀膜，这样对车漆保护得更好些。

三、项目实施——漆面打蜡

手工打蜡操作流程主要为三步：清洗、上蜡、抛光。打蜡操作工艺流程图如图3-4所示，具体操作如下：

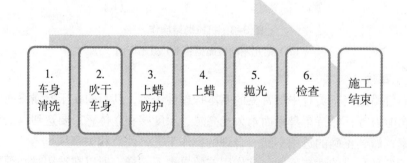

图3-4 打蜡操作工艺流程图

（一）车身清洗

按车身清洗操作工艺来处理即可，对于有残蜡的车表必须用开蜡水进行除蜡处理。

（二）吹干车身

用麂皮吸水、气枪吹水擦拭的方式将车身上水渍彻底去除。

（三）上蜡防护

避免将蜡打到车身上的塑料件、橡胶件、镀铬件等外饰件上，一旦蜡粘在这些外饰件后，干后会发白，严重影响美观。

防护方法：

将纸胶带粘贴在外饰件上，粘贴方法主要有直线粘贴、弧形粘贴、直角粘贴、凸起粘贴。

防护部位：

（1）塑料件：天窗边缘、前挡上部胶条、大灯／尾灯边缝。

（2）橡胶件：车门框边缝密封胶条、车门饰条等。

（3）凸起件：门把手、前／后标志、天线处、喷嘴处等。

（4）难清洁处：前挡雨刮器部位、前隔栅部位等。

（5）其他可能受损且无法恢复的部件。

（四）上蜡

上蜡可分为手工上蜡与机械上蜡两种。目前市场上较多的运用手工上蜡，其方法简单易行，可控性强，对于边角、棱角、外角处上蜡抛光更为容易。机械上蜡则突出效率高的特点。

提示：打蜡环境要清洁、干净，最好在室内操作。机舱盖温度高的情况下不要上蜡。

1. 手工上蜡

首先将适量的车蜡涂在海绵上，然后按一定的顺序涂抹车身，手的力度必须均匀。手拿海绵的正确方法是：以大拇指和小拇指夹住海绵，以手掌及其他三个手指按住海绵，进行均匀的环形画圈涂抹，每道涂抹最好重叠 1/5～1/4，防止遗漏，如图 3-5 所示。画圈涂抹的经典顺序是右前发动机舱盖→右前翼子板→右前车门→右后车门→右车顶→右后翼子板→行李箱，左半身与右半车身上蜡顺序相同，如果两人结合效果会更好。

(a)

(b)

(c)

图 3-5 手工上蜡

2. 机械上蜡

机械上蜡时将专用的机械上蜡用车蜡涂在打蜡机的海绵上，具体上蜡涂抹过程与手工上蜡相似。打蜡机车速控制在 150～300r/min 为宜。必须注意对于边角等不易机械上蜡的地方的处理，同时对于不应上蜡的地方（如玻璃、保险杠等）也需小心，具体操作见图 3-3 所示。

车身打完蜡后，会在车灯、车牌、玻璃、门缝处残留下一些车蜡，这时需及时清除。如果想车蜡保留的时间长些，可以在打完蜡的车身上喷抹一层护车素，这样既可保护车蜡又可提高车身表面的光泽度，还可以起到防晒、防雨、防酸的作用。

（五）抛光

抛光的关键是抛光时机的把握，对于硬蜡一般要满足三个条件才能抛蜡：一是上蜡至抛蜡的时间间隔应在 5 ～ 10min；二是车表上的蜡表面开始发白，如图 3-6 所示；三是用纯棉毛巾擦拭一下，应有光泽出现，且擦拭所用的力不大，易抛光。当逐一满足上述条件则可进行抛光作业了。

抛光是指在力的作用下，通过纯棉毛巾与车身表面摩擦，从而将蜡挤压并整平成膜，形成光泽。依据施加作用力的方式不同可分为手工抛蜡与机械抛蜡。

图 3-6　抛蜡时机

1. 手工抛蜡

手工抛蜡是由操作人员用纯棉毛巾以一定的力度按原上蜡的顺序进行直线往复运动抛光，通过挤压形成蜡膜，并清除剩余的残蜡。直至漆面抛光至镜般光亮为止，并清除边角剩余的残蜡。手工抛蜡虽费力费时，但边角处理较好，整体上蜡效果好。

2. 机械抛蜡

先要将涂蜡盘套卸下，换上新的抛光全棉盘套。操作人员手持打蜡机，平放于车身上，按上蜡的顺序横纵交替抛光即可。

（六）检查，交车

结束后，无漏上蜡、漏抛蜡，上完蜡后车身光泽性好，并无明显区别为好，则可以交车了。

项目 2　汽车封釉

学习目标

1. 能正确描述漆面结构。
2. 能正确鉴别漆面状况。
3. 能描述研磨剂、抛光剂与还原剂的作用与特点。
4. 了解抛光、研磨机的结构，掌握其操作。
5. 能正确描述封釉的作用与特点。
6. 能正确描述目前市场上常见的汽车封釉产品。
7. 掌握汽车封釉作业。

一、项目情境引入

陈先生按小王的建议每1~2个月对自己的爱车进行一次打蜡作业，漆面光泽果然好了许多，陈先生很满意。但是，时间长了他感觉每月打一次蜡还是有些麻烦，二是上蜡还是无法阻止漆面失光，而且车漆表面也存在一些发丝样的划痕，这让他很心痛。小王知道这个情况后，给出新建议：对全车漆面进行封釉或镀膜作业，不过由于车漆存在失光及轻度划痕，所以封釉或镀膜必须进行漆面研磨抛光。

陈先生经过初步了解，并比较了镀膜作业，最后选择了价位低一些的封釉作业。

二、项目相关知识

汽车封釉改变了打蜡一统天下的历史，汽车打蜡之后，存在着光泽保持时间短，不耐高温，酸雨，容易老化、氧化等问题。汽车封釉后，能有效地防氧化、耐高温、防褪色、防酸碱、防静电、抗高温、抗紫外线等。

釉是一种高分子结构的漆面保护剂，具有对漆面较强的渗透力。所谓封釉就是用柔软的羊毛或海绵通过振抛机的高速振动和摩擦，利用釉特有的渗透性和黏附性把釉分子强力渗透到汽车表面、油漆的缝隙中去。封釉后的车身漆面能够达到甚至超过原车漆效果，使旧车更亮、新车更新，同时具备抗高温、密封、抗氧化、增光、耐水洗、抗腐蚀等特点，并为以后的汽车美容、烤漆、翻新奠定了基础。

（一）汽车漆膜的基本常识

1. 车身涂料的组成

车身涂料品种非常多，而涂层结构组合也多，但归纳起来涂层主要由底漆层、中涂层、面漆层三层组成，且它们都是由主要成膜物质、颜料、溶剂和助剂等四种成分或其中2~3种组成。

1）主要成膜物质（又称漆基、连接剂）

主要成膜物质的作用是将涂料中的其他组分黏结成一体，并使涂料附着在被涂基层的表面，形成坚韧的保护膜。成膜物质一般为高分子化合物或成膜后能形成高分子化合物的有机物质，如合成树脂或天然树脂以及动植物油等。成膜物质在涂料的储存期内相当稳定，不发生明显的物理、化学变化，在涂装后，在规定的条件下能迅速固化成膜。汽车用涂料的成膜物质均为各种优质的合成树脂。

2）颜料（色素）

漆用颜料均为细粉状，它或是天然矿物、金属粉，或是化学合成的无机化合物，或有机染料。它们的性能很重要，因为它们可赋予涂料色彩和遮盖力，并有助于决定其耐久性和功能。如在底漆层上，颜料有助于抗腐蚀性，并具有良好的填平性；在面漆，它们赋予耐久的美观装饰效果。

3）溶剂

如果将涂料与颜料相混合，只能形成膏状或粉状物，无法作为涂料使用。溶剂的主要作用就是溶解、稀释树脂，以便于使用。除此之外，还能调整涂料的干燥特性，提高涂膜的表面平整度，改善涂料的施工性能等。值得注意的是不同的涂料使用的溶剂不同，不能混用。

采用挥发性有机化合物（VOC）作为溶剂的涂料称为有机溶剂系涂料，对环境污染严重，且易燃。采用水作为溶剂的涂料称为水性涂料，属环保型涂料，不易燃，将成为21世纪汽车用涂料的主流。

4）助剂

助剂又称添加剂，它在涂料中用量虽小，但在涂料制造和涂装过程中发挥的作用很大，它在改善颜料的分散性和抗沉淀性，改善涂料的储存性、涂装施工性和防止漆膜缺陷等方面有明显的作用。

2. 车身涂层结构

车身涂层主要由底漆层、中涂层与面漆层所组合，但这不是绝对的。最初涂装技术有限，车漆涂装系统为"2C2B"，即二次喷涂（只有底漆层与面漆层二层）与二次烘烤。但随着涂装技术的发展，已经发展到今天的"7C5B"，涂层的总厚度也由原来的 30~40μm 增加到 130~150μm，逐渐实现了由低级向高级的过渡，已经能够初步满足汽车工业对不同档次汽车涂装的要求。汽车涂装系统可归纳为以下8类：

（1）底漆—腻子—本色漆。
（2）底漆—腻子—中间涂料—本色面漆。
（3）底漆—腻子—中间涂料—单层金属闪光漆。
（4）底漆—腻子—中间涂料—金属闪光底色漆—罩光清漆。
（5）底漆—腻子—中间涂料—本色底色漆—罩光清漆。
（6）底漆—腻子—防石击中间涂料—金属闪光底色漆—罩光清漆。
（7）底漆—腻子—中间涂料—金属闪光底色漆—底色漆—罩光清漆。
（8）底漆—腻子—防石击中间涂料—中间涂料—金属闪光底色漆—底色漆—罩光清漆。

上面所提到8种涂装系统中，第（1）类是汽车工业发展初级阶段所采用的，目前国外不再采用，但我国在一些低档车辆如载货汽车、公共汽车、农用车中仍采用。第（2）、（3）类涂装系统在国内用于面包车、微型车型上。第（4）、（5）类涂装系统主要用于轿车涂装。第（6）、（7）、（8）类涂装系统，主要用于少数豪华高档车的涂装。（2）、（4）在轿车中最为常见，如图3-7所示。

图 3-7 常见的轿车涂层结构

3. 涂层的特点

车身涂膜主要分为底漆层、中涂层与面漆层三层，它们的结构组成不同赋予它们不同的特点：

1) 底漆层的特点

汽车用底漆层就是直接涂装在经过表面处理的车身或部件表面上的第一道涂料，它是整个涂层的开始。根据汽车用底漆在汽车上的所用部位，要求底漆与基材应有良好的附着力，与上面的中涂或面漆具有良好的配套性，同时还必须具备良好的防腐性、防锈性、耐油性、耐化学性和耐水性。汽车底漆所形成的漆膜还应具有合格的硬度、光泽、柔韧性，以及抗石击性等机械性能。

2) 中涂层的特点

汽车用中涂层也称二道浆，就是用于汽车底漆和面漆或底色漆之间涂层，包括腻子、防石击中间涂料、中间涂料等。中涂层应能牢固地附着在底漆表面上，又能很好与面漆涂层相结合，起承上启下的作用。中涂层不仅要求与其上下涂层有良好的附着力和结合力，同时还应具有填平性，以消除被涂物表面的洞眼、纹路等，从而形成平整的表面，使得涂饰面漆后得到平整、丰满的涂层，提高整个漆膜的鲜艳度和丰满度，提高整个涂层的装饰性。同时还应具有良好的打磨性，打磨后能得到平整光滑的表面。

3) 面漆层特点

汽车车身面漆层是汽车整个涂层中的最后一层涂料，一般根据涂装的效果不同分为素色漆（也称为普通漆及单色漆）、金属漆与珠光漆。其中，金属漆与珠光漆一般统一称为透明漆，由底色漆与罩光漆（清漆）两层所组成。底色漆起装饰和保护作用，决定了涂层的耐久性和外观性；罩光漆为一层无色的保护膜，在保护底色漆的同时，增强了漆层的饱满度与鲜艳度。

提示：金属底色面漆层中含有大量的微小的金属粉，光线射到粉粒上后，又被粉粒片透过漆膜反射出来。因此，看上去好像金属在闪闪发光。这种金属闪光漆给人们一种愉悦、轻快、新颖的感觉，增加了漆面的光泽与饱满度。

另外，面漆层与底漆层、中涂层相比，还应具有更为突出的性能：

1) 要求耐候性好，要求面漆在极端温变湿变、风雪雨雹的气候条件下不变色、不失光、不起泡和不开裂。其次，外观装饰性优良，要求漆膜外观丰满，无橘皮，流平性好、鲜映性好，从而使汽车车身具有高质量的协调性和外形。

2) 具有足够的硬度、抗石化性、耐化学品性、耐污性和防腐性等性能，使汽车外观在各种条件下保持不变。

4. 素色漆与透明漆的识别

1) 透明漆的特点

透明漆的特点有以下三种：

（1）透明漆美观，光泽度很高。

（2）透明漆护理的好坏，一般是通过"倒影线条"来反映的。

拿一张报纸，放在汽车漆前面，若能从透明漆反射的倒影中读报，说明此车的透明漆表层光滑如镜，护理的好，而素色漆达不到这种效果。

（3）透明漆比素色漆更易受到环境污染的侵蚀。

如汽车尾气中排出的二氧化碳、炭黑，飞机航空油中飘落的杂物，还有酸雨、酸雾、酸雪等。一旦这些杂物落在车上,加上空气中的水分,涂面随即会变成腐蚀透明漆的酸性溶液,稍一加温便开始发生化学反应,侵蚀汽车漆面的保护层。

2)素色漆与透明漆的识别

(1)目测:透明漆光泽的层次比素色漆要深。

(2)试验:用湿布蘸一点研磨剂在车身上不显眼处擦几下,布上若有颜色,则是素色漆;反之,则是透明漆。

汽车漆面美容护理作业中,如果对漆面不易识别,可以按素色漆面处理。

(二)漆面研磨抛光处理

汽车漆面在长期的使用中,常处于不同的环境,漆面或暗淡无光,或留下中浅划痕。对此,必须进行漆面研磨抛光处理方能恢复原车漆的光泽度与平整性。

1.漆面失光处理

汽车在使用过程中免不了风吹、日晒、雨淋及受到空气中有害物质的侵蚀,加之保养维护不到位,使得漆面形成一层氧化层,从而导致漆面失去原有的光泽。对于中、轻度漆面氧化失光,可采用漆面研磨、抛光及还原工艺处理来提高光泽度,同时还应通过选择打蜡、封釉及镀膜漆面护理作业进一步提升光泽度与持久性。对于严重失光的漆面则需要通过全车重新喷漆的方式予以解决。

2.漆面划痕处理

由于使用中摩擦及日常护理不当,久而久之,漆面上会出现轻微划痕,这些划痕在阳光下尤其明显,不仅影响美观,还会使漆面加速损坏,所以必须及时处理。车身划痕依据受损程度可分为5种类型,如图3-8所示。

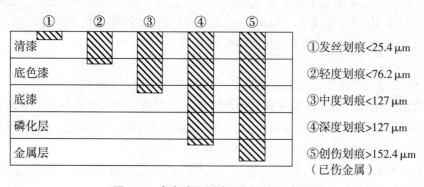

图3-8 车身漆面划痕受损程度示意图

(1)发丝划痕:洗车、擦车或轻微摩擦而产生的细划痕,未穿透清漆,一般手感觉不出凹痕处。

(2)轻度划痕:比发丝划痕要深,虽穿过清漆层但未穿透底色漆层。

(3)中度划痕:可见底色漆,但未划破底色漆层。

(4)深度划痕:可见电解漆层,但未伤及金属。

(5)创伤划痕:使金属受到严重伤害的划痕。

其中,深度划痕与创伤划痕属于修复性美容,本书不做介绍。

（三）封釉的功用与特点

1. 封釉的功用

汽车在道路上行驶，很容易黏附灰尘、沙土等污垢。汽车经封釉美容后，车身漆面具有不易黏附污垢的特性，使得漆面即使在恶劣、重污染的环境中也能长久保持洁净，而且还可以有效地抵御温度对车漆造成的影响，漆面的硬度也得到大幅提高，具有防酸防碱、防褪色、抗氧化、防静电等功能。新车封釉可以留住车漆的艳丽，使光彩永驻；旧车封釉，可以使氧化褪色的车漆还原增艳，颇有翻新的效果。车展上的样车大多都经过了封釉处理，因此看起来晶莹剔透，光彩照人。

2. 封釉的特点

汽车打蜡和封釉护理，二者同为汽车美容、保护汽车漆面光泽的护理手段。在功能上，二者有相同的地方，但和汽车打蜡比较，汽车封釉有着明显的优势。

1）釉剂不溶于水

由于汽车打蜡时所使用的蜡都是溶于水的，因此如果汽车刚刚打完蜡后碰上阴雨天气，打上的蜡就会被雨水所溶解，起不到保护漆面和美容的作用。同时由于蜡可溶于水，打完蜡后给洗车也造成了诸多不便。而釉剂会在汽车漆面渗透，并形成带固化剂的"液体玻璃"，而且层层积累，不溶于水。因此，汽车封釉后，不用担心被水溶解的现象发生，可以长期保护汽车漆面。

2）不损坏原有漆面

封釉不会损害汽车漆面。由于传统的汽车打蜡都要先洗车后打蜡，频繁的洗车自然会对汽车漆面造成危害，久而久之就会使漆层变薄。釉剂则是采用一种类似纳米的技术，使流动的釉剂在汽车漆面表层附着并以透明状硬化，相当于给汽车漆面穿上一层透明坚硬的"保护衣"，因此可以起到保护汽车漆面的作用。

3）保护时间长

汽车封釉之后，可以保护一年左右，同时避免了经常洗车的烦恼，汽车表面的灰尘可以轻松擦去。

4）独有的漆面保护性和还原性

釉剂具有独有的漆面保护性和还原性，达到从根部护理，有效去除污垢，渗透、填塞漆缝的功能。

（四）漆面研磨抛光用品

汽车在使用过程中，由于自然侵蚀和人为因素，导致漆面出现变色、老化、微浅划痕等现象。汽车漆面护理通过研磨、抛光、还原、打蜡等美容作业，既可预防上述变异现象的发生，还可对变异后的漆面采取必要的补救措施，而达到这些目的的前提条件是必须具有专业汽车漆面护理用品，并掌握其特性及使用方法。

漆面研磨抛光主要由研磨、抛光、还原三道工序组成。研磨是去除车漆原有的缺陷；抛光是去除研磨遗留的痕迹；还原可以找回车漆的本来面目。相应地，研磨、抛光、还原三道工序的系列用品主要有研磨剂、抛光剂和还原剂三类。这三类用品中都含有某种摩擦材料。摩擦材料的颗粒大小不同在护理作业中发挥的作用也不同，颗粒大的用于粗磨，颗粒小的用于细磨，颗粒微小的用于精磨，以满足各种不同护理作业的需要。

需要提醒的是研磨材料分为手工和机械两种。机械研磨时间短，效率高。而人工研磨材料则主要应用于高档车，手工可达到更高的质量，研磨的效果更接近自然。对于初学者来说，起步时最好使用手工打磨，既提高自身的感性认识，也可避免机械打磨发生事故带来的风险。

1. 研磨剂

研磨是通过表面预处理清除漆面上的污物，消除严重氧化及微浅划痕或减轻表面缺陷。研磨所需的材料主要是研磨剂。研磨剂根据摩擦材料颗粒的大小，分为深切、中切和微切三类，主要是用于治理普通漆不同程度的氧化、划痕、褪色等漆膜缺陷。此类产品市面也称粗蜡或去污蜡，图3-9为重切削研磨蜡，可去除诸如漆面垂流、鱼眼、橘皮及1200号砂纸痕等痕迹，图3-10为细切削研磨蜡，可去除重切削留下的划痕，磨削出更好的光泽。

图3-9　重切削研磨蜡

图3-10　细切削研磨蜡

2. 抛光剂

抛光剂其实也是一种研磨剂，是一种含摩擦材料颗粒更细的研磨剂。抛光剂的作用为：

（1）治理汽车漆的轻微损伤。

（2）清除漆层表面的轻微氧化物和杂质。

（3）消除研磨造成的细微划痕（丝发划痕）。

（4）以化学切割方式填平漆膜表面上如针尖般细小的缺陷，包括酸性、碱性水点，航空油、柴油、轮船油渍、石灰、水泥点、昆虫点、鸟类粪污点、落叶、金属斑（工业污染）、漆点等，使漆面达到镜面般平滑的效果，为还原、打蜡做好准备。

与研磨剂相同，抛光剂按摩擦材料颗粒或功效的大小不同分为微抛、中抛和深抛三种。微抛用于去除极细微的车漆损伤，一般指刚刚发生的环境污染及酸性侵蚀（鸟粪、落叶等），但这类的轻微损伤目前可使用含抛光剂的车蜡来取代微抛。从这一点上讲，微抛存在的意义并不是很大。中抛和深抛主要是用来处理不同程度的发丝划痕。中抛主要适用于对透明漆的抛光，深抛主要适用于对普通漆的抛光。

常用抛光剂产品及特点与使用方法如表3-2所示。目前市场上又派生出一种增光剂，它实质上是一种二合一（抛光、打蜡）产品，但保持时间不长，接触几次水后就会流失。要取得长久的保持效果，必须在还原剂处理的基础上加一层高质量的车蜡。

表 3-2 抛光剂用品

产　品	产品特点	使用方法
3M 抛光（中）蜡	本品为 3M 漆面处理系列产品中的中度漆面研磨剂，适合去除 1200 号、1500 号及 2000 号砂纸砂痕，粗研磨剂旋纹、轻度划痕及其他漆面瑕疵。与 3M 5995/5996 镜面剂配合使用效果更佳	（1）使用前均匀摇动本品 （2）在 0.5m^2 漆面上倒适量本品并用羊毛轮将其均匀涂开 （3）由轻到重、等力度进行抛光。中蜡开始变干时减少压力，持续抛光直至漆面瑕疵消除，漆面出现高光泽 （4）开始抛光下一块面板前除去邻近面板上的飞溅物
美光专业双功能抛光蜡	本品能较好去除轻度划痕及其他漆面瑕疵，并起清洁作用。缓冲型配方保障清除瑕疵的过程中不会损坏漆面，平滑、顺畅、操作简捷、容易擦抹，可安全地在喷漆车间使用。适用于任何漆面（含清漆面）	（1）用高速旋转式抛光机作业。 （2）用海绵轮配合操作 （3）擦抹工序用干净的 100% 棉布
SONAX 抛光剂	本品常温下呈现为液体形态，适合各种车身漆面，能有效去除漆面的各种瑕疵，使其恢复新漆般的光泽。不含硅成分，手工机械抛光均可，机械抛光效果更佳	（1）将汽车洗净擦干，使用前先将本品摇匀 （2）将本品均匀地涂于抛光机前端的羊毛盘或海绵盘上，随着抛光机的旋转将本品均匀地涂抹在车漆上并打磨 （3）然后用清水清洗干净 （4）抛光后建议使用 SONAX 蜡进行漆面护理

3. 还原剂

还原是介于抛光与打蜡之间的一道工序，还原剂主要用于去除抛光后的车漆仍残存的一些发丝划痕、机器旋转印、花纹等，深层去除车漆污垢，密封车漆毛细孔，用高分子聚合物保护车漆，把打蜡前的车漆还原到漆色固有光泽的最高境界。还原剂配合抛光机使用，可去除 2000 号砂纸的砂痕。常用产品如表 3-3 所示。

表 3-3 还原剂用品

产　品	产品特点	使用方法
3M 镜面处理剂	本品适用于在漆面处理后接各粗、中漆面研磨剂使用，去除各种粗、中蜡留下的旋纹或各种细微的刮痕，使漆面达到"镜面"效果。本品不含硅及油脂，适用于喷漆车间使用	（1）使用抛光机（转速 1 500 ~ 2 500r/min）并配备海绵抛光轮效果更佳 （2）倒适量本品于 0.6m^2 见方的漆面上，并配合 3 M5725 海绵轮将其分散涂匀 （3）本品变干时，减少压力，持续抛光直至漆面出现极高亮泽

续表

产　品	产品特点	使用方法
龟博士封釉还原剂	（1）用于美容封釉的第一道工序——抛光密封底釉 （2）漆面修复（研磨）后的抛光密封工序 （3）日常（养护）打蜡前的深层除垢，密封工序深层去除车漆污垢，去除涡状发丝划痕，密封车漆毛细孔，使车漆表层达到水平状，用高分子聚合物保护车漆	（1）将少量速效产品倒在车漆表层 （2）将机器定速在 1 700r/min 左右，使用金爽抛光盘进行抛光 （3）轻微施加压力，一直到车漆呈现光泽为止，然后用干净柔软毛巾擦拭残留物 （4）建议使用速效 4000 号速效密封釉（面釉）为封釉最后一道工序 （5）建议使用工具：高速研磨机
美鹰微晶研磨剂	（1）本品含独特配方的微晶研磨剂，可完全清除普通研磨剂无法清除的细微划痕。 （2）具有消除漆面的橘皮、流泪、尘点等缺陷。 （3）研磨后漆面清洁透明，立体感强 （4）有效去除漆面美容工艺中遗留下来的研磨"圈"问题	（1）4 500r/min 的高速抛光机配合吸盘、兔毛球使用 （2）倒适量的本品在 30cm² 左右的漆面上，高速抛光直至漆面出现极高光泽 （3）如漆面有橘皮、流泪及深度氧化层，应先用 2000 号细磨砂纸打磨漆面，然后再高速抛光

注意：

（1）以上用品如不慎溅入眼内，请立即用大量清水冲洗干净。

（2）避免让儿童接触。

（3）请勿入口。

（五）汽车封釉用品

下面介绍市场上比较流行的美国 3M39118 至尊水晶釉、3M 39112 晶湛高效水晶釉、龟博士 GP-402 水晶密封釉三种产品，其性能特点如表 3-4 所示。

表 3-4　封釉产品性能特点

品名	产品包装	产品特点	产品性能
3M 39118 至尊水晶釉		本品含 3M 专利 THV 材料、精蜡保护层、硅树脂润泽层、细腻研磨因子，ACS 耐水配方，不含乳化剂。光亮效果长达 6 个月以上	（1）在漆面上形成很强的附着力 （2）可延长保护层的持久性 （3）可有助于去除细小划痕 （4）零氧化，靓丽更持久 （5）蜡釉全免，耐磨防划，使用简便
3M 39112 晶湛高效水晶釉		本品是一种有别于传统打蜡工艺，与车漆融合实现深层强化的汽车美容液剂。适用于任何漆面，一次使用效果可维持 10 ~ 15 次洗车	从根部护理漆面，渗透漆孔，去污，能抵抗各种外界侵蚀，展现车体明艳光泽。更独有 3M 专利 THV 材料。釉层耐用持久

续表

品名	产品包装	产品特点	产品性能
龟牌 GP-402 水晶密封釉		本品主要成分为一组特殊的高分子聚合物，集抛光、还原、增艳为一体，产品使用便捷，好打好抛，保持时间长久	（1）给予车漆，特别是金属漆耀眼的光泽和长久的保护 （2）含有抛光剂，可以去除车漆的涡状划痕 （3）能有效抵抗紫外线，防氧化 （4）集清洁、上光、保护为一体。适用于金属漆，透漆和传统漆

（六）研磨/抛光机及配件装置

研磨/抛光机是一种集研磨和抛光为一体的设备，安装研磨盘时可以进行研磨作业，安装抛光盘可进行抛光作业，也称抛光机。其工作原理是：电动机带动安装在抛光机上的海绵或羊毛抛光盘旋转，由于抛光盘和抛光剂共同作用与被抛平面，进而可达到去除漆面污物、氧化层、浅划痕的目的，并可提高漆面光亮度。

1. 研磨/抛光机

研磨/抛光机（以下简称抛光机）主要由壳体、电动机、控制机构及配置装置组成。如图 3-11 所示。

图 3-11 研磨/抛光机

抛光机按提供的动力可分为气动抛光机和电动抛光机；按功能可分为双功能型和单功能型。双功能型抛光机既能安装上砂盘打磨金属材料，又能换上研磨/抛光盘做车漆护理，此种抛光机具有工作平稳、转速可调、不易损坏等特点，是专业人员的首选机型。单功能型抛光机又称简易型抛光机，此种机型是一种钻头机，具有体积小、转速不可调、使用时很难掌握平衡、作业质量差等特点，建议专业人员不要使用这种机型。

抛光机按按转速是否可调分为调速抛光机和定速抛光机两种。调速抛光机有高、中、低三种转速：1 200r/min 以下为低速，1 600r/min 左右为中速，2 000r/min 以上为高速。市场上常见到的中高速抛光机，简称高速抛光机，转速范围为 1 750～3 000r/min；还有一种中低速抛光机，简称中速抛光机，转速范围为 1 200～1 660r/min。定速抛光机也称单速抛光机，是转速为 1 200r/min 的低速抛光机。

2. 配件装置

配件装置主要有研磨盘或抛光盘，研磨盘或抛光盘安装在抛光机上，通过与抛光剂或研磨剂共同作用完成研磨、抛光作业，其材料为海绵和毛料（羊毛、混纺毛）等。

1）毛料抛光盘

毛料抛光盘是最先出现的，其特点是研磨能力强、功效大，研磨后会留下旋纹，一般用于普通漆的研磨和抛光，用于透明漆要求技术非常熟练，否则极易漏底。毛料抛光盘如图

3-12所示,一般分为白色和黄色两种,抛光盘底部有自动粘贴实现抛光盘的快速转换。一般白色羊毛抛光盘切削力强,能去除漆面严重瑕疵,配合较粗的沙蜡打磨能快速去除橘皮或修饰研磨痕。黄色羊毛抛光盘切削力较白色要弱一些,一般配合细蜡来抛光蜡面、去除漆面粗蜡抛光痕及轻微伤痕。

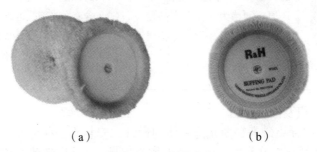

(a)　　　　　　　　(b)

图3-12　毛料抛光盘

维护说明:定期用梳毛刷或空气喷嘴清洁羊毛轮,清除蜡渍。作业时如果羊毛轮被堵塞,应拆下换装一个干净的羊毛轮,继续进行打磨。使用过的羊毛轮要进行干燥,干燥后用梳毛刷冲洗干净。注意冲洗时必须使用温水,千万不要用烫水。用强碱性去垢剂或溶剂冲洗。使用洗衣机清洗只可使用轻柔挡。通常利用空气对其干燥,最好不要进行机器干燥。

2)海绵抛光盘

海绵抛光盘(如图3-13所示)按安装方式分为螺孔式与自粘式,盘套面的形状常见的为平底式与波浪式。海绵抛光盘的切削力较羊毛抛光盘弱,不会留下旋纹,能有效去除中度漆面的瑕疵。自粘式抛光盘通过底部粘贴可快速转换抛光轮,可用于车身普通漆和透明漆的研磨和抛光,亦可作羊毛抛光盘之后的抛光、打蜡之用。建议抛光机的转速不要超过3 000r/min,1 500～2 500r/min为宜。

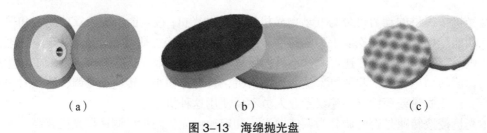

(a)　　　　　　　　(b)　　　　　　　　(c)

图3-13　海绵抛光盘

(a)螺孔式抛光海绵盘;(b)自粘贴式平底海绵盘;(c)自粘贴式波浪海绵盘

维护说明:在温水中冲洗后,挤去水分,面朝上放在干净的地方干燥。不要使用肥皂或清洁剂清洗,不要机洗或干洗,不要用梳毛刷或螺丝刀清洁海绵轮。

3.抛光机的正确使用

(1)抛光机开机或关机时决不能接触工作表面或者其他物体。

(2)作业时,右手紧握直把,左手紧握横把,由左手向作业面垂直用力,转盘与作业面保持基本平行(图3-14)。

(3)在抛光机完全停下之前,不要放下抛光机。

(4)不要对太靠近边框、保险杠和其他可能咬住转盘外沿的部位进行作业。

(5)应时刻注意抛光机的电线,防止将电线卷入机器。

(6)抛光时,应注意不要让灰尘飞到脸上,而应使其落向地板。

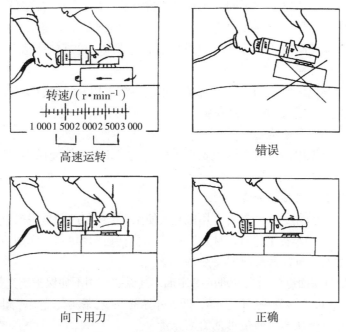

图 3-14 研磨/抛光机操作方法

(七)汽车封釉设备与工具

封釉施工所需的设备和工具主要有封釉振抛机、红外线烤灯、纸胶带等,如图 3-15 所示。

图 3-15 封釉施工的设备和工具

封釉振抛机是封釉的专用电动或气动工具,它通过振抛机的高频振动与快速转动,与漆面摩擦产生热量,使漆面局部产生一定程度的扩张,于是釉剂通过振动均匀地挤压渗透到漆面中,再配合红外线灯的照射,使之形成如同网状的牢固保护膜。釉的内部富含 UV 紫外线剂,可以大大降低紫外线对车漆的损伤,并能对酸、碱等化学成分的腐蚀起到一定的抵抗作用,以有效地保护和美化漆面。

封釉振抛机的使用与抛光机相似。封釉振抛机一般采用吸盘式封釉波纹海绵轮与封釉振抛机的托盘相连,封釉效果较佳。

(八)正确使用研磨、抛光用品

市面上出售的汽车研磨剂、抛光剂、还原剂品种繁多,使用时应根据汽车漆面的实际情况来选择。使用时应注意以下几点:

1. 注意面漆种类不同

风干漆与烤漆，其表面都可作研磨（抛光）处理，但其所用的研磨（抛光）用品是不一样的，因为这类漆本身所含溶剂不同，用错会造成漆膜变软、裂口及变色。再者，素色漆与金属漆所使用的研磨（抛光）用品也应区分清楚，金属漆专用的研磨（抛光）用品不但可增加漆面亮质，而且能使金属（或珍珠）的闪光效果更清澈，更富立体感。

2. 注意漆面颜色不同

浅颜色漆与深颜色漆所用的研磨（抛光）用品不能混用。浅颜色漆若用了深颜色的研磨（抛光）用品会使漆膜颜色变深，出现花脸；反之，漆膜颜色会变淡，出现雾影，严重影响外观。

3. 研磨剂与抛光剂要分清

研磨剂在研磨时先用，然后再用抛光剂进行抛光。如果颠倒使用不但浪费抛光剂，而且达不到应有的研磨效果。

4. 机器用品与手工用品要分清

机器用研磨（抛光）用品必须配合专用抛光机使用。手工用品则是用棉布直接手涂研磨（抛光）。机器用品用手工操作费工费时，且效果极差，手工用品用机器操作则浪费严重。

5. 漆膜保护增光剂与镜面处理剂要分清

镜面处理剂是对漆面进行增光处理的专用剂，其保护作用不如保护增光剂。保护增光剂含有许多成分，可在漆面上形成一层保护膜，抵御外界紫外线、酸雨、静电粉尘、水渍等的侵蚀。

6. 含硅产品与不含硅产品的使用范围应分清

含硅产品应尽量避免使用，因为漆膜一旦粘有硅质，对漆面修补来说是很难处理的。

三、项目实施——汽车封釉

封釉美容的工序相对复杂，且新、旧车工艺区别较大。新车由于漆面干净、无损伤，可以在清洁后直接封釉；而旧车漆面有一定程度的损伤，且脏污比较严重，需要进行抛光作业，找回原车面目后才能进行封釉作业，故作业过程比较长。依据陈先生的车况，进行汽车封釉需要进行漆面抛光处理，操作工艺流程如图3-16所示，具体操作如下：

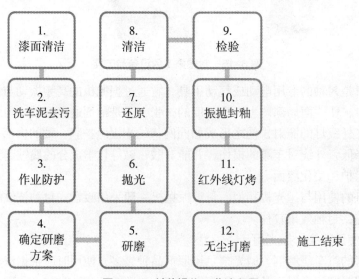

图3-16 封釉操作工艺流程图

（一）漆面清洁

按车表清洗操作对全车进行清洗，并仔细检查车漆，若仍有污垢及残蜡，应进行精细清洗及脱蜡清洗作业，并将车擦干。

（二）洗车泥去污

由于长期积存的尘土、胶质、飞漆等脏污很难靠清洗来完全去除，因此经过清洗的车漆表面仍然是毛毛糙糙的，这就需要用洗车泥进行全面的去污处理。

1. 去污原理

洗车泥又叫洗车去污泥或黏土，是由超细纤维及固体胶制成，具有细、黏的特点。经反复擦洗，可以擦入车体因氧化而产生的细孔、斑状，可以粘除车体上的自然氧化物、水垢、鸟（虫）粪便、铁粉、酸雨、树胶以及不当护理的残留物质。可以在不损伤车漆的情况下，清除漆面的有害残留物质，操作如图 3-17 所示。

2. 操作方法

湿润洗车泥，在车漆表面湿润的情况下，按板块方式均匀用力，纵横交错不遗漏地对车漆表面进行擦洗。

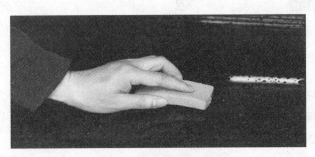

图 3-17　洗车泥去污

（三）作业防护

清洗后，用美纹纸及遮盖纸把车身上所有与漆面相邻的金属件、橡胶件等无须封釉的地方将其遮盖起来，其目的一是避免抛光作业时误伤，二是防止釉粘在上面不好去除，遮盖操作见图 3-18 所示。

（a）　　　　　　　　　　　　　（b）

图 3-18　作业防护

（a）遮盖大灯；(b）贴保护防撞条

（四）确定研磨方案

仔细鉴别漆面质量及状况，确定研磨方案，选定研磨抛光用品材料。对于发丝划痕或非常轻微的氧化物只需要进行中度抛光，原则上两道抛光作业即可；对于中、轻度划痕及漆面中度氧化物则需要进行研磨、抛光及还原三道抛光作业处理。对车漆面分析，漆面存在中度划痕，且氧化程度也比较明显，故三道抛光工序需全做，研磨剂应选用微切研磨剂。如果漆面缺陷较为严重，则需选用中切或深切研磨剂，使用深切研磨剂后还应使用中切研磨剂和微切研磨剂对漆面进行研磨。

（五）抛光机准备到位

首先调整抛光机转速，其次海绵研磨盘浸湿后，安装在抛光机上，低速空转几分钟，将多余的水分甩掉，操作如图3-19所示。

 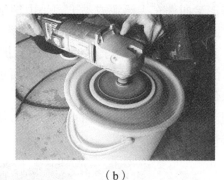

（a） （b）

图3-19 抛光机准备工作

（a）调速；（b）清洁抛光盘

（六）涂抹研磨剂

先将瓶装的研磨剂上下左右摇晃均匀，然后倒在待抛车身漆面上，再用研磨盘将研磨剂涂抹均匀，如图3-20所示。

图3-20 涂抹研磨剂

（七）研磨

（1）将抛光机按转速调整到1 400～1 800r/min，启动抛光机。

（2）保持抛光机与漆面平行，沿车身方向直线来回移动（如图3-21）。

（3）往复直线移动研磨过程中，上下两次研磨盘移动的轨迹应有1/3覆盖。

（4）研磨过程中，应不时向研磨部位喷涂洁净的清水，以保持研磨盘的湿润，降低研磨表面温度。

（5）如先进行的是深切研磨，研磨后还应分别进行中切研磨及微切研磨。

（6）研磨时，可先研磨左半边或右半边，其顺序是右车顶→右前发动机舱盖→右前翼子板→右前车门→右后车门→右后翼子板→行李箱右侧，左边则反过来实施即可。

提示：研磨时宁可轻研不可重研，宁可慢研不可快研。千万不能研露漆面。一般欧美汽车面漆较厚，而日本、韩国及国产轿车的面漆较薄。

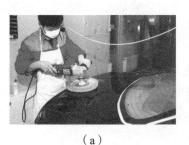

(a)　　　　　　　　　　　　(b)

图 3-21　漆面研磨

(a) 研磨机应与漆面平行；(b) 研磨轨迹应覆盖 1/3

提示：对于车身边缝处、保险杠等不宜使用研磨机研磨的位置，可用干毛巾蘸上少许研磨剂进行手工研磨作业。

（八）清洗验收

漆面研磨后，应用清水对整个车身进行清洗并擦干，彻底洗去残余研磨剂，如图 3-22 所示。最后，对研磨效果进行验收。验收的标准是没有遗漏处，漆面色泽一致，车漆无明显旋纹及划伤。

图 3-22　清洁车身

（九）抛光

更换为海绵抛光盘套，依据漆面状况选定抛光剂，其他操作方法与研磨相同。注意更换抛光剂时，应及时更换抛光盘，不可混用。

（十）清洗验收

漆面抛光后，应用清水对整个车身进行清洗并擦干，彻底洗去残余抛光剂。最后，对抛光效果进行验收。验收的标准是没有遗漏处，漆面色泽好并一致，车漆残存的一些发丝划痕、机器旋转印、花纹等不明显。

（十一）还原

卸下原海绵抛光盘套，更换为白色的海绵还原盘套，同研磨作业一样，将还原剂涂抹于车漆上，研磨/抛光机按转速控制在 2 000r/min，做最后的镜面还原处理。

还原作业要求：

（1）还原盘使用前必须清洗干净。

（2）还原剂根据实际情况尽量收净。

（3）还原后没有炫纹、太阳纹，无色差，透亮均匀。

（4）研磨与抛光必须在室内操作，避免风沙落在漆面造成划伤。还原处理要求更高，必须在室内做除尘处理，最好在无尘车间完成。

（十二）清洗验收

漆面还原处理后，应用清水对整个车身进行清洗并擦干，彻底洗去残余还原剂。最后，对还原效果进行验收。验收的标准是没有遗漏处，漆面色泽好并达到镜面效果，无任何发丝划痕、机器旋转印、花纹等。清洗研磨盘、抛光盘，收拾用品、工具设备，结束抛光作业。

（十三）精细清洁

清洗验收后应进行精细清洁，先用除蜡水清除漆面蜡层，最后将车身擦干，车身缝隙中的水要用吹水枪吹干。

（十四）检验

研磨抛光后应呈哑光状态，若有地方显示有光亮，说明有漏抛现象，可用毛巾蘸少许抛光剂手工抛光即可。

（十五）振抛封釉

将封釉涂抹至待封釉漆面，涂抹面积大概为引擎盖1/4个面积为好，其他部分应0.5m²左右为好，并由上至下进行操作。振涂时速度要慢、均匀，如图3-23所示。振抛封釉操作时，要注意手持封釉振抛机作用于漆面的力度应先大后逐渐减小，以防止光圈出现。

（a） （b）

图3-23 封釉施工

（a）封釉涂抹；（b）振抛封釉

（十六）红外线灯烤

封釉后的车辆在红外线烤房用红外线烘烤10～15min，其目的是为了使釉更好地渗入漆面，如图3-24所示。

图3-24 红外线烤釉膜

（十七）无尘打磨

无尘打磨也叫镜面处理，烤好后可用无尘纸打磨一遍车身，让漆面如镜面般光亮。

（十八）收尾工作

封釉后车身上的细小划痕都会遮盖住。把纸胶带、遮盖纸等撕掉，并用麂皮或专业无尘纸处理干净被粘贴表面。

> **提示**：做了封釉后不要再打蜡，因为蜡层可能会黏附在釉层表面，再追加上釉时会因蜡层的隔离而影响封釉效果。追加封釉时间视情况而定，每隔2～6个月要进行再次封釉作业。

项目3　汽车镀膜

学习目标

1. 能正确描述镀膜作用。
2. 能区别镀膜与封釉。
3. 能正确描述目前市场上常见的汽车镀膜产品。
4. 熟悉和掌握镀膜相关工具与设备。
5. 掌握汽车镀膜作业。

一、项目情境引入

接上案例，针对陈先生提出的问题，小王还建议车主采用漆面失光处理加镀膜护理的漆面美容技术方案，此方案属于价高质优方案，保护期可达1～2年。

二、项目相关知识

汽车镀膜，也称为镀晶，是指将某种特殊的药剂涂装在车漆表面，利用这种药剂在车漆表面的化学变化，形成一层很薄、坚硬、透明的保护膜，从而起到增亮车漆、提高漆面光泽度和防止轻微划痕的作用，其整体效果较汽车封釉要好。汽车镀膜对漆面的整体保护效果及持久程序都比封釉好，是目前漆面保护最为流行的处理方式，为广大中高档车主所钟爱。

（一）汽车镀膜的作用

（1）汽车镀膜具有防止漆面氧化、老化的作用，因为电镀膜中的石油成分施工后会在车漆表面形成坚硬的非有机（玻璃晶体）膜层，与车漆紧密结合，永不脱落并将车漆与空气完全隔绝，能有效防止外界因素导致的车漆氧化、变色等现象。

（2）能够大大提高车漆表面清漆的清澈度，使车漆看上去更加光彩夺目。

（3）耐腐蚀。坚硬的非有机（玻璃晶体）膜层自身不会氧化，同时也防止外界的酸雨、飞虫、鸟粪等对车漆的腐蚀，致密的玻璃晶体膜具有超强抗腐蚀性，同时防止车漆褪色。

（4）耐高温。玻璃晶体膜本身具有耐高温的特点，能有效反射阳光，能有效反射外部的热辐射，防止高温对车漆的伤害。

（5）防划痕。坚硬的玻璃晶体膜层可以将车体表面的硬度提高到7H，远高于车蜡或釉2H～4H的硬度，能更好保护车漆不受沙砾的伤害。

（6）易清洗。电离子镀膜具有超强的自洁性和拨水性，并不易黏附灰尘、污泽，清洗时只用清水即可达到清洗的效果，使车辆保持高清洁度和光泽度。

（7）玻璃晶体膜质具有超持久强大的韧性和延伸性，通常保护车漆表面亮度，形成镜面效果2年以上，远远超过打蜡和封釉。

（8）玻璃晶体膜采用水容环保材料，自身不氧化，更不会对车漆造成二次污染，而传统的打蜡封釉项目对车漆容易造成二次污染。

（9）超强的拨水性。坚硬的玻璃晶体膜层表面氟素处理后具有超强的拨水性，使水落在车体的瞬间收缩成水珠滑落，能有效地防止水垢的形成。

（二）镀膜的特性及与封釉的区别

镀膜是在总结了打蜡及封釉的优点及不足后，以新的环保原料和新的车漆养护理念创造的车漆养护换代工艺。经过镜面镀膜技术处理后，汽车外表面的镜面亮度明显提高，保护膜本身的硬度为普通车漆的4～5倍，其持久性是打蜡的100倍，为封釉的12倍，而且至少在1年内，洗车维护不需要任何清洁剂，仅用清水冲洗就能去除污垢。

与打蜡、封釉相比镀膜为何有如此大的功效呢？下面介绍一下镀膜与封釉的区别。

1. 原料选用不同

釉与蜡都是从石油中提炼，加上一些辅助原料制成，因受原料所限，容易氧化，不持久的问题无法解决。所以新的保护膜采用植物及硅等环保又稳定的原料来提炼合成，避免了在车漆表面造成"连带氧化"的问题，并可长期保持效果。

2. 养护理念不同

封釉与打蜡的养护理念是将"釉"或"蜡"加压封入车漆的空隙中，与车漆结合到一起。优点是与车漆融为一体，增亮效果明显。不过因为它们本身的易氧化性，所以会连带周围的漆面共同氧化（漆面发污，失去光泽）。为避免这个缺陷，保护膜采取了两个措施：

（1）采用不氧化原料及稳定的合成方式（氟碳树脂）。

（2）变结合为"覆盖"：以透明的"膜"的形式附着在漆面，避免漆面受外界损伤。同时也避免了保护剂本身对车漆的影响，长期保持车漆的原厂色泽。由于膜本身结构紧密，很难破坏，使得它可以大幅度降低外力对漆面的损伤。

3. 操作工艺不同

原料及理念的差异，必然造成工艺上的区别："釉"和"蜡"因为要与漆面充分结合，所以附着方式要用高转数的研磨机把药剂加压封入漆面（所以称封釉）。但这种压力同时作用在漆面上会造成漆面损伤。镀膜采用了温和的涂抹及擦拭的附着方式，靠膜本身的分子结合力附着在漆面上，避免损伤车漆。

以上几种不同还造成了两种养护法对车身划痕的处理上有所区别：为了便于"釉"的附着，封釉作业对划痕以研磨为主，即用高转速振抛机把划痕磨平。镀膜作业以填充为主，即以手工配合海绵轮，将透明的填充剂填入划痕中，抹平即可。因而，在处理划痕时，后者大大降低了对漆面的损耗。

表 3-5 给出了打蜡、封釉与镀膜三者在保持时间、价格、原料、原理、硬度及防划伤能力方面的区别。

表 3-5　打蜡、封釉与镀膜三者的比较

	打　蜡	封　釉	镀　膜
保持时间	1～2个月	6个月	12个月
价格	30～150元/次	500～800元/套	800～2 500元/套
原料	石油提取物	石油提取物	无机物
原理	蜡层覆盖漆面	釉渗入漆面中	保护膜附着漆面
硬度	几乎没有	稍有硬度	硬度高

（三）汽车镀膜产品种类

镀膜产品主要是以玻璃纤维素、经特殊改性的含硅、氟聚合物等物质中的一种或几种组成，通过涂覆在油漆表面，将车漆与外界完全隔离。镀膜的厚度为一般为 $10\mu m$ 以下，镀膜的聚合物物质是稳定的，但高分子聚合物在空气中会老化，其长效性还需要接受时间考验。汽车镀膜产品依据所使用的材料不同大致可分为以下四类：树脂类镀膜、氟素类镀膜、玻璃纤维素镀膜、无机纳米镀膜等。

1. 树脂类镀膜产品

树脂镀膜产品特点是成膜性好，附着力强，价格便宜而被广泛应用，但其硬度与光泽度不好，同时抗氧化性能、抗腐蚀性能及耐候性都很差，因此逐渐被淘汰。

2. 氟素类镀膜产品

氟素类镀膜产品成膜性好，耐腐蚀、耐候性、耐磨损的性能都非常优越。但其最大的缺点是附着力差，几乎所有物质都不与特氟龙涂膜黏合。因其无法与漆面长期附和，所以使它的保护时间就变得非常短。

3. 玻璃纤维素镀膜

玻璃纤维素是一种化学高分子材料，因为其具有高密度的化学特性，所以被应用在汽车美容领域。此类产品的主要成分是聚硅氧烷，成膜后会形成 SiO_2，俗称玻璃，因此也称玻璃质镀膜。玻璃纤维素镀膜具有光泽度高、抗氧化、耐酸碱、抗紫外线的特点，用来给汽车镀膜后，漆面光泽度很好，并把漆面与外界隔绝开来，起到了较好的保护作用。其缺点是：不能提高漆面硬度，不能抵御物理性损伤漆面；原材料成本高昂，同时施工工艺相对复杂。

4. 无机纳米镀膜

无机纳米镀膜是近几年出现的镀膜新材料，它采用进口原料和先进的纳米交联反应新技术，由纳米无机材料配制而成，纳米材料独有的特性能给车漆提供完美的保护。其主要成分为纳米氧化铝、纳米氧化硅。纳米级别的粒子为球形，润滑性极高，因此施工后漆面手感极其润滑。而氧化铝、氧化硅是天然宝石、水晶的主要成分，因此膜层的硬度、耐磨性极高，而且本身非常稳定，不易氧化，能长效保持漆面的镜面效果，因此也称为"液体水晶"。该镀膜最大的特点就是，不但能隔绝漆面与外界的直接接触，起到防氧化、防水、防高温、防紫外线、防静电、防酸碱等基本作用，还能大大提升漆面的硬度和光泽度，这是其他的汽车镀膜所欠缺的功能。

四种产品类型在附着性、光泽度、硬度、抗氧化/腐蚀性等四个方面的比较见表3-6。

表3-6 各类镀膜产品简单对比

	附着性	光泽度	硬 度	抗氧化/腐蚀性
树脂类镀膜	★★★	★	★	★
氟素类镀膜	★	★★	★★★	★★★
玻璃纤维素镀膜	★★★	★★★	★	★★★
无机纳米镀膜	★★★	★★★	★★★	★★★

注：三颗星为好，一颗星为差。

（四）汽车镀膜用品

目前，市场上常见的优良镀膜品牌较多，比较著名的有3M（美国）、SONAX索耐克斯（德国）、龟博士（美国）、BLISS（日本）、F&K安弗客（日本）、美鹰（美国）、SWP仕威伯（中国）、阿米卡、阿尔法。以上品牌的产品也非常丰富，可以满足不同的需求。表3-7列出目前市场上常见的镀膜系列产品及性能。

表3-7 常见的镀膜系列产品

品名	产品包装	套装产品	产品性能
3M经典镀膜套装		内含：3M 39002至尊Ⅱ美容粗蜡1瓶、3M 39034汽车增艳蜡1瓶、3M 39116高效水晶镀膜1瓶、3M 39009漆面美容镜面蜡1瓶、至尊漆面海绵轮1个、3M打蜡毛巾一条	独特的高分子聚合物，与特级巴西棕榈蜡有机结合使用，能产生完美的透明效果。纳米级的微分子结构，能有效填充漆面细微划痕，使漆面产生钻石般的镜面效果。结合THV专利保护成分，固化效果好
龟牌水晶盾镀膜		内含：龟博士PTFE极限隐形车衣FG-2634、龟博士镜面还原剂T-417（2号柔和型）、双层封釉海绵（两个）、金爽打蜡抛光毛巾PB98、金爽-林特不留毛屑通用擦巾PB41	不含任何研磨、抛光颗粒成分，非常适合新车漆及状况极佳的车漆使用。新型含活性硅聚合物涂层，不仅能深层密封新车漆，而且能全面阻止各种有害成分的侵入。增强光泽度，保护持久连续数年荣获欧洲"光泽"大赛头奖

续表

品名	产品包装	套装产品	产品性能
亮盾ASO纳米镀膜		内含：2个镀膜液（每瓶100mL），2个海绵，1个毛巾	主要成分为纳米氧化铝、纳米氧化硅。纳米级别的粒子为球形，润滑性极高，因此施工后漆面手感极其润滑。氧化铝、氧化硅为天然宝石、水晶的主要成分，硬度、耐磨性极高，非常稳定，永不氧化
SONAX索耐克斯镀膜套装		内含：镀晶剂1罐、镀晶清洁处理剂1罐，专用海绵擦1块、专用微纤维布两块	本品采用纳米镀晶技术，能使车漆表面持久保护，且防水性较好，泼水性好，光亮度高，配合专用的漆面清洁剂效果更好

三、项目实施——汽车镀膜

汽车镀膜工艺流程图如图3-25所示，具体操作如下：

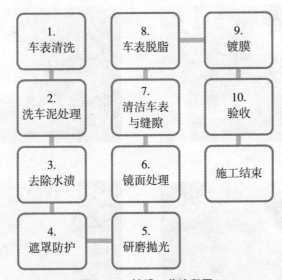

图3-25 镀膜工艺流程图

（一）车表清洗

按精细清洗作业，结合通用除胶剂彻底去除各种污渍。

（二）洗车泥处理

操作同封釉。

（三）去除水渍

用麂皮吸水、气枪吹水、擦拭的方式将车身上水渍彻底去除。

（四）遮罩防护

汽车处理干净后，将车身上的金属件、橡胶件、车标、字母、灯饰、接缝等用纸胶带遮罩好，防止在研磨抛光中损伤。前挡风玻璃用大毛巾遮盖好，如图3-26所示。

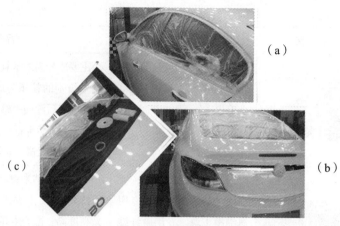

图 3-26 镀膜前遮盖

(a) 遮罩东门玻璃；(b) 遮罩后灯；(c) 遮罩挡风玻璃

（五）研磨抛光

使用海绵盘对漆面进行抛光，去除氧化层，抛掉膜面树胶和其他顽固污渍，如图 3-27 所示。详细的操作见项目 2 "汽车封釉"。

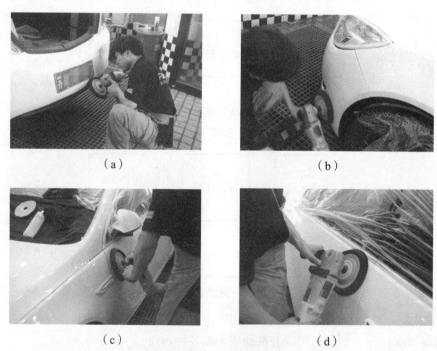

图 3-27 漆面研磨抛光

(a) 研磨后保险杠；(b) 研磨前保险杠；(c) 研磨左前车门；(d) 研磨右后车门

（六）镜面处理

即还原处理，操作方法是将镜面蜡涂在漆面上，再以波浪海绵盘作为配套盘，在研磨抛光机的作用下对漆面进行镜面处理，并使用护理抹布清洁多余的残蜡行。详细的操作见"封釉作业"。

（七）清洁车表与缝隙

撕下美纹纸，清洁车表，同时还应清理研磨抛光过程中各缝隙里残留的研磨剂。

（八）车表脱脂

目的：去除车漆表面的油脂，以利于膜液更好地附着。

此步骤中不同的产品操作方法不同。以 SONAX 索耐克斯镀膜产品为例：将镀晶清洁处理剂抹在镀晶专用海绵上，每次清洁 $0.5m^2$，如图 3-28 所示，稍等 1min，用清洁的超细纤维布抹除油渍，如图 3-29 所示。重复以上 2～3 次操作，抹匀全车直至车表洁净。

图 3-28 涂抹镀晶清洁处理剂

图 3-29 清洁车表

（九）镀膜

1. 涂膜

首先打开镀晶剂，方法是一手拖住底部，一手按压瓶身，使镀晶剂内的液体充满瓶口海绵，如图 3-30 所示。接着手持镀晶剂均匀地涂抹于车漆表面，先横向镀晶一遍，如图 3-31 中①方向；接着再纵向镀晶一遍，如图②方向，以达到最均匀镀晶效果与厚度。分区镀晶，切记不可大面积施工。

图 3-30 打开镀晶剂

图 3-31 涂膜

2. 擦膜

用专用超细纤维毛巾先横向再纵向擦拭刚刚镀过膜的漆面，擦匀擦亮。用力均匀，避免产生划痕，等待时间不要超过 3min，以免膜液开始结晶，如图 3-32 所示。

图 3-32 擦膜

3. 检查

漆面光亮如新，无膜液残留印记。按照以上流程将全车漆面做完之后要注意查漏补缺，然后再晾 1h 左右等待其自然硬化。整个镀晶过程需要 5~8h。

（十）验收

检验标准是全车光亮如新，触摸手感好。

（十一）结束作业

工具用品整理维护、场地清洁。

特别强调：镀膜之后车漆 2 个小时内不能沾水，7 天不能洗车。

1. 抛光工具的维护

（1）抛光机：保持整洁，即时清理，即时检查碳刷，更换碳刷。

（2）抛光盘：每次使用完用清水洗干净，晾干。

（3）抛光剂：用完的抛光剂保持密封状态，防止瓶口风干。

2. 抛光完毕后用具的整理

（1）擦拭抛光机，将导线盘绕在机身上。放置机器时要以机器扳机柄与扶手手柄为支撑放置。

（2）清理抛光盘，用硬质刷将研磨颗粒刷掉，然后再用风枪吹尘，盘面向上放置，如盘面很脏，则应将其浸泡后刷拭干净，晾干。

（3）将抛光工具车上的用品摆放整齐，并擦拭干净。

（4）研磨剂要将瓶盖盖好。

（5）围裙及口罩等要洗净晾干待用。

思考与练习

一、填空题

1. 漆面美容主要包括_____、_____及_____等车表护理性美容。

2. 车蜡按其物理状态的不同可分为_____、_____、_____和喷雾蜡四种。

3. 手工上蜡操作流程主要有三步：_____、_____、_____。

4. _____是车蜡的最基本作用。

5. 金属漆面漆层由_____与_____组成。

6. 抛光剂按摩擦材料颗粒或功效的大小不同分为_____、_____和_____三种。

7. 还原是介于_____与_____之间的一道工序，还原剂主要用于去除抛光后的车漆仍残存的一些_____、_____、_____等。

8. 漆面镀膜是指在漆膜表面涂镀一层_____、_____、_____的保护膜。

9. 金属漆与珠光漆一般统一称为_____，由底色漆与罩光漆（清漆）两层所组成。底色漆起_____和_____作用，决定了涂层的_____和_____；清漆为一层_____的保护膜，在保护底色漆的同时，增强了漆层的_____与_____。

二、选择题

1. 合成树脂属于（　　）。

A. 主要成膜物质　　B. 颜料　　C. 溶剂　　D. 助剂

2. （　　）是介于抛光与打蜡之间的一道工序。
   A. 还原　　　　　B. 研磨　　　　　C. 镀膜　　　　　D. 封釉
3. 车身漆面做了漆面镀膜后至少（　　）年内，洗车维护不需要任何清洗剂，仅用清水冲洗就能清除污垢。
   A. 0.5　　　　　B. 1　　　　　C. 2　　　　　D. 3
4. 镀膜与封釉相比，对车身漆面的保护效果（　　）。
   A. 镀膜好于封釉　　B. 封釉好于镀膜　　C. 两者相当
5. （　　）是最先出现的，其特点是研磨能力强、功效大，研磨后会留下旋纹，一般用于普通漆的研磨和抛光。
   A. 羊毛盘　　　　　B. 海绵盘　　　　　C. 兔毛盘
6. （　　）作业需要对车辆进行红外线烘烤。
   A. 新车开蜡　　　B. 漆面失光处理　　C. 封釉　　　　　D. 镀膜

三、判断题

1. 第三代车蜡为单种聚合蜡。（　　）
2. 车表清洗是汽车美容中最常见的基本护理性美容。（　　）
3. 浅色车漆宜选用黑色、红色、绿色系列的车蜡。（　　）
4. 一般上蜡后 5～10min 后就可以进行抛蜡了。（　　）
5. 漆面研磨抛光主要有研磨、抛光、还原三道工序，也可以是只有抛光与还原两道工序。（　　）
6. 抛光剂其实也是一种研磨剂，是一种比研磨剂还粗一些研磨材料。（　　）

四、简答题

1. 简述车蜡的发展历史。
2. 简述车蜡作用。
3. 简述车身材料的组成。
4. 简述发丝划痕、轻度划痕、中度划痕、深度划痕损伤的程度。
5. 简述封釉与镀膜的异同。

五、操作题

1. 漆面抛光操作。
2. 漆面封釉操作。
3. 漆面镀膜操作。

学习情境 4

内饰美容

汽车可以说是有车一族的第二个"家",因此绿色健康的车内环境是非常必要的,为此必须进行相应的汽车内饰美容作业,这种迫切性在今天日益文明的社会里变得尤为突出。

汽车内饰美容主要包括汽车内室清洁护理、发动机室清洁与护理,以及汽车内室消毒净化处理。由于汽车内饰所用材料非常丰富,相应的清洁护理产品非常多,另外作业时需要处理的细节又非常多,因此在作业时要明确施工的项目内涵,遵循严格操作工艺流程,高效、系统、细致地完成内饰美容作业。

项目 1　内室清洁护理

学习目标

1. 能正确描述内饰美容的必要性。
2. 能正确掌握内饰污垢的种类与去污机理。
3. 能正确描述内饰清洁护理剂的类型与特性。
4. 能正确使用内饰美容设备。
5. 能正确鉴别汽车内饰的材质。
6. 掌握内饰清洁与护理操作。

一、项目情境引入

小张呼朋唤友到海边玩,并买了许多零食在路上吃。开心二日游后一检查发现车内室问题特多:座椅粘了一些油污,地板上进了沙子,各种垃圾丢得到处都有,门边处也被踩脏。为此,小张将车开到专业美容店请求帮助。

二、项目相关知识

（一）车内室美容的作用

1. 美化车室环境

车室环境对驾乘人员会产生重要的生理及心理影响。通过对车内室除尘、内饰清洁使车室空间保持空气清新和干净整洁，给驾乘人员营造一个温馨、美观的环境。

2. 净化车室空气

车内室清洁后，但仍有许多看不见的有害细菌无法彻底清除。据统计，在人体呼出的气体中，至少存在25种有害物质，例如二甲胺、酚类、苯类、四氯乙烯以及各种细菌。加上人体排泄出的汗液，鞋、袜、衣服等散发出的不同气味，人在谈话、咳嗽和打喷嚏喷射出来的唾沫，都不同程度上加重了车内空气的污染。人们所熟悉的"新车味道"中也充满了塑料、泡沫、胶粘剂及地毯散发出来的挥发性有机化合物及其他污染物，其危害也极大。因为车内空间狭小，有害气体不易挥发，司机若长时间在这种污浊环境中驾驶，极易引起不适，甚至导致交通事故的发生。

3. 延长饰件使用寿命

对内饰进行杀菌、除臭，可以有效地防止各种污物对内饰如地毯、真皮座椅、纤维织物等的腐蚀；使用专门的保护品，对塑料件、真皮及纤维品进行清洁、上光保护，可延长内饰件的使用寿命。

（二）车内污垢的种类与演变

1. 车内污垢的种类

（1）水溶性污垢：糖浆、果汁中的有机酸、盐，黏附性的液体等。

（2）非水溶性固体污垢：泥、沙、金属粉末、铁锈、霉菌、虱虫等。

（3）油脂性污垢：润滑油、漆类产品，油彩、沥青、食物油等。

2. 车内污垢的演变

车内污垢的演变分为三个阶段：

（1）黏附：污垢会在重力作用下停落或黏附在物件的表面。当有压力或摩擦力产生时，污垢也会渗透物件的表层，变得难以去除，如汽车玻璃及表台上的灰尘。

（2）渗透：饮料或污水会渗透物件的表层，被物件所吸收，以致很难清除。如车门内饰板、后挡台、脚垫上的饮料或血渍。

（3）凝结：黏性污垢变干凝固后，会紧紧粘贴在物件表面，如汽车内饰丝绒脚垫或地毯表面的轻油类污垢。

3. 去除污垢的原理

要想有效地清洗污渍需要4个方面相互配合，方能发挥最佳的清洁效能。

（1）高温蒸汽：高温蒸汽可使极难去除的污垢在清洗之前得到软化，为手工清洁内饰部件上的污渍做好准备。

（2）水：用水可去除水溶性污垢，但不能去除油脂性污垢，并难以清洁内饰部件上的非亲水性污垢。

（3）清洁剂：对于不同内饰材质有针对性的专业清洁剂，能高效去除内饰污垢，如化纤清洁剂、皮革清洁剂、塑胶清洁剂。

（4）作用力：动力清洗内饰部件时，拍打、刷洗、挤压等皆有助于去除污垢。

（三）汽车内饰材料

轿车内饰件材料繁多，常见的有金属、木材、皮革、橡胶、纤维纺织品和PP（聚丙烯）材料等。近年来PP材料（工程热塑材料）因具有韧性好、强度大、隔热好、质地轻、耐腐蚀、富有弹性和手感好、成本低且可以循环回收再利用等特点，因此在内饰中得到广泛应用。下面对常用到的皮革、橡胶、纤维、合金材料、木质和仿木质材料等内饰材料进行介绍。

1. 皮革材料

目前，市场上流行的皮革制品有真皮和人造皮革两大类。人造皮革中合成革和人造革是由纺织布做底基或无纺布做底基，分别用聚氨酯涂覆并采用特殊发泡处理制成的，有的表面手感酷似真皮，但透气性、耐磨性和耐寒性都不如真皮。

1）皮革材料的分类与特性

按皮革的层次分，有头层皮和二层皮，其中头层皮分粒面皮革、修面皮革、压花皮革、特殊效应皮革。最外层的头层皮质量最好；次之为二层皮，其强度、弹性和透气性都不如头层皮。汽车座套必须选用头层皮。现在市面上出售的一种复合皮革是在二层皮的表面上附有一层胶膜，表面精致，看上去很像头层皮。

（1）粒面皮革。粒面皮革分为全粒面皮革与半粒面皮革。在诸多的皮革品种中，全粒面皮革使用量居榜首，因为它是上等原料皮加工而成，革面上保留完好的天然状态，涂层薄，能展现出动物皮自然的花纹美。它不仅耐磨，而且具有良好的透气性。全粒面皮革分为软面革、皱纹革、正面革等，完整保留了粒面，毛孔清晰、细小、紧密、排列不规律，表面丰满细致，富有弹性。半粒面皮革在制作过程中经设备加工，修磨成只有一半的粒面，故称半粒面皮革，它保持了天然皮革的部分风格，毛孔平坦呈椭圆形，排列不规则，手感坚硬，一般选用等级较差的原料皮。但是其表面无伤残及疤痕，利用率较高，其制成品不易变形，所以属中档皮革。

（2）修面皮革。修面皮革是利用磨革机将表面轻磨后进行涂饰，再压上相应的花纹而制成的。实际上是对带有伤痕或粗糙的天然革面进行了"整容"。此种革几乎失掉了原有的表面状态。修面牛皮又称光面牛皮，市场也称雾面、亮面牛皮。特性为表面平坦光滑无毛孔及皮纹，在制作中，表层粒面经过轻微磨面修饰，并在皮革上面喷涂一层有色树脂，掩盖皮革表面纹路，再喷涂水性光透树脂，所以是一种高档皮革。特别是亮面牛皮，其光亮耀眼、高贵华丽的风格，是时装皮具的流行材料。

（3）压花皮革。压花皮革用带有图案的花板在皮革表面进行加温压制成各种图案，形成了一种特殊风格的皮革。

（4）特殊效应皮革。特殊效应皮革其制作工艺要求同修面皮革，只是在有色树脂里面加带珍珠、金属铝或金属铜元素，综合喷涂在皮革上，再滚一层水性透明树脂，其成品具有各种光泽，鲜艳夺目，雍华富贵。

二层革是厚皮用片皮机剖层而得，头层用来做全粒面革或修面革，二层经过涂饰或贴膜等系列工序制成二层革，它的牢固性、耐磨性较差，是同类皮革中最廉价的一种。其随工艺的变化也制成各种档次的品种，如进口二层牛皮，因工艺独特、质量稳定、品种新颖等特点，成为目前的高档皮革，价格与档次都不亚于头层真皮。

2）皮革材料在使用过程中出现的问题

（1）松面

松面是指将皮革制品向内弯曲90°，粒面上将出现较大的皱折且展平后不消失，即为皮革制品管皱。管皱是最严重的松面现象。

（2）裂浆、掉浆、露底

一手将革面按住，一手拉开基面，用小刀或钥匙柄从里向外顶革面，并来回划动，若粒面上出现裂纹，即为裂浆；而仅呈现底色称为露底；涂层从革面上脱落则称为掉浆。造成裂浆、掉浆、露底的原因是：涂层的延伸性同皮革的延伸性不一致；涂层材料使用不当；涂面配方不合理或涂层过厚等。

（3）掉色

掉色是指涂层经干擦或湿擦后产生掉色现象。产生的主要原因有：涂饰剂中含有的颜料过多或颜料颗粒较粗；涂饰剂中有酸性粒子元，染料量过大。涂层耐干擦而不耐湿擦，主要原因是涂层防水性能不佳。

（4）油霜、盐霜

在革面上形成的粉状油脂渗出物称为油霜。尤其在天气较冷的情况下，更容易形成油霜，且擦去后不久仍将出现。这是由于原料皮本身含有的高熔点硬脂酸等脂类物质没有除净，或加脂剂中含有较多的该种物质。在皮革的干燥或放置过程中粒面上有时会出现的一层灰色霜状物，称为盐霜，这是由于皮革在鞣制过程中未充分水洗，皮革中含有大量的可溶性盐渗出所致。如何鉴别盐霜与油霜的方法是：取一热熨斗熨烫，油霜可被皮革吸收，而盐霜则不能。

（5）革面发黏

用手触摸革面有黏手的感觉，或将革面相对叠在一起，在分开时发出黏结声，则被认为是涂层发黏。出现这种情况主要是软性树脂用量过大造成，涂层的皮革较易吸附灰尘。

（6）僵硬无弹性

皮革变硬的原因有四方面：

一是由于使用时间过长，皮革内油脂渗出太多或皮革自然老化；

二是水浸或洗涤不当，晒干后变硬；

三是上光打蜡或上浆上色选用的材料不当或涂层太厚；

四是粒面吸收太强或粒面磨损，翻新时吸收浆料过多。

2. 橡塑材料

橡塑是橡胶和塑料的统称，它们最本质的区别在于塑料发生的是塑性变形，而橡胶是弹性变形。换句话说，塑料变形后不容易恢复原状态，而橡胶相对来说就容易得多。塑料的弹性是很小的，通常小于100%，而橡胶可以达到100%甚至更多。塑料在成型上绝大多数成型过程完毕，产品过程也就完毕；而橡胶成型过程完毕后还需要硫化过程。

1）橡胶

橡胶可分为天然橡胶和合成橡胶两大类。天然橡胶来自热带和亚热带的橡胶树，是橡胶树干切口，收集所流出的胶浆，经过去杂质、凝固、烟熏、干燥等加工程序，而形成的生胶料。合成橡胶由石化工业产生的副产品，依不同需求，合成不同物性的生胶料，因合成方式的差异，同类胶料可分出数种不同的生胶，又经配方的设定，任何类型的胶料，均可变化成千百种符合制品需求的生胶料。

橡胶的老化现象：橡胶成品所处的环境条件，随时间的推移会引起龟裂或硬化。橡胶物性退化现象，称为老化现象。引起老化的原因有内部因素和外部因素。内部因素有橡胶的种类、成型方式、键结程度、配方的种类、加工过程中的因素等。外部因素有氧、氧化物、臭氧、热、光、放射线、机械性疲劳、加工过程的缺失等。

2）塑料

塑料是具有塑性行为的材料。所谓塑性是指受外力作用时，发生变形，外力取消后，仍能保持受力时的状态。塑料的弹性模量介于橡胶和纤维之间，受力能发生一定变形。软塑料接近橡胶，硬塑料接近纤维。塑料为合成的高分子化合物，由合成树脂及填、增塑剂、稳定剂、润滑剂、色料等添加剂组成，它的主要成分是树脂。

根据各种塑料不同的理化特性，可以把塑料分为热固性塑料和热塑性塑料两种类型，前者无法重新塑造使用，后者可一再重复生产。由体型高分子制成的是热固性塑料，体型结构高聚物由于没有独立的大分子存在，故没有弹性和可塑性，不能溶解和熔融，只能溶胀，硬度和脆性较大。由线型高分子制成的是热塑性塑料，线型结构（包括支链结构）高聚物由于有独立的分子存在，故有弹性、可塑性，在溶剂中能溶解，加热能熔融，硬度和脆性较小。

橡塑材料在汽车上使用的也很广泛。轮胎的主要材料就是橡胶，汽车内饰件也大量使用橡塑材料。目前，采用PP材料制造仪表板总成外壳已成为主流。

3. 纤维材料

纤维材料有天然纤维和化学纤维两种。天然纤维是指由棉、麻和毛为原料加工制成的成品材料。天然纤维材料的特性是安全环保、舒适性高，但是容易脏污，保养护理比较麻烦。化学纤维是用天然或人工合成的高分子物质为原料，经过化学或物理方法加工而得的制品的统称。因所用高分子化合物来源不同，可分为人造纤维和合成纤维。在汽车内饰中纤维材料也大量使用，比如顶篷、地板和座椅等都是使用纤维材料较多的地方。

1）人造纤维

人造纤维的生产是受了蚕吐丝的启发，用纤维素和蛋白质等天然高分子化合物为原料，经化学加工制成高分子浓度液，再经纺丝和后处理而制得的纺织纤维。其手感柔软，光泽好，吸湿性、透气性良好。

2）合成纤维

合成纤维是由合成的高分子化合物制成的，种类繁多。合成纤维具有保温性强、电绝缘性较高、阻燃性好、弹性强、耐磨性较好、不易变形、耐热性好、化学稳定性好且耐腐蚀等特点。

4. 合金材料

合金是由金属与另一种（或几种）金属或非金属所组成的具有金属通性的物质。一般通过熔合成均匀液体和凝固而得。根据组成元素的数目，可分为二元合金、三元合金和多元合金。

在汽车装饰部件上使用的合金，绝大多数都是镀到基材上去的，主要是为了增加其抗磨性、美观性，并满足车主不同的要求。

5. 木质和仿木质材料

木质或者仿木质材料也是轿车内饰的主要材料之一，镶嵌在仪表板、中控板（副仪表板）、变速杆头、门扶手、转向盘等地方。

桃木或仿桃木材料具有美观、高雅、豪华等特点，其独有的花纹图案可获得特殊的装饰效果。因此，一些中高档轿车用胡桃木做内饰材料，配上真皮面料座椅、丝绒内饰面料等，相辅相成，尽显一种优雅与华贵的气氛。中低档轿车在车内配置仿桃木材料，也可提高其档次。

（四）汽车内饰清洗剂

汽车内饰不同于外饰，不可能用水或混合液体冲洗，只能以"干洗"的方式进行。汽车内饰清洗要根据清洗对象的材料特征采用相应的专用产品，市场上曾出现丝绒清洁保护剂、化纤清洗剂、塑胶清洁上光剂、真皮清洁增光剂等非常有针对性的产品，但如此多的产品给内饰清洁操作带来一定的不便。随着内饰清洁技术的发展，多功能泡沫型内饰清洁剂通用性强，清洁效果突出，操作便捷，成为市场的主流。常见的汽车内饰清洗产品列举如表4-1所示。

表4-1 多功能内饰清洗剂

产　品	产品特点	使用方法
龟博士内饰清洁保护剂	本品内含氧化酶，具有清洗不褪色、更增艳，柔和配方不损伤内饰，含异味根除成分，清洗后更清新，氧化反应，高效杀菌，安全彻底等特点。该产品为环保型泡沫清洗剂，能快速分解浮出污垢，清洁而不起"水痕"；含硅酮树脂保护成分，在皮革化纤表面形成保护膜，有效驱尘，防止老化；添加抗紫外线因子，防止紫外线的过度氧化和侵蚀，防止褪色老化。该产品为温和无刺激的中性专业清洁剂，适用于所有真皮、布艺、皮革、化纤、塑料等材料	（1）可用于汽车、轮船内饰，家居等，使用前请先在不明显处试用 （2）摇匀本品，距离清洗部位15～20cm外均匀地喷涂于皮革或化纤表面 （3）待泡沫在清洗表面作用约30s后，用软刷刷洗，最后用干净毛巾反复擦拭即可
3M万能清洁剂	本品主要成分为聚二甲基硅氧烷、液化气、表面活性剂、轻烷烃石油石脑油。用于车身内部、外部，高效清洁汽车表面上的油斑和重垢。可作为预处理剂预先清洁汽车内饰的污渍	将本品直接喷涂至待清洁保护表面，用柔软的海绵、毛巾擦拭表面；彻底清洗，并用3M拭车布擦干
标榜多功能泡沫清洁剂	本品为生物降解的多功能泡沫型干洗剂，具有超强的渗透清洁能力，作用迅速，去污力强，气味芬芳，泡沫丰富，使用安全。适用于人造皮革、塑料制品、橡胶件、金属件等的清洁，可方便对汽车内外饰进行清洁，如丝绒坐垫仪表板、侧板及顶棚等	（1）使用前充分摇匀，距物体表面约20cm处均匀喷射，30～40s后用软布擦去即可 （2）较重的污渍可反复喷擦，用小刷和湿布擦拭干净 （3）玻璃或金属表面去除污渍后可用清水清洗，以免留下斑点

注意：使用以上产品时，应注意远离热源，远离点火源，包括信号灯和电火花；禁止吸烟；须在通风良好处操作；操作人员避免吸入制品蒸汽或喷雾，避免皮肤和眼睛接触。

另外，非离子表面活性剂的泡沫虽少，但清洁效能较高，泡沫太多的清洁剂不宜用于内饰丝绒或皮革部件的清洁。经高泡清洁剂清洁过的内饰丝绒制品，用少量的清水很难清除干净，必须用大量清水冲洗，而渗入丝绒化纤制品的水分又极难晾干，天长日久，会出现霉性异味，导致菌类及虱虫等有害物质的滋生。过多的泡沫还会阻碍清洁剂对针织类内饰用品发挥效能。因此，含非离子表面活性剂的环保型低泡清洁用品特别适用于内饰，不需要大量清水冲洗，只需用干净的半湿性毛巾擦净表面被清洗掉的污垢和残留的清洁剂即可。

（五）内饰护理剂

汽车内饰护理剂是一种能起到增亮、抗磨、抗老化等保护作用的用品，主要用于皮革（包括人造皮）、塑料、橡胶、化纤等材质表面，起上光、耐磨、防老化等保护作用。内饰护理剂分为皮革保护剂、化纤保护剂、橡胶件保护剂、橡胶件保护剂、金属上光保护剂等产品，用于汽车座椅、仪表板、保险杠、密封条、轮胎以及电镀件等护理。常见的产品见表4-2所示。

表4-2 常见内饰护理产品

产　　品	产品特点	使用方法
真皮清洁蜡	成分：硅油，PALCEAN特有去污因子，苏尔杀菌原液、护革蛋白、抗静电剂、柔软因子、天然植物提取液。本品采用特制的高韧性吸收海绵，在上蜡擦拭时能瞬间吸收清理的污渍及杀灭细菌，起到清洁上光、护理、保养、杀菌的作用。适用于汽车真皮沙发座椅，也可用于胡桃木内饰、汽车仪表盘、汽车漆面的清洁和保养	（1）海绵或者软布上，直接擦拭汽车的表面，再用干毛巾擦拭一下即可达到清洁效果 （2）无须用水，用海绵直接擦拭汽车即可 （3）海绵弄脏后用自来水冲洗，拧干后马上可重复使用
3M汽车仪表板保养蜡	产品应用于汽车仪表板、门饰板、防水条等塑料件、橡胶、塑胶以及皮椅等，具有防尘污、防褪色、防老化等多种功效。一喷一擦即可达到清洁、增艳、保护的作用，可有效抵抗紫外线侵害，并有持久的清新柠檬味	（1）将物体表面清洁干净，轻轻摇晃本品，使其均匀，直接喷在表面，或者喷在抹布上均匀地涂抹在物体表面 （2）用干净棉布擦干即可
龟牌皮革保护上光液	本品具有抗紫外线、延缓老化、高光泽、不发黏等功能，适用于汽车仪表台、皮革座椅及其他塑料内饰和皮革内饰	将本品摇匀，直接以雾状喷在清洁、干燥的物体表面；也可以将本品涂于干净毛巾或海绵上，再均匀涂在物体表面；自然风干即可（需5~10min），亚光效果

（六）内饰美容设备

车内美容所用到的主要设备有吸尘器、蒸汽清洗机、脱水机及洗衣机等，下面介绍常用设备的性能特点与使用方法。

1. 吸尘器

车内室虽然空间小，但结构复杂，不便于清洁，车内经常积聚大量的灰尘，特别是座椅上的皱裙和一些角落部位的灰尘极难清除。吸尘器能较好解决这一难道，它是一种能将尘埃、脏物及碎屑吸集起来的电器设备，可方便地将内壁、地毯、座椅及缝隙中的浮尘和脏物吸除干净，且不会使浮尘飞扬。

1）吸尘器的种类

常见的吸尘器主要有便携型、家用型和专业型三种。

专业型吸尘器，也称吸尘/吸水机（见图 4-1），它吸尘效果最好，使用较多，具有较好的防水性，而且集吸尘、吸水、风干于一体，并配有适于车内室结构的专用吸嘴，操作简单，吸力大，可与高温蒸汽机配套使用。

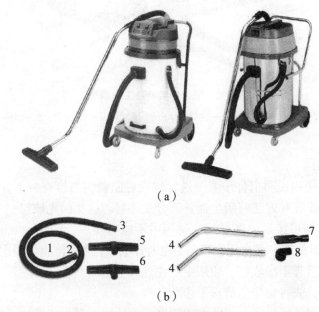

（a）

（b）

图 4-1 专业型吸尘器

（a）吸尘器；（b）标准附件

1—软管；2—短接头；3—长接头；4—钢管；5—吸尘扒；6—吸水扒；7—长扁嘴；8—圆毛刷

家用型吸尘器虽然吸力不小，但防水性差，如果将吸尘器置于操作间，难免在洗车时将水溅入吸尘器内，容易出现内部短路现象，甚至烧毁。

便携型吸尘器则是供车主随车携带的，它使用汽车上的电源（利用点烟器插座），体积小，携带方便，但不适合专业护理店使用。

2）吸尘器的工作原理

吸尘器是利用电动机的高速转动，带动风叶旋转，使吸尘器内部产生局部真空，形成空气吸力，将灰尘、脏物吸入，并经过吸尘器内部的过滤装置，然后将过滤过的清洁空气排出去，达到吸尘的目的。

图 4-2 是吸尘器实物及工作原理图。吸尘器的刷座里有一个电机，它通过皮带带动转刷旋转，把尘埃及脏物搅动起来，称为起尘。吸尘桶里有高速风扇进行强力抽吸，通过软导管和硬导管使刷座对外界形成高负压。于是，起尘的尘埃和脏物便被吸进刷座，并经导管吸到滤尘器中，由滤尘器里的集尘袋收集，而空气被风扇叶片从集尘袋抽出，经过电机重新进入室内。在经过电机时，风扇叶片还吹散部分电机产生的热量。

图 4-2　吸尘器实物及工作原理

1—皮带；2—电机；3—吸尘桶；4—风扇；5—软导管；6—滤尘器；7—硬导管；8—刷座；9—转刷；10—研磨面；11—抛光机

3）吸尘器的使用

使用前，应先将使用说明书仔细看一遍，然后对照说明书检查一下各种附件是否齐全，再按说明书中讲述的步骤和方法将吸尘器各部分安装好。启动前先核对一下电源的电压和频率，当确认相符后，即可接通电源试用。试用中不应有噪声，试用 10min 左右电机没有过热现象，方可投入正常使用。每次用完以后，先断开电源，然后将集尘袋中的灰尘清除干净，最后将各附件拆开并清理干净收好。使用中应注意以下事项：

（1）每次使用前，先将集尘袋清理干净。

（2）有灰尘指示器的吸尘器，不能在满刻度工作，若发现指示器接近满刻度，要停机消除灰尘。

（3）不要用吸尘器吸集金属碎片，以防电机损坏。

（4）吸尘器在清理尘埃时，不要将手放在吸口附近，以免发生危险。

（5）吸尘器包线的绝缘保护层要保护好，以免发生触电事故。

4）吸尘器的维护

（1）使用后，应将吸尘器及其附件用湿布擦拭干净，然后晾干收好。

（2）清除灰尘后的集尘袋可用微温水洗涤干净晒干。

（3）吸尘器的刷子上黏附的毛发、线头要及时清除掉；刷子磨损偏大要及时更换新品。

（4）紧固件如有松动，要立即紧固好。

（5）电机和电刷如有故障，要及时维修。

2. 专用脱水机

专业脱水机也称地毯脱水机或地毯甩干机。汽车内的座椅椅套、可拆式地毯和脚垫等织物容易弄脏，每隔较长一段使用时间后应取下用水或清洗剂清洗，彻底去除灰尘、污渍和杀灭滋生细菌。由于这些织物体积大，质量大，水洗后用普通脱水机难以脱水。目前市场主要采用大功率滚筒式地毯甩干机，具有容积大、机械传动平稳的特点。

专用脱水机主要由滚筒、外罩、支座、传动系统和控制板等构成，如图4-3所示。滚筒5的两端由轴固定在支座上，与支座是动配合，可由传动系统1带动转动。滚筒的圆周面上有排列整齐的排水小孔。放取脱水地毯时，可打开滚筒盖门3，放好后关闭好盖门，再放好外罩4，才能启动脱水机工作。外罩4由上下两部分组成，下部固定在支座上，上部分是活动的，用铰链连接固定在下部外罩上。盖好外罩后，成为密闭的整体。滚筒转动时，靠离心力使从地毯脱出的水从小孔中排到外罩，经排水管7排到下水道或回水池中。排水管7用透明塑料软管制作，可方便地看到地毯脱水是否脱尽。当脱水完成后，按动操作控制板2上的停止转动按钮，即可停机。停机妥当后，先打开外罩，再打开滚筒盖门，取出地毯，然后再关上滚筒盖门，盖上外罩。至此，便完成了地毯在脱水机中的脱水任务。

脱水机虽以地毯清洗和脱水为主，但其他清洗物品，如座套、车垫、工作服、美容装饰中心职工用的衣被、毛毯等，在清洗后，也可用它脱水处理，效率很高。

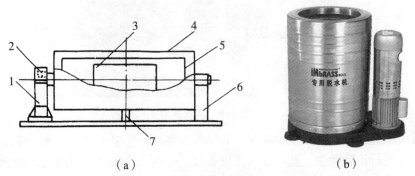

（a）　　　　　　　　　　（b）

图4-3　专用脱水机结构图及实物图

（a）结构图；（b）实物图

1—传动装置；2—操作控制板；3—滚筒盖门；4—外罩；5—滚筒；6—支座；7—排水管

3. 高效多功能洗衣机

高效多功能洗衣机用于清洗汽车内的座椅套、头枕套等织物。这些织物极易弄脏，每隔一段使用时间都要清洗，而座椅套、头枕套等织物的拆卸不是一般车主能做的。在做汽车美容的同时，要清洗织物。为了节约车主时间，洗衣机必须集清洗、烘干和免烫三合一。因此，专业的汽车美容店应配备一台高效多功能洗衣机。

三、项目实施——内室清洁护理

内室清洁护理操作工艺流程图如图4-4所示，具体操作如下：

图4-4 内室清洁护理操作工艺流程图

1. 内室除尘

（1）首先将车停稳，并将车内的脚垫和杂物取出，抖掉尘粒，倒掉烟灰。高压水枪配合泡沫清洗剂将脚垫冲洗干净，放在一旁晾干，操作如图4-5所示。

图4-5 清洗脚垫

（2）视情况选择正确的吸尘嘴接连，利用吸尘器进行吸尘、吸水作业。应遵循从高到低的原则，首先进行顶棚除尘，然后依次是仪表盘、座椅、地毯、车门内侧。对于地板可采用两次吸尘的方法较为彻底：第一次吸掉沙粒，可选择长扁嘴效果较好；第二次更换吸尘扒吸尘，若有水可换吸水扒先吸水再吸尘，对于吸尘扒不易吸或吸不净的地方可换带刷子的圆毛刷边刷边吸，操作如图4-6所示。

（a）

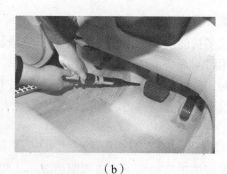
（b）

图4-6 车内吸尘

（a）吸尘扒吸尘；(b) 长扁嘴吸尘

（3）行李箱吸尘。先取出行李箱内备用胎、随车工具以及杂物。取出底板防护垫，并拍去灰尘，视情况进行冲洗甩干。用吸尘器吸去内部灰尘、沙土和污垢。

内室除尘注意事项：

（1）吸尘时应将吸尘器尽量靠近人体，即安全又方便工作。特别注意避免吸尘器或管带碰擦车身。

（2）应重视的几个部位：中控台的凹槽、烟灰缸、座椅的边缝、椅脚过沿、离合器踏板、油门踏板、地毯、边门储物盒、后挡板等，应反复吸除直至干净。

（3）吸尘时应不断检查吸尘嘴的洁净情况，谨防交叉污染。

（4）吸尘时应注意观察，不要把钱币、金属异物或车主有用物品吸入。

（5）地毯有水渍时，必须先换吸水扒将水吸尽，再换吸尘扒或圆毛刷进行吸尘作业。

（6）如果要吸水则应将吸尘器中的过滤袋拿出，方能吸水。

（7）吸尘作业完成后，必须按正确的维护方法对吸尘器进行维护。

（8）除尘、除水是内饰清洁的第一步，现代汽车内饰最忌受潮，湿气会使内饰发霉、变质。因此，内饰除尘应避免采用水洗的方法，应采用具有吸尘、吸水多功能的专业型吸尘器。

2. 蒸汽预洗

（1）将专用的绒毛清洗药剂与水按一定比例加入到高温蒸汽机中，并旋紧加注盖。

（2）通电后按下加热开关，等待 10min 左右，待蒸汽气压表指针到达绿色区域时，即表明可以利用蒸汽进行高温蒸汽消毒了。

（3）按下手柄开关有充足的蒸汽喷出，便可对车内除仪表板等电器设备外的部位进行蒸汽喷敷，以增强脏物的活性，使之在清洗过程中容易从载体上分离，如图 4-7 所示。

（a） （b） （c）

图 4-7　车内室蒸汽预洗

（a）喷敷车顶；（b）喷敷角落；（c）喷敷车门

3. 内饰清洁护理

1）顶棚的清洁护理

汽车顶棚通常是由化纤、丝绒、纯毛（高档车）等材料做成。因为位置特殊，虽不易沾染其他污物，但容易滋生细菌。由于绒布具有吸附性，污染多为吸附烟雾、粉尘及人体的头部油脂。顶棚清洗使用的绒毛清洁柔顺剂，摇晃均匀后对往顶棚喷上少许，湿润约半分钟，然后把干净的毛巾折叠成四方形，顺其纹路从污迹边缘向中心方向擦拭。污垢严重时，可重复以上操作，并可结合蒸汽清洗机的蒸汽来清洁。处理干净后，用另一块干净的棉布，顺着车顶的绒毛方向抹平，使其恢复本来的模样。

2）仪表盘、方向盘的清洁护理

仪表盘多为塑胶制品，存在较多细条纹，黏附的成分简单，多为灰尘，容易清除。在除尘的基础上，用拧干的湿毛巾擦拭，再在仪表盘上喷塑胶清洁上光剂，并轻轻擦拭，即可得达到清洁光亮的目的。注意：防止清洗剂流入仪表盘的边缝内。

（2）方向盘多为人造革和真皮材料，易黏附人体油脂。先用泡沫型内饰清洁剂处理，再使用塑胶上光剂，等待 3～5min 后，配合软毛刷进行上光处理。如果方向盘外面包有绒毛或皮革把套，可先将其拆下单独处理，方法与上述的清洁保养相同，如图 4-8 所示。

 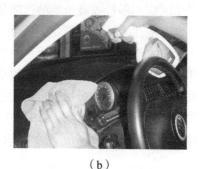

（a） （b）

图 4-8 方向盘与仪表台的清洁

（a）清洁方向；（b）清洁仪表

3）中控区的清洁护理

中控区多为皮塑制品，它的清洁护理要特别细心。这个区域边角缝隙特别多，而且是音响、电话、空调等各种控制开关的分布区域。在操作中不许直接对其喷清洗剂，而应把清洗剂喷在毛巾或软布上，轻轻擦拭干净。一些不易擦拭的角落可以使用棉签清洁。清洁完之后喷上皮塑胶上光剂，只需轻轻擦拭，即可得到一个干净光亮的表面。

4）座椅的清洁护理

座椅是内饰件中使用频率较高的物件，常粘有大量的人体汗渍、油渍和细菌，是车内清洁的重点、难点。座椅的清洁护理必须依据座椅的材质来决定。汽车座椅主要有化纤丝绒类及皮革类两种，故清洁护理工作也应有所不同。

（1）化纤类座椅的清洁护理。

将化纤清洗剂摇晃均匀后喷到污处，稍停留片刻，用一块洁净的干毛巾用力压在污处，挤出含有油污、污物的液体，再从四周向中间仔细擦拭，直到除去污迹为止。对于特别重的污迹可重复上述过程，也可配合蒸汽来清洗。

（2）皮革座椅的清洁护理。

人造革和真皮座椅的共同点，就是表面都有许多细纹，这些细条纹内容易吸附许多污垢，很难彻底清除干净。对于人造革座椅和真皮座椅切不可用水清洗，否则不但影响其美观，而且会产生裂缝影响使用寿命。因此，清洁这类座椅必须要用专业的皮革或皮塑清洁产品，不但能上光，更能有效去除静电，增强保护功能。具体操作步骤如下：

①首先用泡沫型内饰清洁剂，进行预先处理，如果不太脏可省略此步。因为有些污垢可能硬结在皮革表面，使用泡沫型内饰清洁剂，能有效润湿和分解油污，使下一步的工作更加彻底。将泡沫型内饰清洁剂喷到座椅表面，用软布仔细擦拭，方法同处理化纤类座椅一样，

从四周向中间逐渐进行，操作如图4-9所示。

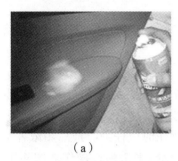
（a）

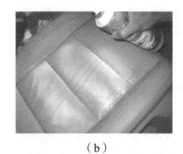
（b）

（c）

图4-9　真皮座椅的清洗

（a）将清洁剂喷到座椅扶手；（b）将清洁剂喷到座椅表面；（c）用软布仔细擦拭

②其次使用真皮清洁柔顺剂，用软布结合毛刷，彻底清除细纹中的污垢。

③最后再用真皮上光保护剂进行上光处理。如果皮座椅不太脏，直接用真皮上光保护剂进行清洁上光即可。

5）车门内衬和地毯的清洁

（1）车门内衬有绒质和皮质两种，由于与驾乘人员最近，所以容易弄脏，污物主要是油污。可采用与座椅清洁相同的方式进行，如图4-10所示。先喷涂万能泡沫清洁剂，等待1～2min，将半湿毛巾叠成方巾，反复擦拭后过水，再擦拭即可。对于车门塑料面板处可用刷子刷洗，再用半湿毛巾擦拭过水来去除污垢，最后用气枪吹水。

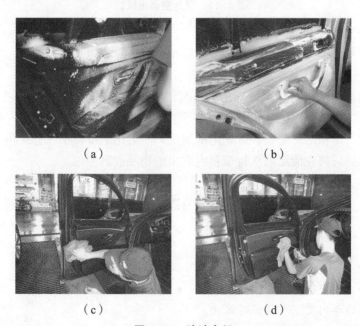

图4-10　清洁车门

（a）喷涂清洁剂；（b）毛巾反复擦拭；（c）擦拭塑料面板；（d）气枪吹水

（2）车用地毯多用化纤、丝绒做成。地毯的安装方式可分为可拆卸式与不可拆卸式。对于可拆卸的地毯可用将其拆卸下来，用地毯清洁剂清洗，然后用清水冲洗干净，再将它们折叠起来，用专用的甩干桶脱水处理，晾干再安装上，然后喷上化纤绒毛柔顺剂，用毛巾擦拭干净即可。

6）安全带的清洗

安全带应用中性的清洗剂和温水进行清洗，不能选用染色剂或漂白剂为清洗剂，否则将会降低安全带的强度。

7）空调通风口的清洁

空调通风口的材料多为硬质塑料，黏附的污垢简单，基本为粉尘沉降。黏附不很严重的，清洁时使用塑胶清洁产品处理。因为空调通口有栅格，建议使用海绵蘸取塑胶清洁上光剂处理。也可用小的软毛刷配合清洗，由于部位较细致，操作时应仔细。最后用浓香型空气清新剂来进行除臭、杀菌处理，或直接用相应功率的蒸汽机来杀菌，操作如图4-11所示。

图4-11　清洁空调出风口

8）行李箱的清洁护理

行李箱与车身内部极为相似，内饰多为绒布，清洁方法也基本相同。在吸尘的基础上进行蒸汽喷熏、清洁、护理等美容作业。

先用高温蒸汽清洗机对整个行李箱进行蒸汽喷熏，后用湿毛巾擦拭，主要是去除灰尘。对于局部较严重的部位，用化纤物清洗剂进行清洁。对丝绒内饰可再喷涂一层丝绒保护剂或丝绒光亮剂。对行李箱的密封条，可先用水清洗，然后用毛巾吸干水分，再上车蜡或橡胶保护剂。护理完成后应将在清洁前从行李箱内取出的物品放到原处。

项目 2　车室消毒净化

学习目标

1. 能正确描述车内室消毒净化的必要性。
2. 能正确掌握车内室空气污染的缘由。
3. 能正确描述光触媒的净化机理。
4. 能正确描述车内室净化的产品及功能。
5. 能正确使用车内室消毒净化的工具与设备。
6. 掌握车内室消毒净化操作。

一、项目情境引入

今年春天，老李总感觉他的车内有一股异味，特别是关着车窗高速行驶时，时间一久感觉不舒服，有头晕感。随后，他向专业汽车美容接待员小吴寻求帮助。小吴给出建议：这是由于车内长期不做消毒净化处理，车内细菌滋生导致。小吴建议对全车做一次全面的车内室消毒净化处理就可以解决这个问题了。

二、项目相关知识

（一）车内空气污染的来源

（1）新车内装饰材料中含有的有毒气体，主要包括苯、甲醛、丙酮和二甲苯等。这些有害物质在不知不觉中使人出现头痛、乏力等中毒症状。专家认为，内部装饰豪华的轿车更容易产生污染，其内部装饰选用的皮类、电镀件、金属件、油漆、工程塑料等材料处理不当，会辐射出有害物质。

（2）汽车发动机产生的尾气及其他大气污染，交换至车内后，均会使车内室的空气质量下降。

（3）车用空调蒸发器长时间不进行清洗护理，就会在其内部附着大量污垢，所产生的胺、烟碱和细菌等有害物质弥漫在车内狭小的空间里，导致车内空气质量变差，甚至缺氧。另外霉菌在汽车通风系统内长年存在，这个问题在潮湿气候条件下运行的空调中尤为突出。有的霉菌会造成哮喘、呼吸困难、记忆力及听力丧失、肺部出血等症状。

（4）人体自身的污染。当空气中 CO_2 浓度达到 0.5% 时，人就会出现头痛、头晕等不适感。车内空间较小，更容易造成污染。

（5）乘客的交叉污染。

（二）汽车消毒常用的方法与分析

目前汽车消毒的方法主要有化学消毒、臭氧消毒、离子消毒和光触媒消毒。这些杀毒方法方式多样，但原理大多还是物理杀毒、化学杀毒、离子杀毒等。从发展趋势看，由于人们越来越重视环保，因此汽车内室杀毒的方法将更多注重采用物理和离子杀毒，化学杀毒方式由于对汽车部件的损害和容易产生新的有害气体而不经常使用。

1. 化学消毒

化学消毒主要是利用消毒剂对汽车部件进行喷洒和擦拭，通过化学作用达到去除病菌的目的。这种杀菌方法操作简单易行，病菌杀灭比较彻底。目前市场上常用的汽车化学消毒液有几种：含氯的有氯代异氰脲酸类、次氯酸钠等；过氧化物类的有过氧化氢、过氧化醋酸、过氧化硫酸等；阳离子表面活性剂；还有医用酒精等。其中过氧乙酸和84消毒液最为大家所熟知，此类产品杀毒较彻底，但是杀毒后车舱内会留有气味，需要开窗通风一段时间。

缺点：容易留下化学残留物，造成潜在的危害，同时对汽车部件也有一定程度的损害。化学消毒液一般都具有腐蚀性和漂白性，汽车内饰和金属部件使用时需要小心。

2. 臭氧消毒

臭氧消毒是利用一个能迅速产生大量臭氧的汽车专用消毒机来消毒。臭氧是一种高效、广谱、快速的杀菌剂，可以杀灭多种病菌和微生物，当其达到规定浓度后，消毒杀菌可以迅速完成。

臭氧还可以通过氧化反应去除车内有毒气体。与化学消毒不同,利用臭氧消毒杀菌不会残存任何有害物质,臭氧消毒后很快就分解成氧气,因而不会对汽车造成二次污染。消毒后车舱里会留有一些臭氧气味,只要将车窗打开通风一段时间气味即可消失。

臭氧消毒操作很简单:将一根接着汽车专用消毒机的胶管伸入车舱内,并打开汽车空调,利用空调的空气循环将高浓度臭氧送到车内的每个角落,如此几分钟就可以了。虽然消毒时间很短,但消灭病菌很彻底。

缺点:如果长时间使用臭氧消毒会使车内橡胶老化,而且汽车装饰美容店的臭氧机质量良莠不齐,每次消毒的价格也高低不等。

3. 蒸汽消毒

蒸汽消毒是比较传统的汽车空气清洁方法。做法是:先用普通清洁剂对车辆进行清洁,并用保护剂或干洗护理擦拭,清洁车室、地毯、脚垫、座套,然后再向车内喷清洁剂、杀菌剂,最后用高温蒸汽进行消毒。杀菌剂内含有能产生分解臭源的酶,从而能清除异味、阻止细菌的滋生。

缺点:由于操作复杂,消毒时间过长,车内污染严重时使用效果不太理想。由于蒸汽可能会对车内的电子系统产生不良影响,作业时需要注意。

4. 离子消毒

离子消毒主要是通过购买车载氧吧释放离子达到车内空气清新的目的,它只是一种清新和净化空气的方式。优点是使用简单,缺点是空气净化过程缓慢,杀菌不彻底。

5. 光触媒消毒

光触媒是一种在光的照射下,自身不起变化,却可以促进化学反应的物质。光触媒是利用自然界存在的光能转换成为化学反应所需的能量,来产生催化作用,产生具有极强氧化能力的超氧化物和羟基原子团,使周围的氧气与水分子转化成极具活性的氢氧自由基(OH),再由这些自由基对有害气体(如甲醛、苯)等各种污染物进行氧化还原反应,并将其分解成无害的二氧化碳和水,随空气流动排出室外,达到净化室内空气的效果,而且不会产生二次污染。

此外,光触媒还可以杀死空气中的细菌、病毒、真菌及植物花粉等,其杀菌率高达 90%。与其他常规的空气净化方法(如物理吸附法、紫外线照射法)相比较,光解媒具有设备简单、净化能力强、适用范围广、效果持久稳定、无二次污染和维持费用低等优点。

光触媒为速干型,喷涂后 3 天内即在物体表面形成一层高硬度的无色透明的涂膜,抗划性和耐磨性相当好,除非用刀子刮,否则不会脱落,可以永久性地附在物体表面。当光线照射在涂膜表面时,光触媒便开始起作用,上述分解反应就会不断进行,净化能力持久。

缺点:二氧化钛只有在紫外线的照射下才能产生作用,而紫外线对人体有一定的伤害。同时,车上粘贴的太阳膜会阻隔掉紫外线,因此会影响光触媒消毒的效果。

6. 活性炭消毒

活性炭对车主来说是目前最有效、最安全,也是最容易实现的消毒方法。活性炭具有孔隙多的特点,对甲醛等有害物质具有一定的吸附作用,颗粒越小吸附效果越好,但杀毒效果不佳。

对车室进行杀菌消毒，保持汽车车室空气清新是汽车美容项目中必不可少的一项作业内容。上述给出六种方式，但在专用美容店中，最为常见的净化处理措施为含有消毒药液成分的高温蒸汽熏蒸去除、光触媒净化及臭氧净化三种。

（三）车内饰净化工具与设备

1. 高温蒸汽清洗机

车内饰和地毯等纤维绒布织品极易积聚污垢，使细菌繁殖，而吸尘机只能除去尘埃及吸水，无法清除细菌，拆装内饰和地毯也十分麻烦；另外，通过蒸汽与清洗剂的配合可快速去除各种污垢。这些都是高温蒸汽清洗机的强项，有人形象的称其为"桑拿蒸汽清洗机"，如图 4-12 所示。

图 4-12　高温蒸汽清洗机

1）功用

高温蒸汽清洗机用于清除汽车驾驶室及车厢内的各种污渍，并有杀菌以及除臭功能。高温蒸汽清洗机所喷出来的蒸汽可对丝绒、化纤、塑料、皮革等不同材料进行清洗，还可以去除车身外部塑料件表面的蜡迹。同时，还具有杀菌消毒的作用，特别是对带有异味的污垢有很强的清洗作用，能使皮革恢复弹性、丝绒化纤还原至原有光泽，是汽车内饰美容的必备设备。

2）操作方法

高温蒸汽清洗机的操作方法是：清洗前，首先将续水门打开，注满清水，盖好后开机预热 10min 左右，待使用指示灯显示后便可以操作。因蒸汽温度很高，可达 130℃，所以操作时应根据不同材料的部件选择不同的温度，并用半湿毛巾包裹适合车室结构的蒸汽喷头使用，以免损伤部件。一般情况下，车内物品在 80℃ 左右就已经够用，无须太高的温度。有些制品如塑料、皮革，耐热性较差，在使用蒸汽清洗机清洗时，温度应适当调低。

2. 光触媒施工工具与设备

进行光触媒施工，需要的设备主要有空气压缩机、油水分离器及喷枪，如图 4-13 所示。目前兴起一种光触媒喷涂机，如图 4-14 所示，实际上它是一种非常有针对性的一种小型压缩机，其结构紧凑，非常便于流动作业，各种喷涂参数都恰好能满足光触媒施工需要：3.5bar 流量、68L/min 喷枪、750cc 最大工作压力、50psi 喷嘴、0.5～1.3mm 扇形宽度。

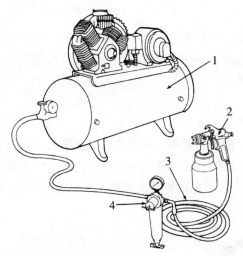 

图 4-13　光触媒施工设备　　　　　　　　图 4-14　光触媒喷涂机
1—空气压缩机；2—喷枪；3—软管；4—油水分享器

3. 臭氧消毒施工设备

汽车专用臭氧消毒机能迅速产生大量的臭氧进行杀菌消毒，如图 4-15 所示。汽车专用臭氧消毒机通常是通过电解纯净水而产生臭氧。这种发生器能制取高浓度的臭氧水，制造成本低，使用和维修简单，可移动。操作方法如下：

1) 开机

插上电源并按下电源开关，伴随着蜂鸣器蜂鸣声，工作指示灯亮红灯。

2) 设置时间

按一下"SET"键则左边两数码闪烁进入分钟设置，此时按一下"INC"键则时间加一分钟，按一下"DEC"键则时间减少一分钟，长按"INC/DEC"键则时间连加或连减。再按一下"SET"键则进入秒设置，方法同分钟设置。

3) 开始工作

设好时间再按一下"SET"键，长鸣一声开始工作，工作指示灯绿灯闪烁，时间进入倒计时出气口输出臭氧。当时间倒计时为"0000"时则自动停止工作，并播音乐提示完成。三遍音乐后显示"End"。

4) 停止工作

工作时若想停止则按一下"SET"键，机器将自动停止工作，回到待机状态。

消毒车型的车内室体积不同，消毒时间也不同，汽车专用臭氧消毒机对各类车型的加热具体时间如表 4-3 所示。

表 4-3　各车型臭氧消毒时间表

车　型	消毒对象	消毒时间
小轿车	内部空间、物体表面	2～4min
中型客车	内部空间、物体表面	6～8min
大型客车	内部空间、物体表面	8～10 min
货　车	内部空间、物体表面	3～5 min

续表

车　　型	消毒对象	消毒时间
各种汽车	空调管道	3～5 min
房　　屋	20～60 m^2	6～8 min

（a）　　　　　　　　　　　　（b）

图4-15　汽车臭氧消毒机及消毒作业

（a）消毒机外观；（b）消毒作业

（四）车内室消毒净化用品

1. 光触媒用品

光触媒是一种化工原材料，种类繁多，包括氧化钛（TiO_2）、氧化锌（ZnO）、氧化锡（SnO_2）、二氧化锆（ZrO_2）、硫化镉（CdS）等多种氧化物硫化物半导体，一般呈粉末状。市场提供的光触媒产品主要有液态及气态两种，产品形式如图4-16所示，其中图4-16（b）为气态，其余为原液。液态的产品使用时需要与一定比例的清水稀释搅拌均匀后方可倒入喷枪中使用；气态包装属于DIY型，可直接喷洒于车内就完成光触媒施工，不建议专业汽车美容店使用。

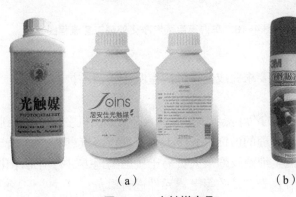

（a）　　　　　　　　　　　　（b）

图4-16　光触媒产品

（a）光触媒原液；（b）气态光触媒

2. 汽车蒸汽消毒液

汽车蒸汽消毒液也称蒸汽机专用桑拿液，此类产品专用于汽车内室杀菌消毒，能去除异味，并可深层渗透，活化污渍，易于清洁；能补充水分代谢，延长内饰使用寿命，如图4-17所示。每次药液与清水按1∶10的比例一起加入高温蒸汽消毒机中，并通电加热形成带杀毒药液的高温蒸汽。

图 4-17　汽车蒸汽消毒液产品

三、项目实施

作业一　车内高温蒸汽净化处理

车内高温蒸汽净化处理工艺流程图如图 4-18 所示，具体操作如下：

图 4-18　车内高温蒸汽净化处理工艺流程图

1. 清洁护理

按项目一车内除尘护理要求完成前期的内室吸尘、清洁护理工作。

2. 高温蒸汽消毒

（1）按产品说明将适量的汽车蒸汽消毒液加入高温蒸汽机中，加热直到有足量的蒸汽喷出。

（2）对已经经过清洁护理的内饰件，由上到下进行蒸汽熏蒸，操作流程可按吸尘的顺序进行。重点加强对易于滋生细菌及驾乘人员易于接触的地方进行消毒净化。在蒸汽熏蒸操作时，不可用蒸汽直接对着仪表、开关等电器元件进行熏蒸。

3. 空气净化

消毒完毕后，可以选择适合的香型，喷洒少量空气清新剂，使乘坐环境更为舒适。为了得到清新的空气环境，还可采用如下措施：启动发动机，提高转速到 1 500～2 000r/min，将空调打到内循环，打开鼓风机，保持 5min，可使车内空气焕然一新。

4. 收尾工作

（1）将移出物品归位。

（2）断开蒸汽消毒机电源，并将残余的高温蒸汽全部放掉。

(3)将作业所用的工具、设备及物品归位,清洁场地。

作业二　内饰光触媒净化处理

车内内饰光触媒净化处理工艺流程图如图4-19所示,具体操作如下:

图4-19　车内饰光触媒净化处理工艺流程图

1. 准备工作

(1)降下车窗,打开车门,保持通风,将车内影响喷涂作业的物品转移到安全地方。

(2)将清洁的喷枪与空气压缩机相连,并进行空喷射以排除喷枪及管内的水分。

(3)将白色牛奶状的液态光触媒注入喷枪,并进行试喷。在距离试板(通常为30cm×40cm的纸箱板)30cm垂直距离处,对准试板中心喷射,调整喷枪喷涂量调节旋钮便喷射,带宽度达到在喷射中心上下各10cm内为最佳喷射状态。

2. 清洁护理

按项目一车内除尘护理要求完成前期的内室吸尘、清洁护理工作。

3. 喷涂光触媒

待车内各清洁部位干燥后,依顺序进行光触媒操作,喷涂顺序与吸尘顺序相同。为防止将光触媒喷涂到玻璃、顶灯、内后视镜、开关、门把、饰条上,应在喷涂时用试板配合遮住上述部件,也可用遮盖的方式在喷涂前用遮盖纸进行遮罩包扎。

喷涂时掌握节奏,力求均匀,避免遗漏,操作如图4-20所示。

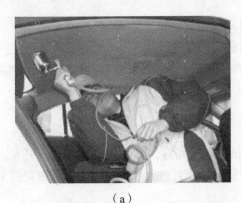
(a)

(b)

图4-20　光触媒喷涂

(a)喷涂顶棚;(b)喷涂地板

提示：施工时避免光触媒溅落在前后挡风玻璃、门窗玻璃、开关、胡桃木饰板等高光洁度表面和仪表台等明显部位，以免光触媒固化成膜后造成视觉和触觉的影响。

4. 光触媒净化

（1）确认喷涂完毕后，用紫外线灯管对车内进行照射，以便加速催化作用。

（2）升起车窗，关上车门，启动发动机，开启空调，并将空调置于车内循环和上半身送风状态，运行 3～4min。

（3）关闭发动机，打开车门，等待 10min，使光触媒喷涂到的部位完全干燥。

5. 收尾工作

（1）将移出物品归位。

（2）清洗喷枪。方法是在喷涂结束后将热水或清洗液倒入储液罐内，进行水喷雾。将吸管和喷嘴洗干净，用布擦掉储液罐内的水分。

作业三　内饰臭氧净化处理

车内内饰臭氧净化处理工艺流程图如图 4-21 所示，具体操作如下：

图 4-21　车内饰臭氧净化处理工艺流程图

1. 清洁护理

按项目一车内除尘护理要求完成前期的内室吸尘、清洁护理工作，并移出车内物品。

2. 消毒作业

（1）关闭车窗，让车内形成一个封闭的空间。

（2）将臭氧消毒机的输出管通过门缝伸至车室中间位置，如图 4-15（b）所示。

（3）将消毒机接上电源，并按前面所述的操作方法开启消毒机，并按表 4-3 控制消毒作业时间。

注意：此步作业时，不能随意打开车门。

3. 静放换气

臭氧杀菌消毒项目的施工时间应 15～30min。施工完后，车主不能立即打开开车，要敞开车门几分钟，让车内没有反应完的臭氧充分反应后才可进入车内，因为臭氧极强的氧化性将对人体产生一定的危害。

4. 空气净化

清毒完毕后，可以选择适合的香型，喷洒少量空气清新剂，使乘坐环境更为舒适。为了得到清新的空气环境，还可采用如下措施：启动发动机，提高转速到 1 500 ~ 2 000r/min，将空调打到内循环，打开鼓风机，保持 5min，可使车内空气焕然一新。

5. 收尾工作
（1）断开臭氧消毒机电源。
（2）将移出物品归位。
（3）将作业所用的工具、设备及物品归位，清洁场地。

项目 3　发动机室美容

学习目标

1. 能正确描述发动机室美容的意义。
2. 能正确描述发动机室污垢的种类与去污机理。
3. 能正确描述发动机室清洁护理剂的类型与特性。
4. 掌握发动机室的清洁与护理操作。

一、项目情境引入

最近陈先生跑了趟长途，发动机水温表温度偏高，并感觉有焦味。停车检查，发现所闻到的焦味是由发动机舱传过来的，打开发动机舱盖一看，发动机室内特别脏，发动机周边形成一层油泥脏污层，水箱散热片上的污垢也很严重。

最后，陈先生低速将车开到专业汽车美容店进行发动机室美容。问题解决。

二、项目相关知识

（一）发动机室美容的必要性

发动机是汽车"心脏"，发动机性能的好坏直接影响到汽车的使用性能。汽车前舱安放发动机的空间称为发动机室，绝大部件轿车的发动机都是在车辆的前部，打开发动机罩就能看到。

由于汽车行驶环境复杂，发动机需要不断向外散热，使得发动机室密封问题始终没有得到根本的解决，致使汽车在行驶过程中卷起的沙土从发动机室下方进入，飞落于发动机表面；加之发动机长时间在高温下工作，会使发动机表面形成厚厚的油泥性腐蚀物，长时间将会渗透于发动机表面各部件，造成金属生锈、塑料件老化变形等现象，从而导致发动机故障。因此，必要的发动机室美容是保证发动机正常工作的前提条件。

（二）发动机室美容用品

1. 引擎外部清洗剂

引擎外部清洗剂又叫发动机外部清洗剂，又称机头水，如图 4-22 所示。此类产品多为轻质类除油剂，分解去污能力强，对各种材质的部件无腐蚀性，一般适用于大部分汽车的金属、塑料、橡胶等部件，对发动机表面的机油、制动液、电瓶水等渗透性极强的化学液体有很好的清洁作用。

图 4-22 发动机外部清洗剂

2. 电器清洗剂

这类产品的特点是具有极好的挥发性，具有清洁、防潮、润滑等功能，能有效避免清洗后汽车电器设备因水分长期潮湿不散而造成的短路现象，可安全使用于蓄电池、分电器及汽车音响等各类电器元件上，如图 4-23 所示。

图 4-23 电器清洗剂

另外，发动机室美容还需要塑胶保护剂、金属抛光剂、金属保护剂，这些产品已经在前面已经介绍过，在此不再重复介绍。

三、项目实施——发动机室清洁护理

发动机室清洁护理操作工艺流程图如图 4-24 所示，具体操作如下：

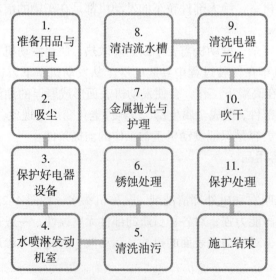

图 4-24 发动机室清洁护理工艺流程图

1. 准备用品与工具
(1)毛刷:辅助清洗工具,清除顽固污渍。
(2)保护膜:防水功能,保护电器元件。
(3)引擎外部清洗剂、电器清洗剂及金属保护剂、发动机保护剂。
2. 吸尘
打开发动机舱盖,用吸尘器进行吸尘处理,原则是由高到低,由里到外,可先对动机舱盖吸尘处理,再清洁发动机室,如图 4-25 所示。

图 4-25　发动机室吸尘处理

3. 保护好电器设备
用锡箔纸或保护膜等防水材料扎紧不宜水淋的部件,主要是包扎保险盒、发电机、高压线圈、汽车控制主电脑等电器元件,以防清洁时进水造成损伤。

4. 用低压水流喷淋发动机室
将水枪扇面调至最大,水压尽量低一些,能将尘土冲掉、将发动机淋湿即可。前风窗玻璃与发动机室隔热空间内最容易积留树叶、污泥和灰尘等污物,且很容易被空调风机带进驾驶室内,一定要仔细冲洗,操作如图 4-26 所示。

图 4-26　低压水流冲洗发动机室

5. 清洗油污
可使用较强的引擎外部清洁剂或化油器清洗剂,将其喷涂在油污处,2~3min 后,冲掉泡沫和污水,油污严重的要用毛刷仔细刷洗。冲洗干净的发动机变得干净清爽,但要观察是发动机及附件件表面是否有其他的损伤,如图 4-27 所示。

去污作业完成后,务必观察是否仍有油渗出,如有需要进行维修作业。同时还要注意:做完发动机室美容,启动发动机运转数分钟后,再次观察原油污点,如有渗油需进行维修作业。

图 4-27 清洗发动机外表的油污

6. 锈蚀处理

锈蚀处理应使用清洁除锈剂。将除锈剂喷涂在锈蚀处，待其作用 10min 左右，用硬毛刷刷洗或用细砂纸进行砂光处理，然后用软布擦干。

7. 金属抛光与护理

锈蚀处理后仍不彻底可进行抛光处理。方法是将金属抛光剂涂于被抛光金属表面，然后用毛巾手工进行反复擦拭，直至光亮平整，然后喷上金属护理剂即可。

8. 流水槽的清洁

前挡风玻璃下、发动机盖与两前翼子板结合处的流水槽，大部分很脏，可先用清水冲洗，然后进行泡沫清洗，配合软毛刷刷洗，最后用干净软布擦干，喷涂橡胶护理剂，防止老化。

9. 电器元件的清洗

（1）去掉电器设备保护膜。

（2）用清洗剂喷涂于电器表面，并用干净半湿毛巾快速擦拭清洁。

（3）使用多功能防腐润滑剂喷涂一遍，可防止电器元件接头受潮、腐蚀。

（4）蓄电池的清洁。应将蓄电池从车上拆下，用专用的电子清洗剂清洗，同时配合毛刷刷除污垢。

10. 吹干

用高压气体将整个发动机室全部吹干，特别是电器元件更要仔细，防止进水导致通电后出现短路现象。

11. 保护处理

喷洒发动机室护理剂，再用柔软的干净毛巾反复擦拭，即可完成对发动机室的护理工作，如图 4-28 所示。此步处理可大大降低灰尘黏附，如果时间长了又有灰尘堆积，用压缩空气吹净即可。

图 4-28 发动机室护理

12. 结束作业

结束发动机室清洁护理工作，并做好收尾工作。

思考与练习

一、填空题。

1. 汽车内饰美容主要包括_____、_____，以及_____。
2. _____对驾乘人员会产生严重的生理及心理影响。通过对_____、_____使车室空间保持清新的空气和整洁的环境，给驾乘人员营造一个温馨、舒适的乘坐环境。
3. 车内主要净化处理措施方法有_____、_____与_____。
4. 汽车内污垢的种类主要分为_____、_____、_____三类。
5. 要想有效地清洗污渍需要_____、_____、_____、_____四个方面的作用相互配合。
5. 按皮革的层次分可分为_____和_____两大类。
6. 高温蒸汽清洗机用于清除汽车驾驶室及车厢内的各种污渍，并有_____及_____功能。
7. 专用脱水机又称_____，主要由_____、_____、支座、传动系统和控制板等构成，主要功能为毛毯及座套等内饰物的_____和_____。
8. 发动机是汽车的_____，发动机性能的好坏直接影响到汽车的_____。

二、选择题

1. 汽车内饰同于外饰，可用水或混合液体冲洗，这一说法（　　）。
   A. 正确　　　　　　B. 错误　　　　　　C. 不确定
2. 下列属于水溶性污垢的有（　　）。
   A. 泥沙　　　　　　B. 盐　　　　　　　C. 润滑油　　　　　D. 沥青
3. 氨水可以用来清洗（　　）造成的汽车内饰污染。
   A. 血迹　　　　　　B. 尿液　　　　　　C. 呕吐物　　　　　D. 口香糖
4. 冰块冷处理办法可以有效清除污染内饰的（　　）点。
   A. 血迹　　　　　　B. 尿液　　　　　　C. 呕吐物　　　　　D. 口香糖
5. 当进行空气净化时，应使汽车空调处于（　　）运行。
   A. 内循环　　　　　B. 外循环
6. 当车轮上有不易清除的污点时，应使用（　　）刷子清除。
   A. 铜制　　　　　　B. 塑料　　　　　　C. 钢制　　　　　　D. 软毛
7. 光触媒是一种化工原材料，种类繁多，下列选项不属于光触媒原材料的是（　　）。
   A. 氧化钛（TiO_2）　B. 氧化锌（ZnO）　C. 氧化铜（CuO_2）　D. 二氧化锆（ZrO_2）

三、判断题

1. 汽车内饰可以在车内采取水洗的方式进行。（　　）
2. 汽车内饰护理剂的主要作用是上光、耐磨、防老化。（　　）
3. 专业型吸尘器具有较好的防水性，而且集吸尘、吸水、风干的功能。（　　）
4. 专业型吸尘器每次使用前，先将集尘袋清理干净。（　　）
5. 吸尘器要吸水需要将过滤袋拿出。（　　）

6. 光触媒可用于清洁空调内的通风通道。（　　）

7. 消毒车型车内室体积越大，则消毒的时间越长。（　　）

四、简答题

1. 简述车内空气污染的主要来源。

2. 描述车内污垢的演变。

3. 简述皮革变硬的原因。

4. 简述光触媒的工作原理。

5. 简述发动机室美容的意义。

五、操作题。

1. 汽车内室清洁护理作业。

2. 汽车内室高温蒸汽净化作业。

3. 汽车内室光触媒净化作业。

4. 臭氧消毒净化作业。

5. 发动机室清洁护理作业。

5 学习情境

外饰美容

车表外饰件占车表的面积不大,但部件多且作用大,常见的有挡风玻璃、车窗玻璃、后视镜、车灯、轮毂、轮罩、保险杠及饰板等,这些外饰件对提高汽车装饰性与美观性,以及突显汽车的个性,有着重要的作用,因此对这些外饰件进行专业的美容护理作业是非常必要的。

外饰件美容主要包括玻璃的清洁及防雾防水处理、玻璃抛光镀膜处理、车轮清洁与护理、保险杠及饰板清洁与护理美容等作业项目。对这些部件进行针对性的清洁、护理、抛光作业是非常有必要的:其一,能确保行车安全,并给驾乘人员美的享受;其二,可以提升车表装饰效果,并延长外饰件的使用寿命。

项目1 汽车玻璃美容

 学习目标

1. 能正确描述玻璃的种类与特性。
2. 能正确描述汽车玻璃美容用品的特性与用法。
3. 熟悉和掌握玻璃清洗和抛光工具、设备的使用方法。
4. 掌握汽车玻璃清洁作业。
5. 掌握汽车玻璃防雾防水作业。
6. 掌握汽车玻璃抛光镀膜作业。

一、项目情境引入

一辆上海大众波罗轿车,行驶里程为 40 000km,夜间行驶时,大灯的照度足够,但由于玻璃氧化且长久不做玻璃清洁,而致使前风挡玻璃透光率下降,最终导致了一场交通事故。

二、项目相关知识

汽车玻璃犹如车的窗口,它在汽车的整体安全上也扮演了一个重要的角色,这是驾驶员最容易感受得到的。明亮、坚固的车窗给车主带来安全的行车保障，带来了一片清晰的视野和一个舒畅的驾车心情。冬天汽车风挡玻璃上很容易结冰霜，夏天汽车风挡玻璃上经常会有很多虫胶，一年四季都会黏附无数的灰尘，而且如果没有正确的护理，玻璃在使用中日积月累易形成氧化层，会给驾驶员造成很大的麻烦，因此汽车玻璃的正确和及时的美容护理是必不可少的。

汽车玻璃美容主要包括汽车玻璃专业清洁处理、汽车玻璃防雾防水处理及汽车玻璃抛光镀膜处理。

（一）汽车玻璃

现代轿车外形的发展与玻璃工艺的发展息息相关，制造厂商总是从汽车安全和外观的角度去研究和开发汽车玻璃，不断推出新的品种。

1. 汽车玻璃的选用标准

一般的汽车采用的硅玻璃，其中主要成分二氧化硅含量超过70%，其余由氧化钠、氧化钙、镁等组成，通过浮法工艺制成。在制作过程中，材料加热到1 500℃时融化，溶液通过1 300℃左右的精炼区时浇注到悬浮槽上，冷却到600℃左右，在此阶段形成质量特别好的平行的两面平面体，再通过冷却区域后形成玻璃，并被切割成规定的尺寸。然后玻璃进一步加工成钢化玻璃或夹层玻璃。加工完毕的成品汽车玻璃，从外观上看应没有明显的气泡和划痕。

2. 前风挡玻璃

汽车玻璃美容主要以前风挡玻璃为主。许多轿车风挡玻璃还通过镀膜，采用反射涂层工艺或改善玻璃的成分，只让太阳可见光进入车厢内，挡住紫外线和红外线，这在很大程度上减轻了乘客受到的炎热之苦。

3. 汽车玻璃的种类

随着汽车玻璃技术的发展，满足不同功能的新型汽车玻璃陆续出现，下面介绍几种汽车上使用的特殊类型玻璃。

1）中空玻璃

中空玻璃是由两片或多片浮法玻璃组合而成，玻璃片之间夹有填充了干燥剂的铝合金隔框，用丁基胶粘接密封后，再用聚硫胶或结构胶密封。

2）包边玻璃

包边玻璃是汽车安全玻璃的总成化产品。玻璃包边设计不仅体现了汽车厂家对审美的要求，同时也使玻璃与车体更紧密地结合在一起，具有提高汽车生产线装配效率、缩短装配周期和增强玻璃强度、提高密封性、降低噪声等优点。

3）防弹玻璃

防弹玻璃是由三层以上的玻璃与PVB胶片组合所产生的夹层玻璃，可以成功地抵御子弹的穿透及子弹击碎的玻璃碎片的伤害。

4）憎水玻璃

使用憎水玻璃，在下雨时，雨水会迅速从上方滑出风窗玻璃的范围，可以增加驾驶者的视野，减少事故的发生。

5）天线玻璃

天线玻璃是在玻璃夹层中夹有很细的铜丝，用以取代拉杆天线，可以避免天线拉杆拉进拉出的麻烦。

（二）汽车玻璃美容类别

常见的汽车玻璃美容主要有汽车玻璃专业清洁处理、汽车玻璃防雾防水处理及汽车玻璃抛光镀膜处理。

1. 汽车玻璃专业清洁处理

汽车玻璃专业清洁处理是指通过专用汽车玻璃清洗剂，按规范操作工艺对汽车玻璃进行针对性的清洗作业，它有别于普通的泡沫清洗。

2. 汽车玻璃防雾防水处理

汽车前风挡玻璃雾会严重地影响正常驾驶，同时倒车后视镜起雾珠也将影响汽车正常行驶，因此对汽车玻璃做防雾防水处理是非常必要的，其操作主要是通过喷洒或擦拭汽车玻璃防雾剂、驱水剂等产品于已清洁的玻璃表面，就可实现防雾驱水效果。

3. 汽车玻璃抛光镀膜处理

玻璃镀膜是在汽车前风挡玻璃及车身玻璃处涂抹一层镀膜液，从而增加风挡玻璃的拨水性，使玻璃在雨中不挂水，特别是高速行驶的时候，能提高雨天行车的安全性，减少雨刮器的使用。另外镀膜处理使玻璃不易沾土，能保护玻璃的清洁与透亮性。

汽车玻璃抛光镀膜作业与效果如同漆面镀膜一样，对玻璃的氧化层进行抛光处理，同时为保护其持续的抛光的效果，必须进行镀膜处理，这样还可提升玻璃的装饰效果。本作业的核心是抛光与镀膜，抛光所用工具与用品见学习情境三"漆面美容"，玻璃镀膜主要用汽车玻璃镀膜液来实现。

（三）汽车玻璃美容用品

对应上述汽车玻璃美容作业类型，所需要的汽车玻璃美容用品主要包括玻璃清洁剂、汽车防雾剂、玻璃防雨（驱水）剂、玻璃抛光剂等产品，如表5-1所示。

表5-1 汽车上玻璃清洁防护用品

类型	品名	产品包装	产品性能及功用
汽车玻璃清洗剂	美国龟博士白金高纯玻璃液		含有油脂速溶剂和表面活性剂，可快速去除玻璃表面污垢，可使玻璃达到最佳光泽效果和清洁效果 使用方法：摇匀本品，将液体涂于或以雾状喷于物体表面，用干毛巾擦拭均匀，稍微抛光即可
汽车玻璃清洁液	美国牛魔王汽车玻璃清洁液		从根部护理漆面，渗透漆孔，润泽去污，展现车体明艳光泽。能抵抗各种外界侵蚀，更独有3M专利THV材料，使釉层耐用持久
汽车玻璃防雾剂	日本CARMATE快美特汽车玻璃防雾剂		（1）专门针对因温差变化致使玻璃表面出现的雾珠现象，具有卓越的防雾效果，冬天、雨天必备 （2）无磷环保，效果持久，适合各种玻璃制品 （3）轻轻一擦即防止雾产生，玻璃干净透明，视野清晰

续表

类型	品名	产品包装	产品性能及功用
汽车玻璃驱水剂	日本快美特CARMATE汽车玻璃驱水剂		本品能有效防止温差变化致使玻璃表面出现的雾珠，使用后风挡玻璃更加干净，清晰透明。特别适合于冬季、雨天使用 使用说明： （1）彻底清除玻璃上的脏物 （2）摇匀液体，取出外盖，将擦头靠在玻璃上，挤出少量液体 （3）将擦头在玻璃表面以打圈的方式均匀而不留缝隙的涂满 （4）约5min后，使用拧干的湿毛巾，擦拭玻璃表面
玻璃抛光剂	德国SONAX汽车有机玻璃抛光剂		本品采用环保配方，适用于所有的有机玻璃及灯罩、塑料件抛光护理，能迅速去除玻璃上的细微划痕，同时在玻璃表面形成一层保护膜，令玻璃光泽明亮，同时气味清新，不含任何有害成分，对人体健康无任何不良影响 使用说明 （1）使用前摇匀本品 （2）使用干燥的微纤维布或海绵将本品均匀地涂抹在玻璃表面 （3）稍等片刻，用干燥的微纤维布或海绵擦拭干净即可 （4）既可做手工抛光，也可使用玻璃抛光机进行机抛

（四）玻璃抛光机

玻璃美容与车表清洗所用的工具相差无几，最大区别是在进行玻璃抛光镀膜时需要用到玻璃抛光机，由于玻璃抛光机属于气动设备，因此还需要空气压缩机及油水分离器。下面主要介绍玻璃抛光机，如图5-1所示。

玻璃抛光机，又称为玻璃抛光辊，是在玻璃专用抛光剂的共同作用下，用于研磨抛光玻璃表面，从而去除划痕及氧化层，恢复玻璃的平整与光泽，其转速较高，达到了10 000r/min。玻璃抛光时最适合F形的把手单手作业的迷你型抛光机，操作轻松，快捷方便，两次即可完成磨削不同厚度玻璃的直边、圆边、异形边抛光作业。

图5-1 玻璃抛光机

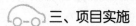

三、项目实施

作业一　汽车玻璃清洁

汽车玻璃清洁操作工艺流程图如图5-2所示，具体操作如下：

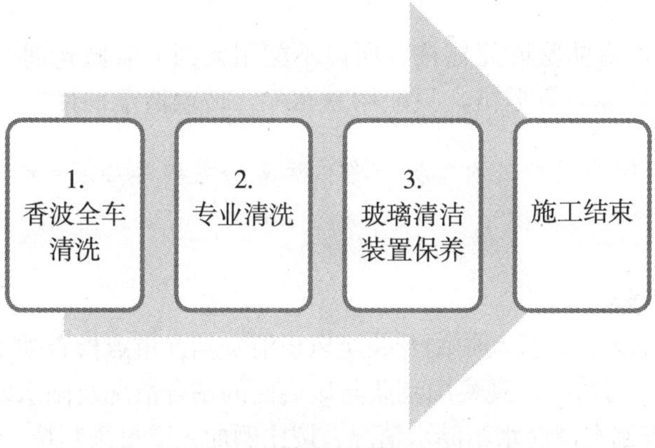

```
1.香波全车清洗 → 2.专业清洗 → 3.玻璃清洁装置保养 → 施工结束
```

图 5-2　汽车玻璃清洁操作工艺流程图

1. 香波全车清洗

用洗车香波清洗车身，玻璃上附着的沙粒、尘土等污物在浸润后被高压水流冲掉。如果只清洁玻璃，可先在玻璃上喷洒清水，用手触摸，感触较大尘粒，可用专用塑料刮刀将其刮除干净，如图 5-3 所示。

图 5-3　玻璃清洗

2. 专业清洗

用海绵蘸上适量玻璃清洁剂，均匀地擦拭玻璃的内外表面，静置一段时间，待已擦拭的表面变白后，再用干净柔软的棉布擦拭，去除表面尘污，如图 5-4 所示。

图 5-4　专业清洗

3. 清洗前风挡玻璃

清洗前风挡玻璃。将风挡玻璃抛光剂涂满整个玻璃，稍待片刻，再用干净软布做直线擦拭，直到将玻璃擦亮。

4. 清洗后风挡玻璃

后风挡玻璃内侧因有防雾除霜栅格，所以不能用风挡玻璃抛光剂处理。清洁后风挡玻璃时千万要小心，不可破坏防雾栅格，只能用软布配合玻璃清洁剂横向仔细擦拭。

> **提示**：玻璃的内侧外侧都必须擦拭干净，防雾除霜栅格必须横向擦拭，不然容易弄断电热线材。

5. 玻璃清洁装置保养

检查汽车玻璃清洁装置，拨动雨刮开关至风窗清洗挡，重点检查喷水器工作情况，观察喷水时的水流形状及喷射力情况，观察雨刮条与玻璃面的贴合情况及雨水印迹，若存在问题应及时的修理或更换；检查刮水器储水箱储水情况，按比例加入适量雨刮精（玻璃保护剂）及清水。

6. 结束作业

将作业所用用品与工具归位，清洁场地，做好收尾工作。

作业二　汽车玻璃防雾防水处理

汽车玻璃防雾防水操作工艺流程图如图5-5所示，具体操作如下：

图5-5　汽车玻璃防雾防水处理工艺流程图

1. 清洁玻璃

按作业一将玻璃清洁干净。

2. 准备驱水剂

将汽车玻璃驱水剂左右晃动，摇匀液体，取出外盖，即可见软质擦头及出溶剂口，如图5-6所示：

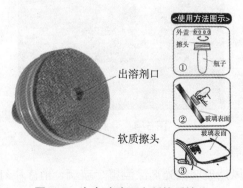

图5-6　汽车玻璃驱水剂软质擦头

3. 擦拭驱水剂

将擦头靠在玻璃上,挤出少量液体,将擦头在玻璃表面以打圈的方式均匀而不留缝隙的涂满,操作如图 5-7 所示。

图 5-7 驱水剂擦拭操作

4. 毛巾擦拭

约 5min 后,使用已拧干的湿毛巾,擦拭玻璃表面,即完成全部驱水处理作业,驱水效果如图 5-8 所示。

图 5-8 驱水效果对比

注意:有些玻璃防水产品是通过喷洒的方式来实施的,其操作要点是将产品摇匀后距离玻璃 10~15cm 处,喷于玻璃外表面,等待 2~5min 后用干的无纺毛巾以画圈的方式轻轻擦拭擦干。

5. 防雾处理

(1)按作业一将待处理的汽车玻璃内侧表面清洁干净。

(2)将玻璃防雾剂摇匀后距离玻璃 10~15cm 处,喷于玻璃内表面,等待 2~5min 后用干的无纺毛巾以画圈的方式轻轻擦拭擦干。作业后与蒸汽喷熏玻璃表面后的效果对比,如 5-9 所示。

图 5-9　防雾效果对比

6. 结束作业

将作业所用用品与工具归位，清洁场地，做好收尾工作。

作业三　汽车玻璃抛光镀膜处理

汽车玻璃抛光镀膜操作工艺流程图如图 5-9 所示，具体操作如下：

图 5-10　汽车玻璃抛光镀膜工艺流程图

1. 清洁玻璃

按作业一将玻璃清洁干净。

2. 遮盖

为了避免在作业过程中对车身漆面造成伤害，应在车舱板左右部位铺上大毛巾，如图 5-10 所示。

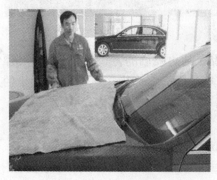

图 5-10　车漆防护

3. 洗车泥清除微粒

一般清洗是很难去除肉眼看不清楚的微粒,必须利用洗车泥的黏性将玻璃面上的微粒去除。操作时可按横—纵—横的方向进行移动。操作时要注意,由于洗车泥黏性较大,所以不可用画圆的方式进行移动,不可用力过大,每次操作面积也不能过大。操作完后用麂皮擦拭水分。

4. 抛光打底处理

经过上面几道工序处理,玻璃已经洁净了,为了去除玻璃本身长时间使用留下的不平整,已利于其后的镀膜、贴膜效果,故需要进行打底处理。应准备的用品是玻璃专用研磨剂,工具是抛光机及喷雾器。具体步骤是:

(1)先将少许玻璃专用研磨剂涂在抛光机底板表面上。

(2)用喷雾器在玻璃的表面喷洒一层薄水雾,然后将抛光辊放在玻璃上开始研磨,如图5-12所示。

注意:研磨时应使研磨剂均匀涂布在一定区域的面积上,逐步将每个细分区域打磨完,抛光辊应按横—纵—横的方式不停地打磨,并适时用喷雾器在玻璃面上喷洒一层水雾,避免干磨。

图 5-12 玻璃研磨

(3)研磨作业完成后,用干净的湿毛巾,将研磨剂全部擦拭干净,并用大量清水结合海绵冲洗干净,用车巾拭干水分,特别是边框处可用气枪吹干。

5. 玻璃镀膜

玻璃镀膜分三步:基层镀膜、外层镀膜及检验。

1)基层镀膜

第一道工序为涂布。方法是将一块干净的纯棉毛巾将块状海绵平整地包裹好,在涂布的工作面上滴入适量基层镀膜剂,然后从玻璃左边开始上下往复直接涂布,然后涂布玻璃右边。第一次涂布完成后,更换新的毛巾,进行第二次涂布,路线一样。

第二道工序为干燥。干燥时间需依据操作室室温而定,一般是在启动防霜器情况下,不达10℃时需要干燥15min;10℃~30℃时干燥时间为5min。当在30℃以上时,不需要防霜器,直接采用自然干燥,时间仅为5min。

2)外层镀膜

涂布的操作方法与基层镀膜基本相同,不同之处是所采用外层镀膜剂是A与B种液等量喷涂于新换的毛巾上,然后进行涂布。

外层镀膜涂布完成后，应静置2～3min，使其自然干燥，若温度较低、湿度较重可以采用电吹风对其进行干燥。干燥完成后，使用湿毛巾对外层镀膜进行擦拭，确保镀膜面的清洁。

3）泼水检查

镀膜作业全程完成后，可对镀膜效果进行检测，一般通过泼水方式来检测。以较低水压喷洒在玻璃上，如果玻璃表面拨水性良好，且玻璃上附着的水分呈水珠状，说明镀膜效果良好。反之，如果水分贴着玻璃流动，即存在亲水状部分，则说明此部分镀膜不佳，可将水擦拭干净，重新镀膜。

6. 验收

检验标准是玻璃无污物、泥点，光泽好，触摸光滑无粗糙感，泼水效果明显，无亲水小板块出现。

> **提示：** 贴有防爆太阳膜的玻璃，有些只能用玻璃清洁剂处理贴膜面，不能用风挡玻璃抛光剂，不然不但不能清洁玻璃，反而会将膜面擦出划痕，影响采光效果。玻璃外侧和倒车镜可以采用风挡玻璃抛光剂进行处理，效果更加理想。

项目 2　橡胶件美容

 学习目标

1. 能正确描述橡胶件美容的必要性。
2. 了解汽车常用橡胶的种类。
3. 能正确描述橡胶件清洁护理剂的类型与特性。
4. 掌握橡胶件清洁与护理操作。

一、项目情境引入

一辆丰田花冠，使用了五年，出现如下变化：车内噪声明显提高，车门关闭的声音也略有变化，高速行驶时感觉有风渗入。经检查发现车门密封条老化。这一现象表明，适时的对汽车橡胶件进行美容护理是非常必要的。

二、项目相关知识

橡胶件在汽车外饰件上的应用主要是车轮、车窗及车门密封条、雨刮条等，特别是在车轮上应用最为常见。我国幅员辽阔，环境差异较大，而道路情况差别、轮胎驾驶环境差异也大。轮胎上经常附着泥水、尘土、油脂和沥青等污物，不仅影响美观，同时也会对轮胎起腐蚀作用，使轮胎过早老化，甚至龟裂。高速公路交通事故70%是由于爆胎引起的，给生命和财产造成了严重的损失。因此，对车轮的护理美容，既可提高车辆的美观性，更重要的是提高了车辆的安全性。

在汽车橡胶件美容项目中，最为常见的项目是车轮美容与全车密封条护理。车轮美容分为轮辋清洁护理美容及轮胎清洁护理美容。轮胎美容包括清洁、增黑上光等作业。轮辋美容

包括去除氧化斑、除锈、防锈及清洁去污。

（一）汽车上常用橡胶的种类

橡胶按来源不同可分为天然橡胶和合成橡胶两大类。

1. 天然橡胶

天然橡胶是由人工栽培的二叶橡胶树分泌的乳汁，经凝固、加工而制得，其主要成分为聚异戊二烯，含量在90%以上，此外还含有少量的蛋白质、油脂及酸、糖分及灰分。天然橡胶有很好的弹性和较高的强度，且耐曲挠性好，经试验曲挠20万次以上才出现裂口。但抗老化性差，不耐氧、不耐油、不耐有机溶剂，且易燃。

2. 合成橡胶

合成橡胶又叫人造橡胶，是由某些低分子化合物单体作原料，经过反复的化学反应，人工合成的具有天然橡胶特性的高分子聚合物。

1）丁苯橡胶

丁苯橡胶是丁二烯和苯乙烯的共聚物，其外观为浅黄色，有苯乙烯气味，其弹性、耐磨性、抗老化性均超过天然橡胶，但耐寒性、耐热性、耐曲挠性和可塑性较差。丁苯橡胶与天然橡胶共混，可以互相取长补短，使用更加广泛。其消耗量占合成橡胶总消耗量的80%，主要用于制造各种轮胎、胶带、胶管等。

2）顺丁橡胶

顺丁橡胶是丁二烯经溶液聚合制成的，顺丁橡胶具有特别优异的耐寒性、耐磨性和弹性，还具有较好的耐老化性能。顺丁橡胶绝大部分用于生产轮胎，少部分用于制造耐寒制品、缓冲材料以及胶带、胶鞋等。顺丁橡胶的缺点是抗撕裂性能较差，抗湿滑性能不好。

3）异戊橡胶

异戊橡胶是聚异戊二烯橡胶的简称，采用溶液聚合法生产。异戊橡胶与天然橡胶一样，具有良好的弹性和耐磨性，具有优良的耐热性和较好的化学稳定性。异戊橡胶生胶（未加工前）强度显著低于天然橡胶，但质量均一性、加工性能等优于天然橡胶。异戊橡胶可以代替天然橡胶制造载重轮胎和越野轮胎，还可以用于生产各种橡胶制品。

4）乙丙橡胶

乙丙橡胶以乙烯和丙烯为主要原料合成，耐老化，电绝缘性能和耐臭氧性能突出。乙丙橡胶可大量充油和填充炭黑，制品价格较低。乙丙橡胶化学稳定性好，耐磨性、弹性、耐油性和丁苯橡胶接近。乙丙橡胶的用途十分广泛，可制作轮胎胎侧、胶条和内胎以及汽车的零部件。

5）氯丁橡胶

氯丁橡胶是氯丁二烯的聚合物，其外观为黄色或琥珀色，力学性能与天然橡胶相似，耐老化性能好，耐热、耐油、耐化学腐蚀性比天然的橡胶好。氯丁橡胶具有良好的不易燃性，因为其一旦燃烧会放出氯化氢气体而阻止燃烧。此外，氯丁橡胶的不透气性比天然橡胶大5~6倍。氯丁橡胶的主要缺点是比重大，耐寒性差，受阳光曝晒容易变色，电绝缘性也差。氯丁橡胶多用于制造胶管、胶带、门窗嵌条、内胎等。

（二）橡胶美容用品

橡胶美容用品主要包括轮胎清洁剂、轮胎护理剂、橡胶保护剂等，也有产品将轮胎清洁与上光二合为一，产生轮胎清洁护理剂。

常见的轮胎清洁用品主要有通用型泡沫清洁剂、轮胎清洁剂、橡胶清洁剂等产品。护理方面轮胎保护剂实际上分两种，一种是以清洗功能为主的，在达到清洗目的的同时，对轮胎有增黑上光作用，产品中所含的硅酮树脂（上光物质）对橡胶具有保护作用；另一种是以上光为主的保护剂，它没有清洗功能，但上光功能很强，喷上后不用擦，数分钟后光亮如新，使用时要注意区分。

龟博士 T-327、尼尔森轮胎上光保护剂、莱斯豪轮胎增黑剂 LZ006 等产品都是一流产品。它们含有专门的聚合油脂，能恢复轮胎表面的自然光泽，提供持久的不受天气影响的光亮，对漆面或合金没有不利影响。单纯使用保护剂时，应将轮胎表面清洗干净，待其干燥后使用，喷洒或涂刷于车胎，等到晾干后即可。

橡胶件保护剂也可用来保护轮胎，它还应用于汽车上其他橡胶件如密封条、发动机上的部分管线、玻璃胶套等，也适用于工程塑料。这类产品是通过它的抗紫外线照射作用来防止橡胶及塑料的氧化，从而实现保护。

轮胎、轮辋美容用品特点及使用方法见表 5-2 所示。

表 5-2　轮胎美容用品

产　品	产品特点	使用方法	注意事项
3M 轮胎清洁剂	能够迅速、安全、完美的一步到位清洗轮胎，并能清除刹车积灰、沥青、油污以及尘土，还轮胎光亮的本来面目	（1）高速水流冲洗去轮胎上泥土 （2）将清洁剂均匀地喷洒于轮胎表面 （3）用坚硬的鬃毛刷用力擦拭，待污物流淌下后，再用高压水枪冲净轮胎	（1）远离高温、火星及明火场所。避免产品与孩子接触 （2）在通风良好处使用，避免吸入 （3）防止产品溅入眼睛，避免吸入其气体 （4）不使用时盖紧瓶盖，使用时要戴橡皮手套，用手接触后要洗手
轮胎泡沫上光剂	能有效清洁轮胎表面的污垢，能有效保持胎面洁净，延缓轮胎龟裂、老化	（1）清水洗净轮胎上的泥垢 （2）将本品摇匀，距车胎 20～30cm 处均匀喷射整个车胎侧面 （3）用抹布擦掉轮毂上的残留液	（1）不得靠近热源或火源，不得刺穿喷雾罐或焚烧，以免发生危险 （2）储存温度不得高于 50℃ （3）避免与儿童接触
轮胎保护剂	可用于轮胎、保险杠、橡胶密封条等物品。含硅酸树脂高分子聚敛物，能给轮胎一种长久的水晶光泽感和保护膜，并具有增黑以及抗紫外线功能	将轮胎清洗干净，风干。摇匀本品，距离轮胎 20～30cm 处，均匀喷于轮胎侧壁。不用擦拭，自然风干即可	本品属于易燃物品，应远离火源、热源、电源。严禁入口入眼。若入眼，立即用清水冲洗 15min。在 40℃下储存。不得刺穿喷雾罐或焚烧，以免发生危险

续表

产　品	产品特点	使用方法	注意事项
全能轮辋清洁剂	可安全地使用于各种轮辋表面，如镀铬型、清漆型、抛光型和亚光型等；可分解尘渍并洗刷干净；可去除积垢、水印、矿物质和制动片残渣	（1）用水冲湿车轮 （2）距车轮50cm，重点多喷沟槽、积垢以及制动片残渣等处 （3）等待15s后，让产品渗入表面。较脏的轮胎轮辋使用刷子擦拭 （4）用高压水流全面冲净 （5）用纯棉毛巾将车轮擦干	（1）不要在车轮高温时使用，擦洗后马上用清水冲洗 （2）放至在儿童触摸不到的地方，如不慎入眼立即冲洗 （3）本品不会对镀铬型、清漆型、抛光型和亚光型等铝质轮辋以及出厂时已喷漆的胎辋造成损害
橡胶保护剂	用于仪表板、轮胎等未喷漆的橡胶部件表面。有轻微清洁功能，用后产生色泽和光泽并长久保护。还原老化或风化的部件。可保护塑胶件，以免老化	直接喷在物体表面，用柔软毛巾擦出光泽即可；或者先喷到毛巾上再擦拭物体表面	（1）远离高温、火星及明火场所 （2）在通风良好处使用 （3）防止产品溅入眼睛，避免吸入其气体 （4）不使用时请盖紧瓶盖 （5）避免与儿童接触

三、项目实施——汽车车轮清洗护理

汽车车轮清洗护理操作工艺流程图如图 5-13 所示，具体操作如下：

1. 冲洗车轮　2. 清洗车轮　3. 轮辋清洗　4. 上光保护　5. 质检验收　施工结束

图 5-13　汽车车轮清洗护理操作工艺流程图

1. 冲洗车轮

用高压水枪冲洗车轮，冲掉大泥沙颗粒，注意此时要将水压调成柱状，大力冲射。

注意：轮胎温度过高时，不能冲洗，否则会使轮胎受损。

2. 清洗车轮

先摇晃车轮清洁剂,将清洁剂均匀地喷洒于车轮表面,接着用坚硬的鬃毛刷用力擦拭,待污物流淌下后,再用高压水枪冲净轮胎。如果车轮上附着沥青,可采用沥青清洗剂来去除。轮胎花纹上的石子必须清除干净。

3. 轮辋清洗

喷洒轮辋清洗剂,等待15s,让产品渗入表面后,用刷子彻底清洁,再用高压水流全面冲净,最后用纯棉毛巾将轮辋擦干,操作如图5-14所示。在清洗轮辋时,灵活运用大小刷子及轮辋清洗剂,将轮辋上污垢彻底去除。

(a)　　　　　　　　　　　　(b)

图 5-14　车轮清洗

(a)大刷子清洗;(b)小刷子清洗

4. 上光保护

确保轮胎清洗干净并风干后,摇匀轮胎保护剂,距离轮胎20～30cm,将车轮保护剂或橡胶保护剂均匀喷于轮胎侧壁。如果是液态轮胎蜡,则用刷子蘸液态蜡涂抹于车轮上,不用擦拭,自然风干即可,操作如图5-15所示。

 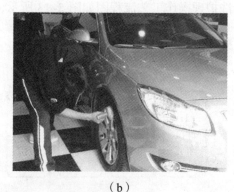

(a)　　　　　　　　　　　　(b)

图 5-15　轮胎上光

(a)刷子涂抹液态蜡;(b)侧壁喷保护剂

5. 质检完工

仔细检查轮胎与轮辋是否有遗漏,是否光亮如新。车轮清洁护理前后对比见图5-16所示。

(a) (b)

图 5-16 车轮清洁护理前后对比

(a) 护理前；(b) 护理后

项目 3　塑料件美容

学习目标

1. 能正确描述塑料的组成与类型。
2. 能正确使用塑料件美容护理用品。
3. 掌握塑料件清洁与护理操作。

一、项目情境引入

最近小王特别留意自己的一汽威驰轿车（行驶 7 年，15 万 km），发现车窗边框上的塑料件发白，尤其是门把手更是白得明显。这一现象让小王感到很懊悔：当初给爱车做汽车美容时为何不增加一项塑料件美容呢？

二、项目相关知识

塑料部件在汽车外饰件的运用中比较普遍，如后视镜架、保险杠、车门把手、车窗塑料件。这些塑料件在长期的风吹日晒中，极易褪色、老化甚至龟裂。因此，清洁护理及时塑料部件是非常必要的，既可以起到养护作用，达到延长使用寿命的目的，还可起到恢复表面原色、达到光洁如新的效果。

（一）塑料的组成与类型

1. 塑料的组成

1）主要成分

主要成分为合成树脂，占总质量的 40% ~ 100%。

2）辅助成分

（1）填料剂：填料剂可以提高塑料的强度和使用温度。常用填料有锯木屑、石棉、碳酸钙、亚硫酸钙及云母等。

（2）增塑剂：增塑剂可以增加可塑性，使塑料柔软，富有弹性，容易加工。常用的增塑剂有邻苯二甲酸酯类、癸二酸酯类、磷酸酯类等。

（3）稳定剂：稳定剂能防止塑料在加工和使用时分解变质，延长使用寿命。稳定剂在加工成型中不分解，能跟树脂互溶，在使用环境和介质中稳定。常用的稳定剂有硬脂酸铅、环氧化油。

（4）色料：为使制品美观、漂亮，加入一些有机染料和无机染料。

2. 分类

1）按成膜机理划分

可分为热塑性和热固性塑料。

（1）热塑性塑料：随着加热或冷却，热塑性塑料可以反复被软化和硬化。当加热时，就会变软，甚至熔化，因此是可熔的。

（2）热固性塑料：热固性塑料在加热时会发生化学反应，其中的催化剂或紫外线导致不可熔的状态，催化剂和树脂混合形成新的产品。热固性塑料是不可熔的。

2）按塑料件硬度划分

可分为弹性塑料和硬质塑料。

（1）弹性塑料：用特殊塑料胶质制造，是有弹性的漆料。

（2）硬质塑料：有些硬质塑料可能会受到涂装作业的影响，其耐撞击性相当弱。

（二）塑料件美容护理用品

塑料件美容护理用品见表5-3所示。

表5-3 塑料件美容护理用品

产　　品	产品特点	使用方法
伍尔特塑保护剂	可防止橡胶老化、脆裂，消除不同材料间的杂音。对于塑料件可提高亮度，防止老化，应用于洁净表面可防止灰尘吸附。适于车门密封条、天窗密封条、雨刮条、轮胎、保险杠、塑胶轨道、橡胶管等橡塑件的保护	摇晃均匀后喷涂于干净的橡胶或塑料件表面，并用质地柔软的干毛巾擦拭
塑料清洁剂	专门针对去除车门塑料件上的黑色鞋印而特别研制，去除迅速。对于清洗多年未清洗干净的塑料件有特效，用途广泛，使用方便	摇晃均匀后距离工作表面20~30cm，喷涂于干净的塑料件表面，并用质地柔软的干毛巾擦拭
塑胶保护翻新剂	适用于所有黑色外饰件（橡胶、塑料等黑色制品），主要用于橡胶、塑料件的密封、上光、修复、养护。可以有效去除橡胶、塑料的氧化、发乌、发白现象。适用于汽车裙边、橡胶密封件、轮胎、黑色保险杠及各种黑色橡胶、塑料装饰件等	（1）使用前将本品充分摇匀，倒于柔软毛巾或海绵上，直接涂抹于需要涂抹的部位，有凸凹的部位要反复涂抹完全 （2）将产品薄薄地涂于物体表层后，稍等3~5min，用柔软毛巾抛光即可

三、项目实施——塑料件清洁护理

塑料件清洁护理操作工艺流程图如图5-17所示，具体操作如下：

图 5-17　塑料件清洁护理工艺流程图

1. 清洗塑料件

原车状况如图 5-18 所示，可按车表清洗的方式先进行一次初洗，即塑料件清洗可以与车表清洗同时进行。

图 5-18　塑料件污垢状况

2. 精洗塑料件

将专用的塑料件清洁剂摇晃均匀后喷洒于塑料件上，用海绵反复擦拭，即可将污渍去除，如图 5-19 所示。

图 5-19　塑料件精洗

3. 上护理剂

操作方法是将塑胶护理剂直接均匀地喷涂在清洁而干燥的保险杠等塑料件上，即可达到护理美容的目的。

4. 塑胶件保护翻新

若护理处理后仍达不到较好的效果，可用塑胶保护翻新剂进行进一步的翻新。方法如下：

（1）使用前充分摇匀。

（2）倒于柔软毛巾或海绵上，直接涂抹于需要涂抹的部位。

（3）有凸凹的部位要反复涂抹完全。

（4）将产品薄薄地涂于塑胶件表层后，稍等 3～5min，用柔软毛巾或擦巾抛光即可。

项目 4　金属电镀件美容

学习目标

1. 能正确描述金属电镀件美容护理用品的特性和用法。
2. 掌握金属电镀件清洁与护理操作。

一、项目情境引入

车身表面上的金属电镀件常见的有防撞杆、保险杠、车标徽、发动机通风栅格、倒车镜架、车身装饰条、拉杆天线、轮边条、尾喉等。这些部件因长期暴露在外，风吹日晒，酸雨侵蚀，金属电镀光泽度逐渐下降，氧化增加，刮碰还可能出现锈斑，此时最好用专用抛光剂对电镀表层进行抛光上蜡护理，使其光亮如新。

二、项目相关知识

（一）金属电镀件的美容护理用品

金属电镀件美容护理用品的特点及使用方法如表 5-4 所示。

表 5-4　金属电镀件美容护理用品

产　品	产品特点	使用方法
除锈剂	本品集防锈、解锈、润滑、除湿、清洁、电导六大功能于一体，能快速去除金属体表和体内的水分、油污、顽固杂质微粒，并且留下致密保护膜。这层膜既有防锈保护作用，又有不粘灰的长效润滑作用	将产品晃匀，距车体左右将产品喷于车体污垢处；稍等 3～5min，待金属等污渍明显溶化后，用湿毛巾擦拭干净即可。重垢部分可重复一次
3M 镀铬件抛光蜡	能有效去除不锈钢及其他汽车金属（如黄铜、青铜或红铜）表面的锈蚀、氧化物、腐蚀物及暗哑	（1）先清洗需抛光的部位并风干 （2）将抛光剂倒在干净、柔软的棉质毛巾上，小范围涂抹 （3）大力擦拭直至抛光剂干透 （4）用干净、柔软的棉质毛巾打磨至光亮

续表

产　　品	产品特点	使用方法
金属护理剂	本产品具有润滑、渗透、防锈、除锈、防水等功能，能有效地清洁金属部件的垢渍，并迅速地在金属表面形成一层防潮保护层。适用于引擎、开关及各种电子设备的防护，可帮助受潮的引擎正常启动，兼具润滑剂功能	（1）摇匀后直立罐身喷射，距离15cm处轻轻一喷，再用柔软干布擦拭即可 （2）对小件物品或缝隙，可先喷在干布上然后擦拭。一喷一擦，除尘、上光、护理一次完成
龟牌铂金盾铬金抛光釉	为金属件、电镀件去污、除锈、密封，还原崭新光泽。采用专业级柔和金属抛光剂、防腐性合成树脂、高折射率聚合物、混合型树脂润滑剂等高科技原料，集去污、去划痕、抛光、上光、保护等五效合一的作用，不但可以去除各种常见症状，而且形成的镀膜保护涂层更能为部件提供长久的保护	（1）清洗擦干金属材质的轮毂或其他金属面，金属面温度不要太高 （2）使用前摇匀本品，倒在一块干燥、干净的棉布上，在金属表面摩擦，一次只在一小块区域使用 （3）持续抛光直至去除氧化物。有黑色残留物出现，可继续抛光直至达到满意的效果为止自然风干后即出现一层薄釉 （4）用干净，柔软的棉布擦掉黑色残留物

（二）金属电镀件的美容操作方法

由于空气中硫化气体和水分（或潮气）的存在，会造成金属电镀件因腐蚀而生锈、发暗，影响其装饰效果。当金属电镀件在日常使用过程中大面积、甚至全部失光时，应对其进行清洁护理。

1. 采用金属电镀件抛光剂清洁护理

对金属电镀件表面进行彻底清洗。擦干后，轻轻摇晃护理剂或抛光剂，用纯棉抛光布蘸少许涂抹在电镀件表面，对需要抛光的部位反复擦拭，直至光亮度满意为止，然后用清水冲干净。若表面锈垢严重，应先使用除锈剂进行除锈，然后再使用以上方法。

2. 使用美容洗车泥清洁护理

当金属电镀件表面通过上光无法恢复原有光泽时，可使用美容洗车泥进行清洁护理。金属电镀件表面不光滑、失去光泽是因为其表面黏附有金属氧化物、灰尘颗粒以及其他化合物颗粒。清洁护理时，将洗车泥揉捏成零件表面的形状，配合使用专用全能水，在需清洁的零件表面反复擦拭，使金属氧化物、锈迹颗粒等卷入洗车泥中，直至表面光亮如新为止。

三、项目实施——金属电镀件抛光护理

金属电镀件抛光护理操作工艺流程图如图 5-20 所示，具体操作如下：

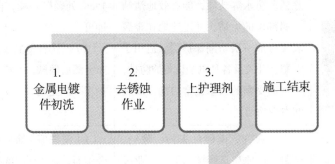

图 5-20　金属电镀件抛光护理工艺流程图

1. 金属电镀件初洗

用洗车香波清洗车身，去除金属件上附着的沙粒、尘土等污物。如果只清洁金属电镀件，可先用清水浸润，再喷洒香波清洗剂，用海绵擦拭，用清水冲洗掉即可，操作见图 5-21 所示。

图 5-21　电镀件清洗

2. 去锈蚀作业

初洗后可更为清楚地看清金属实际受损、受污情况，如果有锈蚀用海绵蘸上适量玻璃清洁剂，均匀地擦拭电镀件表面，静置一段时间，再用干净柔软的棉布擦拭，去除表面尘污。

3. 金属电镀件上光护理

用龟博士铂金盾铬金抛光釉进行上光护理作业，步骤如下：

（1）先清洗需抛光的范围并风干，注意温度不能过高。

（2）使用前摇匀铂金盾铬金抛光釉。

（3）将抛光釉倒在一块干燥、干净的棉布上，在金属表面摩擦，一次只在一小块区域使用。

（4）持续抛光直至去除氧化物。有黑色残留物出现，可继续抛光直至达到满意的效果为止。自然风干后，电镀件表面即出现一层薄釉。

（5）用干净，柔软的棉布擦掉黑色残留物，并打磨至光亮。

操作过程如图 5-22 所示。

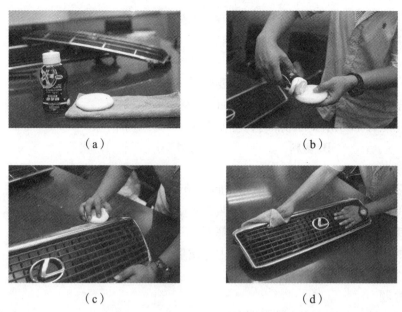

（a）　　　　　　　　　　　　　（b）

（c）　　　　　　　　　　　　　（d）

图 5-22　电镀件抛光

（a）准备抛光釉和棉布；（b）将抛光釉倒在棉布上；（c）持续抛光；（d）棉布擦掉残留物

思 考 与 练 习

一、填空题

1. 汽车外饰件主要包括＿＿＿＿＿、＿＿＿＿＿、＿＿＿＿＿、＿＿＿＿＿、轮毂、轮罩、保险杠与饰板。

2. 对汽车外饰件进行针对性的选择，＿＿＿＿＿、＿＿＿＿＿、＿＿＿＿＿作业是非常有必要的。

3. 汽车玻璃美容主要包括＿＿＿＿＿、＿＿＿＿＿及＿＿＿＿＿。

4. 汽车玻璃的种类有＿＿＿＿＿、＿＿＿＿＿、＿＿＿＿＿、＿＿＿＿＿四类。

5. 汽车外饰橡胶件主要有＿＿＿＿＿、车窗及车门＿＿＿＿＿、＿＿＿＿＿等。

6. 橡胶按来源不同可分为＿＿＿＿＿和＿＿＿＿＿两大类。

7. 塑料的主要成分为＿＿＿＿＿，占总质量的 40%～100%。

8. 汽车常见金属电镀件主要有＿＿＿＿＿、＿＿＿＿＿、＿＿＿＿＿、＿＿＿＿＿、倒车镜架、车身装饰条、拉杆天线、轮边条、尾喉等。

9. 金属电镀件的清洁护理方法有＿＿＿＿＿、＿＿＿＿＿两种。

二、选择题

1. 一般的汽车采用硅玻璃，其中主要成分（　　）含量超过 70%，其余由氧化钠、氧化钙、镁等组成。。

A. 碳酸钙　　　　B. 二氧化硅　　　　C. 硅酸钙

2. 带有防雾除霜栅格后风挡玻璃内侧不能用风挡玻璃抛光剂处理，这个说法（　　）。

A. 正确　　　　B. 错误　　　　C. 条件不足无法判定

3. 汽车玻璃的清洗使用（　　）。

A. 清水　　　　　B. 肥皂水　　　　C. 洗衣粉水　　　D. 专用清洗液

4. 当玻璃上有不易清除的污点时,只能使用(　　)刮片,顺同一方向去除污点。

A. 铜制　　　　　B. 塑料　　　　　C. 木制　　　　　D. 钢制

5. 在汽车橡胶件美容项目中,最为重要的是(　　)的美容护理。

A. 车门密封条　　B. 雨刮条　　　　C. 车轮

6. 当车轮上有不易清除的污点时,应使用(　　)刷子清除。

A. 铜制　　　　　B. 塑料　　　　　C. 钢制　　　　　D. 软毛

三、判断题

1. 高速公路的交通事故30%是由于轮胎爆胎引起的。(　　)
2. 橡胶保护产品是通过抵抗抗紫外线照射来防止橡胶及塑料的氧化。(　　)
3. 后视镜架、保险杠的材料多是塑料部件。(　　)
4. 塑料的组成主要成分为天然树脂,占总质量的40%～100%。(　　)
5. 热固性塑料可以反复被软化和硬化。(　　)

四、简答题

1. 列举玻璃清洁护理用品种类与特性。
2. 简述车轮美容护理的必要性。
3. 列举塑料件清洁护理用品种类与特性。
4. 列举金属电镀件清洁护理用品种类与特性。

五、操作题

1. 汽车玻璃清洁作业。
2. 汽车玻璃防水处理。
3. 汽车玻璃抛光作业。
4. 汽车车轮清洗护理作业。
5. 汽车塑料件清洁护理作业。
6. 汽车金属电镀件清洁护理作业。

6 学习情境

汽车防护

所谓汽车防护，就是在汽车上安装必要的防护及示警装置，通过这些防护与装置的作用，最大限度地为汽车和驾乘人员提供预防性保护。汽车防护项目主要有装贴汽车玻璃膜、安装中控门锁与防盗器、安装倒车雷达等，这些装备已经成为车主必须配置的行车利器之一，也是汽车装饰的主要内容之一。

项目 1　装贴汽车玻璃膜

学习目标

1. 能正确描述汽车玻璃膜的种类。
2. 能正确描述汽车玻璃隔热防爆膜的组成与功用。
3. 能正确鉴别汽车玻璃膜质量的优劣。
4. 会进行新旧汽车玻璃膜装贴。
5. 会进行汽车玻璃的研磨抛光。

一、项目情境引入

黄先生购置了一辆吉利帝豪，并选择了4S店赠送的汽车玻璃膜（以下统称为车膜）。在随后的使用中，还不到一年，黄先生就发现汽车的仪表饰板出现泛白现象，并通过对比发现，一车友花两千多元购置品牌车膜装贴的车上并没有出现这种现象，且单向透视性好，前风挡玻璃清晰度高。鉴于此，黄先生选择了重新装贴品牌车膜。

二、项目相关知识

能通过大气层辐射到地球的太阳光谱有三种：紫外线、可见光和红外线。众所周知，太阳光中的紫外线能破坏人体皮肤细胞，导致皱纹、色斑，使皮肤未老先衰，甚至诱发癌症。对车饰而言，紫外线会造成内饰物品的褪色、塑料橡胶件的老化。可见光虽对人体没有直接的伤害，但带有一定热量，使车内温度升高。红外线在三种光谱中携带的热量最高。如何才能避免太阳光的热量及紫外线的照射，构筑一道隔热防晒墙来保护汽车呢？汽车车窗上的普通玻璃隔热、防晒效果非常有限，而带色的玻璃只能在遮光方面得到了一定改善。因此，通过覆在车窗起隔热防晒作用的车膜应运而生。

（一）车膜的种类

汽车玻璃膜自面市以来，经历过四个阶段——茶纸、防爆膜、防晒车膜与光学微附隔热膜，而这四个阶段的产品仍有各自的市场。

1. 茶纸

茶纸属于第一代产品，俗称太阳纸，其特点为遮光性强、安装简单，缺点是不隔热、易褪色和易脱胶。这类产品在国家法规对汽车透视率的要求下，逐渐退出市场。

2. 防爆膜

防爆膜属于第二代产品，利用新型粘胶及较厚的膜层提高防爆效果，具有一定的隔热、防晒性能，隔热率20%～60%，紫外线阻隔率为80%左右。

3. 防晒隔热膜

防晒隔热膜属于第三代产品，又名隔热纸、太空膜等，它采取吸收、反射、隔断等方法以达到隔热、隔离紫外线等功效，其紫外线阻隔率达90%以上，红外线阻隔率为30%～95%，且胶的黏性更强，从而可达到既降低汽车膜的厚度又提高防爆性能的效果，称为"防爆太阳膜"，是目前市场的主流产品。

4. 光学微附隔热膜

光学微附隔热膜是一项运用于液晶显示器的增亮技术的产品，其工作原理是运用了光学折射原理（光线在通过两种不同材质的界面时会发生光学折射），当太阳光透过光学微附隔热膜时，每层光学涂层都能反射太阳光中不同波长的红外线及紫外线，有效阻隔97%的红外线和99.9%的紫外线，同时保障可见光最大程度的通过。

相对于第三代防晒隔热膜而言，光学微附隔热膜具有如下特点：

1) 厚度薄

光学微附涂层的单层厚度只相当于一根发丝的千分之一，虽然膜的总厚度薄于一张普通A4纸，却含多达240层光学微附涂层。

2) 隔绝能力强

光学微附隔热技术带来全面清凉舒适，它能阻隔97%的红外线和99.9%的紫外线，此外，它还有独特的高角度日光斜射热能隔绝技术。该技术体现在太阳光60°斜射到前风挡玻璃时（正午时分），光学微附隔热膜的总隔热率比太阳光90°直射到前风挡玻璃时（清晨或傍晚）还能提高7%～9%。

3) 信号零干扰

光学微附隔热膜运用光学微附涂层技术，不含金属层，完全不干扰车内的GPS卫星导航系统、无线电通信和移动电话的接收。

4) 内外反光低

光学微附隔垫膜的内反光率为7%，比玻璃本身的反光率（8%）还低，能有效减少眩光，带来清新的视野，增加行车安全，尤其是夜间行车。

（二）车膜的功用

1. 隔热降温

汽车车膜可有效地阻断红外线，隔热率可达50%～70%，起到隔热和保持车厢凉爽的效果，并有效地降低汽车空调的使用，可节省因开空调耗费 25% 的汽油。

2. 抵御有害紫外线

车膜可有效阻挡紫外线，避免人体受过量紫外线的伤害，延长了内饰件的寿命。紫外线在太阳光中虽只占 3%，但过量的紫外线照射还会诱发人体皮肤癌变。高品质的车膜可以阻隔 99% 以上的紫外线，不仅能有效防止车内的人被过量的紫外线照射灼伤皮肤，还能保护车内音响以及其他内饰不会被晒坏。

3. 防爆抗划痕

在意外交通事故中，车身玻璃受到撞击、被撞击时，易破碎，巨大的冲击力使碎玻璃飞溅造成人员受伤。汽车车膜能吸收碰撞时产生的冲击力，使汽车玻璃破碎飞溅的可能性降到最低，最大限度地避免意外事故对乘员的伤害。同时，由于车窗覆上一层耐磨并有一定厚度的车膜，可较好保护车窗玻璃划伤。

4. 防眩光

好的车膜能过滤部分眩光，减弱可见光的强度，使人的眼睛更舒服，有助于改善车主视野，确保驾驶安全。车窗膜尤其是前排两侧窗的膜应选择透光度在 85% 以上较为适宜，夜间行车时还能把后面来车大灯照射在反光镜的强烈眩光反射减弱，使眼睛舒服。此外，在雨夜行车、倒车、调头时也能保证视线良好。

5. 创造最佳美感

车膜能让轿车玻璃颜色呈现出丰富的色泽，改变了白色单一的色调，给汽车增添了美感。

6. 保证乘车隐密性

涂布颜色较深的车膜，具有高外反光特性，从而减低由外而内的透视度来防止偷窃、增加隐密效果，避免因为车内人员或财物引起歹徒的窥视或恶意破坏，构建了一个良好私人空间。

（三）车膜的基本结构

1. 车膜结构

不同的车膜结构差异较大，即使同为防爆太阳膜，其结构也不尽相同。例如，美国 3M 汽车防爆太阳膜主要由耐磨外层、安全基层、隔热膜层、感压式粘胶层、"易施工"胶膜层以及透明基材等组成（图 6-1）；Llumar 车膜（龙膜）主要由保护膜、防黏层、安装胶、紫外线吸收剂、深层染色聚酯膜、合成胶、金属层以及防划伤层等组成（图 6-2）；美国强生公司的车膜是由多层特殊聚酯膜复合层压制成的，并在膜层中用磁控溅射等方法镀上一层纳米级的高反射率金属氧化物涂层，图 6-3 为强生 IR 陶瓷隔热膜结构示意图。

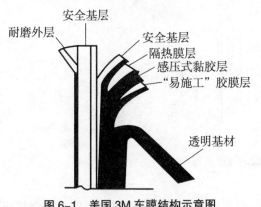

图 6-1　美国 3M 车膜结构示意图

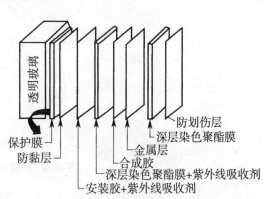

图 6-2　Llumar 车膜结构示意图

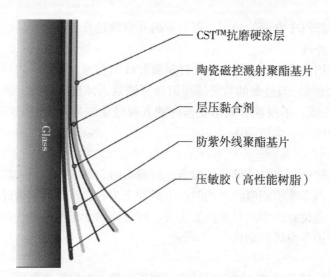

图 6-3 强生 IR 陶瓷隔热膜结构示意图

2. 防爆太阳膜的工作原理

1）隔热原理

能通过大气层到达地球的太阳光有三类光谱，分别是波长为 200~300nm 的紫外线、波长为 380~780nm 范围的可见光及波长为 780nm 以上的红外线。他们分别携带有不同的热量，红外线和可见光是热能的主要携带者，分别占太阳光中全部热能的 53% 和 44%。防爆太阳膜是将镍、银等金属的分子通过溅射的方法涂布在安全基层上，这些金属层会选择性的将阳光中的各种热能源，包括红外线、紫外线及可见光热能反射回去。从而有效持续隔热及保护人体及汽车内饰，免受紫外线伤害的作用，其隔热原理如图 6-4 所示。

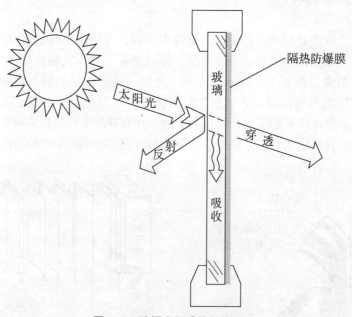

图 6-4 防爆太阳膜的隔热原理

2）防爆原理

安全基层的材料为通明聚酯膜（PET 膜），透明而且具有非常强的耐冲击能力，能够长时间有效保护驾驶室内乘客的安全,在受到外来冲击的情况下,安全基层能够起到有效缓冲,减少外来伤害的作用。

(四)车膜的性能指标

1. 透光度和清晰性

这是汽车膜中关乎行车安全最重要的性能,建议用户尽量不要选择透光度太低的汽车膜,尤其是前排两侧窗的膜,应选择透光度在85%以上较为适宜。此时侧窗膜无须挖孔且不影响视线,夜间行车时还能把后面来车前照灯照射在后视镜的强烈眩光反射减弱,使眼睛非常舒服。此外,在雨夜行车、倒车或调头时也能保证视线良好。

2. 隔热率

隔热率是体现汽车膜隔热性能的重要指标。考虑到南方地区夏季长,气温高和日照长的气候因素,汽车膜隔热性能要高。品质好的汽车防爆膜能反射红外线,车内的温度就低得多,继而会降低空调负荷,节省燃油。判断的办法很简单,用贴了汽车膜的玻璃挡住太阳,可用脸或手去感受其隔热效果。

3. 防爆性能

这也是涉及安全的又一重要性能。优质防爆膜本身有很强的韧性,玻璃破裂后可被膜粘牢不会飞溅伤人,并且其抗冲击性能很强。劣质防爆膜手感很软,缺乏足够的韧性,不耐紫外线照射,易老化发脆。

4. 紫外线阻隔率

高品质的汽车膜,这个指标一般不低于98%,高的可达100%。劣质汽车膜与以上指标相距甚远。高紫外线阻隔率能有效防止车内的人被过量的紫外线照射灼伤皮肤,还能保护车内音响不会被晒坏,缓解内饰件的老化。

5. 膜面防划伤层

优质高档的汽车膜表面都有一层防划伤层,在正常使用下能保护膜面不易被划伤。

(五)车膜产品种类及部分产品特性

目前,我国车膜市场主要是国外产品占主导地位,常见的车膜品牌有3M、龙膜(Llumar)、威固、雷朋、强生、优玛等。常见的车膜颜色有自然色、茶色、黑色、天蓝色、金黑色、浅绿色和变色等。下面列出以上部分品牌常用车膜于表6-1~表6-3。

表6-1 美国3M车膜系列 单位:%

品　名	透光率	隔热率	紫外线阻隔率	用　途
经典系列				
8803 超级沙龙 * 60" *100FT	16	66	99	侧后挡
8808 魔幻贵都 60" *100FT	41	48	99	侧后挡
8702 魔幻大师 60" *100FT	37	56	99	侧后挡
8904 幸运沙龙 60" *100FT	51	43	98	侧后挡
9902 蓝色魔力 60" *100FT	47	48	98	侧后挡

续表

品　　名	透光率	隔热率	紫外线阻隔率	用　　途
风光系列				
8686　田园风光 60"*100FT	73	46	99	前挡
8080　极致风光 43"*82FT	87	32	99	前挡
4545　璀璨风光 60"*100FT	71	34	99	前挡
恒色系列				
9920　黑衣骑士 60"*100FT	16	53	99	侧后挡
9921　黑马王子 60"*100FT	5	58	99	侧后挡
8035　魅力沙龙 60"*100FT	38	39	98	侧后挡
至尊系列				
8205　经典至尊*60"*100FT	24	66	99	侧后挡
8305　魔幻至尊 60"*100FT	35	57	99	侧后挡
8405　魅力至尊 60"*100FT	45	45	99	侧后挡
8505　超级至尊 60"*100FT	18	64	99	侧后挡

表 6-2　美国 3M 昌锐车膜系列　　　　　　　　　　　　　　　　单位：%

品名	透光率（VLT）	红外线阻隔率	紫外线阻隔率（TSER）	总隔热率	内反光	外反光	用途
晶锐 90	85	99.9	99.9	34	10	10	前挡
晶锐 70	74	99.9	99.9	50	9	9	前挡
晶锐 40	39	99.9	99.9	59	6	7	侧后挡

表 6-3　美国雷朋系列车膜　　　　　　　　　　　　　　　　单位：%

品　　名	隔热率	透光率	紫外线阻隔率	特　　性
防爆系列				
AL-100 古绿色	83	21	99	颜色略带古绿色，可阻隔刺眼光线，适贴浅色车系
AL-35 自然色	83	35	99	环保抗菌，防污染，可装贴前挡，隐密性强透视清晰
AL-321 黑金刚	83	21	99	亮面蓝银色，隐密性强，或阻隔热能，色彩美观，适宜浅色车系

续表

品　　名	隔热率	透光率	紫外线阻隔率	特　　性
AL-305 铁卫士	80	15	99	浅银亮面色,隐密性佳,可随阳光光线增加亮度,一般车色皆适合
AL-400 深银灰	79	20	99	颜色为深银灰,隐密性强,环保抗菌,适宜浅色车系
AL-333 碧绿色	79	35	99	环保抗菌,自然清晰,保护视力
AL-300 浅银灰	65	35	99	颜色为浅银灰,隐密性中等,环保抗菌,一般车系均适贴
前挡专用膜系列				
AL-668	70	55	99	颜色为浅绿,环保抗菌,防止阳光直射,保护视力,防止车内装饰物变质、褪色
AL-388	55	80	99	超透视、高隔热,不影响卫星导航 GPS 接收

（六）车膜质量辨别方法

目前车膜市场上的品牌种类繁多,质量也有优劣之分。而且,市场上还充斥着很多的冒牌或者贴牌产品。因此,对车膜质量鉴别是有必要的,可从如下方面鉴别:

1. 清晰度

无论膜的颜色深浅,优质膜在夜间应该可以清晰看见 60m 以外的物品,而劣质膜会有雾蒙蒙的感觉。

2. 手感

优质车膜摸上去有厚实平滑感,而劣质膜手感薄而脆,容易起皱。

3. 颜色

优质膜的颜料是均匀融合在薄膜中,经久耐用,不易变色,在粘贴过程中经刮板涂刮也不会脱色。劣质膜的颜色在起黏合作用的黏合胶中,撕开车膜的内衬后用指甲刮一下,颜色就掉了。

4. 气泡

撕开车膜的塑料内衬后,再重新复合时,劣质膜会起泡,而优质膜复合后完好如初。

5. 隔热性

隔热性能是玻璃防护膜重要指标之一,而这一点仅凭肉眼和手感是很难鉴别的。可以通过一个简单的测试方法进行比较:在一个碘钨灯上放一块贴着车膜的玻璃,用手触摸感觉不到一丝热的是优质膜。

6. 安全性

最新一代的玻璃防护膜已经将抗强冲击作为性能指标之一。最高级的玻璃安全膜可以抵御枪弹的近距离射击,至于一般意外事故中的飞溅物、故意侵犯的砖石或者铁棒等,则根本无法击穿由安全膜保护的玻璃。

（七）贴膜工具与用品

正确选择工具对于车膜的施工非常重要,它将直接关系到施工的质量与施工的效率。车膜装贴时所用的工具很多，且大多数都是专用工具。这些工具按用途分可分为排水工具、裁膜工具、清洁工具、保护工具及热成型工具五类。其中排水工具主要有牛筋刮板、大小三角刮板、大橡胶刮板、钢片刮板和插片刮板等，产品的实图及用途如表6-4所示；裁膜工具有剪刀、介刀、卷尺、钢尺及荧光灯；清洁工具有刮刀、铲刀、毛巾、喷壶、防护膜；热定型工具多采用数显烤枪，如表6-5所示。

贴膜用品主要包括玻璃清洗剂、除胶剂及车膜安装液。其中，前两样用品在学习情境四项目一中已介绍。车膜安装液为过滤的自来水（最好是纯净水）加上少量的中性清洁剂（如强生婴儿沐浴露）调配而成加入压力喷壶中使用，调配比例为100：（2～5），可依照个人习惯、车膜性质、清洁剂本身浓度，来增加或减少比例。

表6-4 排水工具

工具名称及实图	用途	工具名称及实图	用途
牛筋刮板	质地较软，用于玻璃清洗、车膜定位及赶水，以及贴膜时用于挤压气泡及辅助平整车膜	塑料三角刮板	用于贴膜定位及贴膜后的彻底排水，用于热成型的刮膜
钢片刮板	用于贴膜后清除和修补褶痕	塑料小三角刮板	适合于小窗排水作业，以及贴膜后边缝处的彻底排水。用于热成型的刮膜
全橡胶加厚刮板	适合大力挤压车身贴膜	插边刮板	贴膜时辅助窗膜插入密封条

表6-5 贴膜其他工具

工具名称及实图	用途	工具名称及实图	用途
小铲刀	用于去除旧膜撕落残留在玻璃上的车膜及胶类残留物	刮水板	其为弧形曲线，紧贴玻璃，能快速高效的清洁玻璃
裁膜刀	也称美纹刀、介刀，用于裁膜	数显烤枪	用于汽车贴膜、车内地胶装饰定型

续表

工具名称及实图	用　　途	工具名称及实图	用　　途
荧光灯	裁剪的过程中提供足够的亮度（冷源光）	除胶剂	用于去除原车膜剥离的残胶及车窗玻璃上各类标签的残胶
汽车贴膜工具箱	内装贴膜施工人员常备工具，有排水工具、裁膜工具、清洁工具、热定型工具等	带安装液的压力喷壶	将带有清洁与润滑的清洁剂与纯净水，按一定比例加入压力喷壶混合，粘膜时将安装液喷于待贴表面形成水膜，便于移动对位

（八）热定型烤膜方法

热定型烤膜全称为车膜见曲面加热预定型烤膜，几乎所有的前风挡玻璃都有轻微曲面，这妨碍了车膜在玻璃上的铺贴。将一张平面膜铺在曲面的前风挡玻璃上，会发现车膜上有很多皱褶，为了确保车膜能精确地贴合玻璃内侧的曲面弧度上，需要对膜进行曲面的加热预定型处理，这是车膜装贴中非常重要的一步。

目前，烤膜方法分为五种：湿烤定型法、干烤定型法、干湿结合定型法、拉伸定型法、内灌风定型法，其中前三种比较常用，而干湿结合定型法用得最多。

1. 湿烤定型法

针对弧度较小的玻璃，这是一种传统的烤膜方法。由于现在车型玻璃弧度的加大，纯湿烤的方法处理起来难度较大，且效率较低，因此越来越少地被广泛应用。

1）基本操作方法

（1）先将玻璃清洗干净，均匀地喷涂安装液于玻璃外表面。

（2）将大体裁好的膜放于玻璃上，将弧度产生的气泡，由大分小。

（3）逐一加温定型，根据车膜收缩程度慢慢以硬塑料刮板挤压平整。

2）优点

车膜受热快，施工快捷，可一次成型。

3）缺点

（1）玻璃受热温度较高时易造成玻璃破裂。

（2）车膜收缩范围较小，且收缩不均，施工难度较大。

（3）刮板与烤枪配合较难，配合不当时易产生褶痕。

4）注意事项

（1）气泡要分均匀。

（2）刮板贴紧玻璃，与玻璃约成35°夹角。

（3）同一位置不可长时间烘烤，防止玻璃受热过度，产生破裂。

（4）烤膜时的温度要根据膜的性能与收缩程度，控制在280℃～450℃之间。

2. 干烤定型法

主要适用于厚度小于3mil（密耳，$1mil=25.4\times10^{-5}m$）的车膜和任何难度的车型。

1）基本操作方法

（1）用刮板先将玻璃清洗干净，用烤枪将玻璃表面残留的水分吹干。

（2）用爽身粉均匀涂抹在玻璃外表面（目的是让膜收缩更匀、更快，增加玻璃的光滑度，刮膜时更轻松）。

（3）用一湿纸巾在玻璃中间划一道约宽3cm的湿线（用于固定膜）。

（4）把大体裁好的膜，铺在玻璃表面（弧度较大的玻璃，下料时应尽量放大）。

（5）用湿纸巾将玻璃两侧抹一条湿润线，用于固定膜，或直接以胶带固定。

（6）用手稍微把气泡分均匀，裁好边。

（7）烤膜时要把气泡分成大小均匀的等份。烤膜时注意烤枪的温度及膜的受热程度，可用距离远近或速度快慢来调节温度。烤气泡时要使气泡受热均匀，膜边可适当把烤枪停留1~2s，使膜边也收缩，才可以刮平。一边烤膜一边注意膜的收缩程度，当膜出现皱纹状收缩时，用手一刮到底，如果气泡太大没有把握时，可把大的气泡分成小的来烤。烤膜时，不能在一个气泡上停留时间太长，以免温度过高。当温度过高时轻则把膜烤焦，重则烤爆玻璃。此时不能往车玻璃上喷水，防止玻璃承受不了冷热刺激引起自爆。

2）优点

玻璃受热温度均匀，不易造成玻璃破裂。车膜收缩范围较大且收缩均匀，施工方便快捷简单。操作时不需刮板配合，不会产生褶痕。

3）缺点

加温时较难判断车膜的收缩程度，车膜收缩后需采用湿法收边，步骤较多，繁琐。

4）注意事项

（1）根据车膜的性能和气泡的大小，调整烤枪的温度，温度控制在280℃~350℃之间。

（2）温度过高时会出现膜表面金属丝明显的现象。

（3）烤膜时，注意要有次序，从中间开始，依此向两边进行。

3. 干湿结合定型法

适用于厚度小于3mil的车膜和任何难度的车型。

1）基本操作方法

（1）干湿结合定型法，是当干烤后无法确定膜与玻璃弧度的吻合程度是否一致而采用的方法。

（2）干烤完成后，将膜揭起，在玻璃上均匀地喷洒安装液，再将膜放下，用塑料刮板把水挤出

（3）对残留的气泡，用湿烤的方法将其烤平

2）注意事项

（1）干烤完后，用手感觉玻璃的温度，如温度较高，不能立即往上面喷水。

（2）在实施操作中要避免冷热刺激，避免玻璃破裂。

4. 拉伸定型法

适用于横向收缩较好的车膜。

1）基本操作方法

（1）用刮板先将玻璃清洗干净，用烤枪将玻璃表面残留的水分吹干。

（2）用一湿纸巾在玻璃中间划一道约宽3cm的湿线（用于固定膜）。

（3）将大体裁剪好的膜，铺在玻璃表面，上下多留5~8cm。

（4）将上下的膜边有气泡的地方割几个小口。烤膜时，用手将膜提起，与玻璃约成

15°角，用力向下拉紧，烤枪均匀旋转，由上至下，用眼观察膜收缩的程度。

（5）烤膜时注意烤枪的温度及膜的受热程度，可用距离远近或速度调节温度，烤气泡时要使气泡受热均匀。

（6）烤完后，切去余料，边部可适当再烤，烤枪停留 1~2s，使膜边也收缩。

（7）也可再喷洒水湿烤一下，如有残留的气泡，按湿烤的方法烤平整。

2）优点

（1）车膜受热程度高，车膜均匀收缩范围较大，施工方便，快捷简单。

（2）操作时不需刮板配合，不会产生褶痕。

（3）施工速度快，大弧度的车型可轻松完成施工。

3）缺点

（1）车膜加热时很难控制温度，车膜容易造成收缩过度。

（2）需有成熟的操作经验。

（3）消耗材料稍多。

4）注意事项

（1）根据膜性能和材料，调整烤枪的温度，温度一般控制在 280℃~350℃。

（2）温度过高时，对于金属含量较高的膜容易出现金属重叠，导致膜表面金属丝明显现象。

（3）烤膜时，注意要有次序，从中间开始，依次向两边进行。

5. 内灌风定型法

适合范围广（除横向裁切的车膜）。特别强调：不适合横烤的车膜。

1）基本操作方法

（1）先将玻璃清洗干净，均匀地喷涂安装液于玻璃外表面。

（2）将大体裁好的膜放在玻璃上，用塑料刮板定位。把泡分均匀。

（3）气泡前 1/3 为膜连带引起的虚泡，不做处理，在 1/3 处轻烤一下，做个节。

（4）在气泡的口上，用烤枪向膜与玻璃之间灌风，当泡的边缘贴在玻璃上时（可用手按住气泡的两边），快速用烤枪对气泡进行加温，并用塑料刮板快速将气泡刮平。

2）优点

（1）车膜均匀收缩范围较大，施工方便快捷简单。

（2）玻璃弧度较大或较厚的膜可以轻松完成烘烤。

（3）可与干烤法结合，效果明显。

3）缺点

（1）不适合横向烤膜（横烤时气泡较长，受热面积小）。

（2）相对于干烤与拉伸烤法，对玻璃安全存在隐患。

4）注意事项

温度控制在 280℃~330℃之间，不宜过高。向膜与玻璃之间灌风时间三至五秒钟。

三、项目实施

作业一　装贴新车前挡玻璃膜

结合前面的介绍，根据客户的需求选定前挡及侧后挡车膜。新车前风挡玻璃膜装贴操作工艺流程图如图 6-5 所示，具体的操作详述如下：

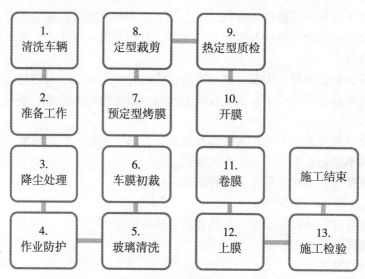

图 6-5 装贴新车前风挡玻璃膜工艺流程图

1. 清洗车辆

按车表清洗项目要求清洗全车,并加强对玻璃的清洁。

2. 准备工作

1)工作环境准备

将车停于无尘车间中,贴膜车间可按照图 6-6 所示进行装潢。拉上手刹,检查全车状况,并作必要的刻录。

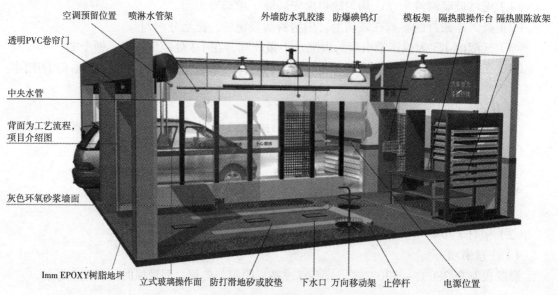

图 6-6 贴膜车间示意图

2)施工人员着装

施工人员的着装不仅可以反映出施工单位的人员管理水平,同时还会对施工的过程产生重要的影响。施工过程中,施工人员必须穿着统一的工装,并且将纽扣全部扣好。这样可以避免施工过程中出现漆面划伤以及衣服的纤维飞散到施工表面上等现象。

3）准备施工工具与用品

需要准备的施工工具如表 6-4 与表 6-5 所示。需要调配的安装液（又称为润滑液）推荐使用"强生婴儿沐浴露"与过滤的自来水或纯净水，按 5 滴、3.8L 水的比例进行调配，使用其他种类的清洁剂可能导致膜的粘合力降低。

特别强调：安装液调配比例必须符合要求，如果安装液的浓度太高，可能导致粘胶失效、容易产生手印、膜的放置位置容易产生偏差浓度太低导致粘贴时定位困难。

3. 降尘处理

当完成车辆的清洗步骤之后，可将车辆驶入到贴膜车间的相应工位。此时，需要对贴膜车间进行降尘处理。通过开启车间的喷淋系统就可以达到降尘的目的。当贴膜车间的空气湿度达到 80% 时，就可以关闭喷淋系统了，这时车间空气中的大部分漂浮微尘已经被吸附到了车间中的物体表面。如果车间没有喷淋系统，可通过喷壶向空中喷洒水雾的方式来实现。

4. 作业防护

为了保证车膜施工过程中喷洒的清洗液以及安装液影响到车载电子设备并且最大限度地保证车的内装饰件处于初始状态，需要对车内的座椅以及仪表盘进行遮蔽，如图 6-7 所示。

1）遮蔽仪表盘

利用专用的遮蔽膜对风挡玻璃的内侧进行遮蔽。遮蔽完成之后，在仪表盘的上部应该铺放一些吸水毛巾，防止多余的清洗液或者润滑液流到车厢底板上。

2）遮蔽车内的座椅

对车内座椅的遮蔽可以通过专用的座椅防护套来实现。

(a)　　　　　　　　　　(b)

图 6-7　内饰保护

(a) 遮蔽发动机罩；(b) 遮蔽内饰件

5. 玻璃清洗

首先用玻璃清洗剂清洁，方法是对玻璃喷洒适量玻璃清洗剂，并配合使用海绵，反复擦拭并用清水冲洗，彻底洗净玻璃表面的污垢与沙粒。洗净后，用手摸玻璃表面，确认是否还存在铁粉等金属颗粒以及涂料剂产生的粒状感和粗糙感。若有粗糙感，即说明上述方法清洁难以去除肉眼看不清楚的微粒，可通过洗车泥抛光的方法来去除，其原理是利用洗车泥的黏性将玻璃面上的微粒去除。操作时可按横—纵—横的方向进行移动擦拭来实施抛光作业。操作时要注意，由于其黏性较大，所以严禁以画圆的方式进行移动，操作时不可用力过大，每次操作面积不能过大。

玻璃清洗作业，不仅需要对玻璃进行清洗，同时还应注意对车窗内饰面的清洗及玻璃密封胶区域的清洗，否则将影响贴膜质量。

1）车窗内表面清洗（注意内饰面的清洗）

对于车窗内表面的清洗，应该注意的操作步骤是，在清洗的过程中需要特别注意与车窗相邻的内饰面的清洁状况。因为在清洗过程中会有一些清洗液飞溅到内饰面上,如果不对内饰面进行清洗,则可能出现这样的情况:虽然车窗玻璃的内表面已经清洗干净了,可是在施工的过程中,内饰面中存留的污水可能会流淌到已经清洁完成的玻璃表面上,从而造成贴膜后车膜与前风挡玻璃之间存在污垢或者其他物体的施工质量问题。

2)车窗外表面清洗(注意玻璃密封胶区域的清洗)

同样,对于车窗外表面的清洗过程,也应该注意玻璃密封胶区域的清洗。因为如果对玻璃密封胶清理不彻底,可能在车膜整形过程中出现由于污垢而导致最终完成整形的车膜不能完全和玻璃表面贴合的情况。

6. 车膜初裁

车膜初裁,即车膜的预切割,是指在工具架上裁剪适当面积的膜,并且留出一定的余量的裁膜作业。对于前、后风挡玻璃进行车膜施工,初裁作业分为两步进行。

步骤一:测量

用尺子测量前后风挡玻璃的尺寸,其中包括长度和宽度。测量尺寸过程中应该按照与玻璃外侧对齐的情况来取值,如图6-8所示。同时要注意尺子应该保证与玻璃的弯曲弧度一致,避免最终裁剪的车膜尺寸不够的情况出现。

(a) (b)

图6-8 测量车窗尺寸

(a)测量宽度;(b)测量长度

步骤二:粗裁

从工具架上选择所要进行施工的车膜类型,从卷筒平整地拉出车膜并压平,根据测量的尺寸,并每边预留2~3cm,裁下基本膜形,操作如图6-9所示。上述剪裁是一种传统的做法,不利用于节省材料,如图6-10所示,采用样板裁膜可以有效地利用侧边和上边的弯角,省时省料。

图6-9 粗裁车膜

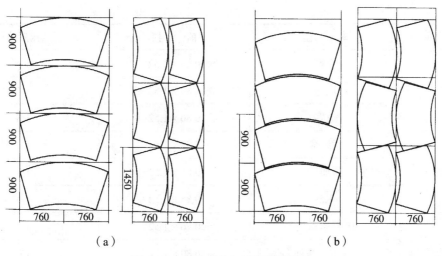

图 6-10 传统裁法与样板裁法比较

(a) 传统裁法；(b) 样板裁法

一般一卷膜长 12 m、宽 1.52 m，而汽车前风挡玻璃的宽度一般为 0.8 ~ 0.9 m，因此裁膜就有横裁与竖裁两种方法，但由于车膜收缩是具有方向性的，沿机器边方向（成品卷膜方向）具有收缩性（图 6-11），即竖裁收缩性好，但比较费料（玻璃比较大而弧度较大的风挡玻璃，其膜要竖裁）。横裁收缩性不好，但比较省料（玻璃比较大而弧度比较小的风挡玻璃，要横裁）。如此会导致不同的裁膜方法其烤膜方法也不同，即竖裁烤膜难度会加大。

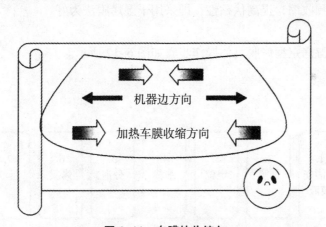

图 6-11 车膜的收缩向

若能满足烤膜的前提下，在选择横裁与竖裁的评分依据是前风挡玻璃的尺寸，要计算好，方能节约材料，否则得不偿失，表 6-6 给出部分车型前风挡玻璃膜用量。

表 6-6 部分车型前后挡玻璃用膜量　　　　　　　　单位：m

车　企	车　型	前　挡	侧后挡
一汽丰田	卡罗拉	0.83 × 1.52	1.5
	RAV4	0.85 × 1.52	1.8
	陆地巡洋舰	0.76 × 1.52	2.0

续表

车 企	车 型	前 挡	侧后挡
日产	天籁	0.83×1.52	1.8
	琪达	0.83×1.52	1.6
	逍客	0.80×1.52	1.8
起亚	索纳塔	0.75×1.52	1.8
	新加乐	0.85×1.52	1.8
	K5	0.85×1.52	1.6
丰田雷克萨斯	IS跑车系列	0.76×1.52	1.1
	ES轿车系列	0.80×1.52	1.6
	ES越野SUV	0.88×1.52	1.8

7. 热定型烤膜

为了热成型之后的车膜能够更加精确地贴合车窗玻璃的弧度，同时减少直接进行湿烤的过程中可能出现的各种问题，如弧度大、作业时间长的玻璃不易定型，挤水时易产生划痕、褶痕，以及玻璃热应力太大而引起玻璃破裂等，建议在对车膜进行湿烤之前首先进行干烤，以使车膜能够充分预收缩，提高伏贴性，即采用干湿烤膜法为好。

1) 湿烤定型

经过初裁后，湿烤定型烤膜具体操作步骤如图6-12所示。

图6-12 湿烤膜操作流程图

步骤一：喷洒安装液

用玻璃清洗剂清洁玻璃后，再用安装液将汽车玻璃外表面喷洒形成水膜。喷洒安装液的主要目的是为了在湿烤定型贴膜过程中，能够保证车膜可以更好地实现润滑移动。

步骤二：铺膜

将初裁好的车膜拿到前风挡玻璃上，把透明保护的一面朝外，并对准前风挡玻璃上边两个角,然后自然将膜铺放在玻璃上,依靠安装液的吸附力把膜粘于玻璃上。铺膜时,要以十字架中心为起点,通过安装液滑动对位后,将膜的十字中心与玻璃的十字中心重叠对好位,接着向四角将膜捋平,如图6-13所示。

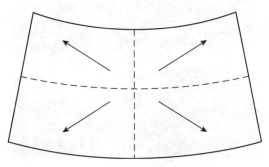

图6-13 铺膜示意

步骤三:定位

把膜对好位置,放正后,就必须要将膜固定。操作方法是用一只手把膜按住,另一只手拿软刮板在膜的中间沿十字架横、竖刮一道,再在膜四边刮扫,使膜基本贴合在前风挡玻璃上。

步骤四:细裁

在玻璃的外侧1~2 cm的部位,用水笔或粉笔画一条粗略的线,然后沿着线用裁剪刀进行进一步初裁,也称为细裁,操作如图6-14所示。

图6-14 二次粗裁

步骤五:分泡

将膜放上去裁好后开始分泡。因为膜的收缩有限,不可能将所有泡移到一个区域,要均匀分配,两条宽边的气泡也向上、下两边平均分开,使膜的收缩程度一致,为的是减小烤膜的难度,特别是弧度大的车型。用刮板把中间部分的水刮干,注意不要刮到气泡上,以防把膜刮折。

步骤六:烘烤

分泡后就可以开始烤膜,采用便携烤枪、刮板等专业工具对防爆隔热膜进行烘烤。在烘烤过程中,很多初学者会选择使用橡胶刮板,边烘烤边用刮板刮扫防爆隔热膜,把膜内的气泡和多余的水刮出去,使防爆隔热膜精确地附着在前风挡玻璃上,但有经验的汽车贴膜技师更愿意用手代替刮板,过烤边捋,这样有助于减少褶痕,烤膜操作如图6-15所示。

图6-15 预定型烤膜

湿烤成型技术要领的说明:

(1)检查伏贴性时应该注意掀开膜检查伏贴性。在检查车膜的伏贴性时,需要将车膜掀起一些后喷洒安装液,用刮板刮干净安装液之后检查车膜和风挡玻璃之间的伏贴性。这种情况下应该注意每次只能掀开一半喷洒安装液固定之后,才能掀开另外的一半,否则很容易造成车膜变形或者过度滑动,影响施工质量。

(2)褶痕的预防以及减轻方法。为了避免出现褶痕,在湿烤的过程中应该从风挡玻璃弧度较大的部位开始进行烘烤,因为即使最终出现了褶痕的情况已经是在弧度较小的部位,相对于弧度较大的部位可以方便地进行处理。

在进行湿烤整形的过程中,应该按照均匀受热的原则对施工区域进行烘烤,尽量避免对某个部位集中加热的情况,否则可能会在进行集中受热的部位产生应力集中现象,如果超出了玻璃的强度极限,可能会对玻璃的安全性产生危害,甚至导致玻璃破碎。

对于已经出现的褶痕,可以首先通过掀开车膜重新喷洒安装液的方式来进行补救。如果喷洒安装液之后还不能消除褶痕,可以将出现的褶痕用刮板分为几个部分,然后分别将这些细分的褶痕进行烘烤,并且将其逐步推进到边缘部分,最后调整烤枪的温度,用较高的温度对边缘部分进行处理。

步骤七:赶泡

烤泡时要边烤边用手分,特别是烤到一个泡快消失的时候,要仔细将泡分成小泡,因为问题往往出现在泡的尾部,赶泡用力要均匀,用力不均将会出现折印。烤气泡时应使气泡均匀受热,在膜边时可适当让烤枪停留几秒,使膜边也收缩,这样才可以刮平。当膜出现皱纹状收缩时,用塑料刮板一刮到底。如果气泡太大没有把握,可用手把膜捂平,再用塑料刮板刮平。残余的气泡收缩顺序:先中间后两边,先大后小,先难后易,操作示意如图6-16所示。

烤膜时,不能在一个气泡上停留时间太长,以免温度过高。当温度过高时轻则把膜烤焦,重则烤爆玻璃。这时不能往车上喷水,以防玻璃承受不了急冷而引发自爆。

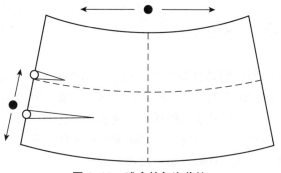

图 6-16 残余的气泡收缩

2）干烤定型

干烤定型又称无水烤膜整形法。用便携烤枪对防爆隔热膜表面大面积加热使其形成收缩，住住干烤成型后会再配合湿烤刮平定型，这就变成干湿结合定型法了，本项目拟采用此法进行烤膜。

干烤定型的贴膜具体操作步骤如图 6-17 所示。

图 6-17 干烤膜操作流程图

注意：流程如果没有步骤 6 为干烤定型，有步骤 6 为干湿结合定型法。

步骤一：擦拭干前风挡玻璃

选择干烤膜，就是要求无水，所以在清洁玻璃完之后，必须擦拭干前风挡玻璃。

步骤二：撒粉

确保玻璃干燥后，用婴儿粉薄薄地洒在玻璃上。做这个工作时有两种不同方法：

（1）将婴儿粉放在手里，然后轻轻吹到整块玻璃上。

（2）将婴儿粉放在一个粉刷里，轻轻拍到整个玻璃表面上。

撒婴儿粉的目的是使车膜干铺在玻璃时还能整体移动，避免因静电作用吸附在玻璃表面上，而导致烤膜时引起褶皱。

步骤三：铺膜

（1）用一张湿纸巾在前风挡玻璃上画 H 形，也就是在玻璃宽度的中间画一竖，在玻璃的两侧和中心形成 H 形。

（2）在水蒸发之前将膜平滑地贴到玻璃的 H 形上。

步骤四：裁剪

按湿烤定型所述操作法操作即可。

步骤五：烤膜

（1）左手戴手套（有经验的师傅为方便也可以不戴手套，感觉更好），右手拿烤枪，从中间开始往上或往下，按照画圈的方式进行加热，保证车膜的受热均匀性，同时一道压一道烤，边烤边用戴手套的手将已烤收缩的膜抚平，烤到最后再将膜收平。

（2）干烤整形时，通常选择车窗玻璃弧度较大的位置作为开始位置，因为这样可以有效保证防爆隔热膜受热的均匀性，从而避免出现褶痕的现象。

（3）烤膜时，烤枪距离膜最好 10 cm 左右，不宜太近，以免将膜烤坏。

（4）烤时因为玻璃没有水分，膜不会出现指状凸起，也不会出现褶痕现象。

（5）如果在整形的过程中出现了褶痕现象，需要特别注意，以免最终形成死褶而影响施工质量。如果出现的褶痕用刮板将褶痕分为几个部分，然后分别将这些细分的褶痕进行烘烤，并且将其逐步推进到边缘部分。

（6）膜的主要受热面积为如图 6-18 所示的阴影地域，是烤膜重点部位（上面或下面的阴影部的宽度：从中轴到上边或下边的 1/3）。A 区和 B 区不烤是为了气泡更大范围活动，如果一个气泡根部被烤后，其活动范围将大大缩小。

（7）烤枪走向。汽车贴膜技师在干烤时，一定要掌握好烤枪的走向，具体如图 6-19 所示。

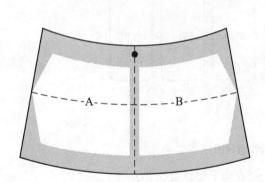

图 6-18　膜的主要受热面积

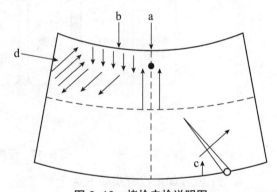

图 6-19　烤枪走枪说明图

a，b，c，d—走枪的顺序

图 6-19 中 a、b、c、d 代表走枪的顺序、部位及方向，对该图的几点说明如下：

①将上边两侧分开，同时收缩反光镜座处的气泡。

②从上边或下边向内侧烤。烤枪在烤边的时候，会有部分热气被吹到膜与玻璃中间，此时的膜处于双面受热的状态。双面受热的膜要达到收缩状态所用的时间会比单面受热的膜短一些。所以同样的温度、同样时间烤边，在边有微微烤坏的时候，把烤枪移到内侧烤是绝对安全的（烤坏的边最后可以裁掉）。它就像一个标尺一样时刻提醒着：用多长时间膜已经收缩了，有效地降低了风险。

③在 b 的过程中，如果有较大的气泡在原位收缩不完，由于烤枪的前移，热风枪的泡会被拉斜。此时热风枪拉下会将部分气泡转移到中间，减少侧边的收缩强度。

④因为膜是竖着下料的，所以上边的收缩率会比侧边的多。正是因为收缩率低，要先收

侧边，收不完的全部赶到上边收。

步骤六：收边处理

烘烤整形完成之后，需要对车膜的边缘进行收边处理。因为这样可以保证整形完的车膜的边缘与车窗玻璃完全的贴合，确保施工的质量。对于玻璃弧度较大的车型，应该对边缘部分收的更多一些。

8. 热定型质检

对已完成热定型的膜片进行质量检查，检查膜各部位是否与玻璃弧度形状一致，膜片在定型过程中是否出现褶印、温度过高、烧焦等情况，如发现有贴膜损坏应及时更换。根据损坏的情况，可把该膜片安装于尺寸较小的或后风挡玻璃以及侧窗玻璃上。

9. 定型裁剪

俗称为精裁。通过干烤与湿烤两步骤，以实现车膜完全与玻璃贴合。用裁膜刀按略小于玻璃上的陶瓷小黑线 3~4mm 为宜进行裁膜，将多余的膜进一步去除，操作如图 6-20 所示。为了实现所剪裁应符合玻璃尺寸要求，膜平直且边缘线应与玻璃边缘线保持平行、刀线平滑。贴膜技师必须具有高超的裁膜技术，其技术要领如下：

图 6-20　定型裁剪车膜

1）裁剪刀的刀刃处理

为了保证能够获得边界切割完好的车膜，并且尽量减少施工过程中遗留的手指印记，必须对裁剪刀的刀刃及时进行更换。更换的准则是：保证刀刃足够锋利，具有足够的切割力。通常推荐的方法是：同一个刀刃的使用次数不应该超过 3 次，但是具体操作应该根据实际情况进行判断，例如对于车膜厚度较大的情况就需要更换的勤一些。

2）配合要求

要实施所裁膜平直且边缘线应与玻璃边缘线保持平行，其操作技巧是由一名施工人员在驾驶室内将荧光灯对准车膜切割的边缘，因为这样可以让车外人员确定切割施工位置。同时，应将有角度的地方修成圆角。

3）切割位置的选择（压到车窗玻璃外侧第二圈的黑点）

在选择车膜的切割位置时，应该保证切割后的车膜与窗框之间存在 3mm 的间隙，具体操作时可以沿着玻璃外侧的第二圈黑点进行切割，这样即可以保证留有足够的间隙同时还美观。留出间隙的目的是：

（1）便于挤出车膜与玻璃之间的安装液。

（2）减少车膜边缘出现尘点的现象。

（3）减少车膜边缘出现腐蚀、损坏的可能性。

4）避免划伤车窗玻璃的处理

在车膜完成了整形之后的最终切割过程中，有时会出现将玻璃损伤的情况，这种现象在一些对于贴膜操作还不是非常熟练的工人的施工过程中会经常出现。如果因为贴膜过程中对原车的玻璃造成了损伤，一是会影响整车的外观，二是如果切割的深度较深，还可能对车窗玻璃的强度产生影响，带来安全隐患。因为当划伤玻璃之后，会在划痕处出现应力集中的现象，在受到外力影响或者较大的温差变化时玻璃很可能会突然破碎。

所以在完成整形后的切割过程中，应该尽量避免出现划伤玻璃的情况。具体在切割过程中应该注意刀刃的正确使用方式，归纳起来方法有二：

方法1：尽量利用刀刃自身的切割力而不是利用施工工人施加的外力。

方法2：尽量将裁剪刀的刀刃放平，使刀刃与车膜有较大的接触面积，这样可以有效地避免出现玻璃划伤的现象。

10. 开膜

在把膜贴到玻璃前要分开车膜的最外层的透明保护层，（也称为内衬，以下统称内衬）。分开的方法是凭借舌尖与嘴唇的作用力，从一角将粘着的膜与内衬分开，也可用小刀片轻轻拨开。作业时应分别从左右两边分开，并要求边掀边用喷壶把安装液喷洒在上面，确保掀开部位不再粘在一起，否则会起气泡并形成皱纹。

11. 卷膜

卷膜是将车膜卷同桶状，是为了便于车膜移动至车内，以及便于单人进行上膜作业，避免引起褶皱，如图6-21所示。卷膜的技巧是技师从车前右侧朝上卷，即保证内衬在里面，耐磨面在外面，其目的是便于上膜时掀下内衬。

特别强调：单人上膜时，从车前右侧朝上卷膜，则上膜起始位为右侧，反之从左侧上膜。

图6-21 卷膜

12. 上膜

完成卷膜后，则可以将贴膜工作转移到车内进行上膜粘膜工作了。上膜作业由以下几个步骤所组成。

（1）调整车内座椅的位置，为施工人员留出足够的空间。

（2）用清洗液清洗风挡玻璃的内侧，并喷洒足够多的安装液。喷洒清洗液的目的是为了避免出现尘点并且减少边缘出现腐蚀的现象；而喷洒安装液的目的是为了获得定型所需的黏度以及更好的施工效果。

（3）上膜（将膜贴到风挡玻璃的内侧）。

贴膜到风挡玻璃的内侧过程中，可以根据施工工人的熟练程度、车内的空间的大小选择具体的操作人员数量。如果工人的操作熟练程度较高或者车内的空间比较狭小，可以选择单人操作；对于工人的操作熟练程度较差或者车内的空间较宽敞的情况，可以选择两个人员施工。上膜的技术要领说明如下：

①初始粘贴位置的选择。贴膜时初始粘贴位置的选择非常重要，选择正确的初始粘贴位置不仅可以起到便于施工的作用，同时还会对施工质量产生重要的影响。建议单人操作选择玻璃的边缘作为初始粘贴位置，双人操作选择玻璃的上缘作为初始粘贴位置，这主要有两个原因：一是便于定位；二是不易将车膜的下端与吸水毛巾接触。

②操作姿势的说明。

单人施工：施工过程中，施工人员应以前风挡玻璃右侧为上膜起始位（记住：卷膜起始位与上膜起始位同侧），先在待贴玻璃面喷一层安装液，形成水膜，接着左手负责展膜与导膜，即一边以滚动的方式展开卷膜，一边将内衬住后移；右手相应地负责将已经掀下内衬的膜定位并敷在玻璃上，操作如图6-22所示。此方法要求必须充分地做好开膜工作且卷膜操作得当，对施工人员的动作熟悉性要求非常高，为行业人员常用。

图6-22 上膜

双人施工：双人施工不需要卷膜，在开膜基础上将车膜上的内衬去除，然后两个施工人员分别置于驾驶室的两侧；接着，一人拎着车膜，另一人在驾驶室内接住车膜的一侧；两人全部进入驾驶室内，选择上缘为起始位，首先将胶带固定在风挡玻璃的边框上，然后用手将整张膜定位在玻璃内侧；最后去除胶带，调整车膜的位置。此方法费时费力，移动车膜入内室时容易产生褶皱，且"易施工胶膜层"易粘上灰尘及留下施工人员的手印，适合于初学者。

特别强调：掀下来的内衬要求放置在不易弄脏的地方，其目的一是在挤水过程中要用到此内衬，其二是将内衬卷起成筒状，即可用此作为下次粘膜时的模板了要做好标记妥善保管此模板。全车其他地方的模板依此方法进行处理。

（4）定位。

上膜后不可直接排水，必须借助膜与玻璃之间的水膜左右上下移动，使车膜处于正确的位置，方能完成定位操作。

（5）排水。

首先给车膜外表面喷上一层水雾，然后用牛筋刮板由中间向两边进行挤水操作，做初步排水，并修整对位情况；其次，将掀下的内衬再次覆盖在内侧前风挡玻璃上，用塑料三角板加力做进一步的挤水操作；最后，再用小三角板与插边刮板完成边角的挤水作业，并掀下保护膜，完成排水作业。

刮水过程中对于边缘部分的处理建议垫着吸水毛巾，因为这样可以防止刮出的水分重新流入到其他部位，影响整体效果。

（6）修整。

如果局部仍有不贴合的地方，可按预定型的方法，用烤枪加热，使其完全吻合，并注意弧度处理及边框加固作业。

13. 施工质量的检验及标准

全面检测车膜上有无气泡、水珠及白点，无有漏光等情况，视情处理。验收标准如下：

（1）整张安装，不得拼接。

（2）在有效视觉范围内不能有气泡，褶痕。

（3）从玻璃的左右两侧分别观察，安装液必须刮挤干净。

（4）坐在驾驶位置上，透过前风挡玻璃看车外的景物不存在模糊、色差现象。

（5）查看前风挡玻璃外侧有没有强反光现象。

（6）车膜的边缘线应该粘贴完好，无起边现象。

（7）检查车膜的边缘线与玻璃的小黑点连接外，是否平滑，有无明显的凹凸不平感觉。

（8）施工完成后前后风挡玻璃膜离玻璃陶瓷点的标准距离：

①与玻璃上方陶瓷点距离为：正负 2mm。

②与玻璃下方陶瓷点距离为：正负 2mm。

③与玻璃左方陶瓷点距离为：正负 2mm。

④与玻璃右方陶瓷点距离为：正负 2mm。

（9）施工完成后膜的褶痕要求。

①前挡玻璃：膜褶痕≤1个（包含1个）；褶痕位置距离玻璃边缘 <10cm。

②后挡玻璃：膜褶痕≤1个（包含1个）；褶痕位置距离玻璃边缘 <15cm。

③侧挡位置：膜褶痕：无。

14. 施工后注意事项

（1）贴膜后一周内不能洗车，后挡玻璃不要开动加热器；

（2）施工完成后 2 天内起泡属于正常现象，应及时回施工中心处理，因膜在两天内还没有完全干透，所以容易起泡，15 天完全干后就不会出现类似的现象。

（3）贴膜施工过程中需要清洁玻璃及安装液来使膜定位，所以当时不可能完全把水赶干净，几小时后会出现积聚的小水珠，这是正常现象，1~2 天后小水珠会自动消失。

（4）玻璃贴膜处的胶条不能有新划痕。

（5）施工完成后，距离车 1m 处查看玻璃，膜上 $10cm^2$ 范围内，尘粒点数不能超过 10 个。

作业二　旧车侧窗玻璃贴膜

新车前风挡玻璃贴膜与旧车侧窗玻璃贴膜在作业工艺是有明显的差异的，主要表现在：一是前风挡玻璃弧度远比侧窗玻璃弧度大，因此前后风挡玻璃须经烤膜成形后方能粘贴，侧窗基本上无须烤膜；二是旧车贴膜需要增加车膜剥离与底胶清除两道工序，而且这两道工序工艺难度较大，对后续的作业影响非常大；三是对于旧车玻璃，还需要鉴别玻璃光泽度，若光泽度不好还需要进行抛光作业处理。

旧车侧窗玻璃的贴膜工艺流程如图 6-23 所示。可见，与新车贴膜工艺相比，主要增加了观察车窗玻璃的安装情况、车膜剥离、底胶清除、玻璃抛光及制作模块工艺步骤，具体作业流程如下：

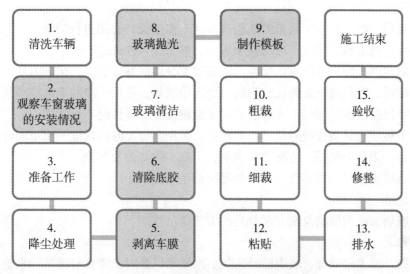

图 6-23　旧车侧窗玻璃的贴膜工艺流程图

1. 清洗车辆

按车表清洗项目要求清洗全车。

2. 观察车窗玻璃的安装情况

1）边缘密封胶的状况

有些车辆的边缘密封胶由于使用的年限较长，会出现橡胶老化以及密封胶脱落等现象。为了保证施工过程中车窗玻璃的完整性，必须对这些存在问题的边缘密封胶进行更换。

2）玻璃的整体性

有些车辆的玻璃由于外物的击打，会出现裂痕或者凹坑。对于这种情况的玻璃应该在施工之前对车窗玻璃进行更换，否则在贴膜的施工过程中很可能会因为烤膜出现的较大热应力集中现象，导致玻璃破碎。

3. 准备工作

1）施工人员着装

施工作业中，施工人员必须穿着统一的工装，并且将纽扣全部扣好，避免硬物划伤车漆。

2）准备施工工具

需要准备的施工工具包括：刮水板、烤枪、裁剪工具、荧光灯，带安装液的压力喷壶，带玻璃清洗剂的压力喷壶，带清水的压力喷壶，吸水毛巾、预制胶带遮蔽膜、玻璃清洗剂、除胶剂。

4. 降尘处理

同前文所述。

5. 车膜剥离

首先用烤枪进行预加热，再从玻璃边缘的车窗上将车膜逐渐掀起，当掀下一定面积后，一边用烤枪加热,一边用手将车膜整体剥离下来。

剥离车膜时必须注意,一是剥离车膜时应注意玻璃的加热温度,温度过低时车膜底胶将会大量残留在玻璃上,有时甚至出现车膜剥离不彻底现象,过高则会导致玻璃破裂;二是剥离时不可用力过大,否则会造成胶底大面积的残留。

6. 底胶清除

车膜剥离后,都会有一定数量的底胶残留在车窗上面,必须进行清洗。

(1)将专用的去胶剂喷涂于玻璃整个表面,静等1~3min。

(2)注意观察去胶剂与底胶的反应,当底胶充分溶解并流淌时,用刮刀从上向下刮,并分成小面积进行,将刮离下来的底胶刮到一处集中收集,并用干净的毛巾擦净刮刀。在刮离过程中,必须保持玻璃的湿润,可持续适时喷涂清洗剂,操作时不可太用力。

(3)对于玻璃边缘与橡胶封条里面的底胶,可用刮板(倾斜角度)由里向外、从上向下的用力刮擦,一边用力刮擦一边喷涂清洗剂,彻底去除底胶及污物。

(4)确认底胶去除彻底,然后用不脱毛纯棉毛巾擦拭干净。

7. 玻璃清洁

可通过玻璃清洗剂清洁及洗车泥抛光的方法清洁玻璃。

8. 玻璃抛光

经过上面几道工序处理,玻璃已经达到洁净要求。此时,需要对玻璃的平整度、氧化程度进行检测,若不合格则要进行玻璃打底抛光处理,否则导致贴膜效果不佳,透光度不够。

进行玻璃抛光应准备的用品是玻璃专用研磨剂,工具是抛光辊及喷雾器。具体步骤是先将少许玻璃专用研磨剂涂在抛光辊底板表面上,然后用喷雾器在玻璃的表面喷洒一层薄水雾,再将抛光辊放在玻璃上开始研磨。注意,研磨时应使研磨剂均匀地涂布在一定区域的面积上,逐步将每个细分区域打磨完。抛光辊应按横—纵—横的方式不停地打磨,如图6-24所示。并用喷壶喷洒清水水雾的方式可靠保证玻璃面上始终有一层薄水雾,不可干磨。

研磨作业完成后,用干净的湿毛巾,将研磨剂全部擦拭干净,用大量清水结合海绵冲洗干净,并用毛巾擦拭干,边框处可采用气枪吹、毛巾抹的方式擦拭干。

玻璃抛光之后是否要做玻璃镀膜,取决于客户要求及玻璃状况。如果要进行,按模块四外饰件美容项目——汽车玻璃美容来施工。

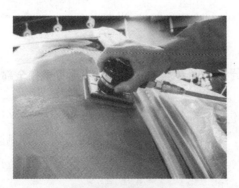

图6-24 玻璃抛光

9. 制作模板

由于侧窗玻璃的面积小,且形状变化大,烤膜工作量不大或不需要烤膜,所以在施工中常采用模板的方式裁膜。模块的来源主要有两个：一是直接用上次装贴同款车侧窗玻璃时所留下的内衬来做模板，这种类型特别适合 4S 店，采用此方法，不需要进行粗裁与细裁，直接跳至粘贴（步骤 11）；二是用比侧窗大的内衬或透明的塑料薄膜来制作简易模板，方法是将模板原料贴合在所要进行施工的侧窗玻璃表面，根据侧窗的形状尺寸对模板原料进行切割，如图 6-25 所示，此方法比较适合于汽车美容综合店。

图 6-25 制作模板

10. 粗裁

从工具架上选择所要进行施工的车膜类型，按照已经制作好的简易模板形状对车膜进行裁剪。

特别强调：侧窗玻璃大部分上缘边是有弧度，而另三边是直线的，因此在剪裁时，直线边可直接按照模块裁，而有弧度的上缘边应在离模块弧缘边长 3～4mm 处徒手画弧裁剪，如图 6-26 所示。

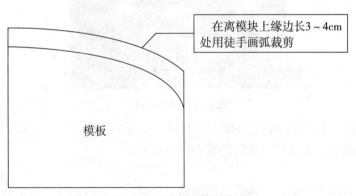

图 6-26 依据模板粗裁车膜

11. 细裁

1）对位调整

把侧窗玻璃升到最高位，玻璃外侧喷上一层安装液，将粗裁好的膜敷在外侧玻璃上，通过移动车膜反复对位，尽量避免出现漏光或膜较窗偏大现象，若存在漏光或明显偏大现象。如果存在漏光则说明膜裁小了，只能报废；若偏大可再次剪裁，去除多余量。

特别强调：对位时必须将膜离车窗下边框胶条边缘线处下移 10～15mm，否则会出现下边框漏光或升降时易脱落现象。

（2）裁弧线

通过压紧中上部车膜及引导下边膜的方式，将玻璃下降至约 1/4 处，要求膜不会从玻璃上滑落，玻璃与膜同时下降时不会出现褶皱。接着用裁膜刀以玻璃上边弧度为模块，将多余的膜裁下，形成完美的弧度线，并对车膜边角进行导角处理，完成裁膜作业。

12. 粘贴

1）清洁

再次清洁内侧玻璃。

2）开膜

侧窗开膜宜单人操作，其开膜方法是对已裁好的膜通过水膜吸附的方式放置于另一车门上，从上部掀开内衬至约 1/2 处，并喷上安装液，形成一层水膜。

3）上膜

将内侧玻璃喷上安装液，形成一层水膜，施工人员左右手分别拎住膜的两边，以玻璃的上部为贴膜起始位，对好位，并要求起始位应低于玻璃上缘弧边 2~4mm，车窗两边无漏光。

4）排水

对中上部进行初步排水作业，用牛筋刮板由中心到左右及上边的方式将中上部的水分刮出。

5）粘中下部膜

将玻璃升到最高位，将下部内衬全部掀开，如图 6-27 所示，并对待贴车膜面及玻璃面喷上安装液，形成水膜，再进行对位粘贴，接着用牛筋刮板进行初步排水作业。

图 6-27　侧窗粘膜

特别强调：粘中下部膜时必须将插边刮板插入车窗下边密封条处，以扩大边缝，便于将膜"塞"入密封条内，实现密封条处的玻璃可靠粘贴。

13. 排水

将掀下的内衬再次于覆盖内侧前风挡玻璃上，对好位后用塑料三角板加力做进一步的挤水操作；再用小三角板与插边刮板完成边角的挤水作业，并掀下保护膜，完成排水作业。

14. 修整

如果局部仍有不贴合的地方，可按预定型的方法，用烤枪加热，使其完全吻合，并注意弧度处理及边框加固作业。

15. 验收完工

施工完成后，侧窗上端的膜必须裁切平直，玻璃开到顶部不能漏光（膜在胶条外，有光线穿过的为漏光），小三角副窗边缘允许漏光，但最大不超过 1mm。

侧窗玻璃车膜施工验收标准：

（1）检查每块玻璃两侧有无明显的漏光现象。
（2）玻璃开到顶部不能漏光（膜在胶条外，有光线穿过的为漏光），小三角副窗边缘允许漏光，但最大不超过 1mm。
（3）观察侧窗玻璃上缘线是否与车膜边缘保持平行，刀线是否平滑。
（4）不存在较集中的砂砾夹在玻璃和车膜之间的现象，有无气泡、褶痕。
（5）仔细检查最下沿的车膜的黏结情况，不应该有安装液残留在车膜和玻璃之间。
（6）不能够有密集的沙点和气泡。
（7）项目作业常见的问题及处理措施如表 6-7 所示。

表 6-7 贴膜常见问题与处理措施办法

常见问题	产生原因	措　施
翘起、锥形起泡	安装液浓度过大	建议每 3.8L 水添加 5 滴强生婴儿沐浴露（比例约为 4∶1000）
	裁膜刀片不够锋利	每裁剪三刀，应更换一片刀片，建议用不锈钢美工刀
	水溶性胶残留	用专业除胶剂彻底去除，并用大量清水冲洗
	玻璃本身做过疏水处理	清洁玻璃时，用油性清洗剂以减少疏水效果
水分长时间不干	水溶性胶残留	以压力喷壶针对隔热膜范围均匀喷洒较多清洁水
	刮水力度不足	目测可以看到刮板把水分推挤掉为原则
	刮水次数不够	增加刮水次数
	刮水方式不正确	以 1/2 重叠法刮水
	刮板刀面不平，有缺口	以 400 号或 600 号水砂纸对刮板刀面做细研磨
	安装液添加过多	依照气温和潮湿度调整混合的比例
贴膜后有毛屑或尘点残留	贴膜间灰尘太多	安装除尘喷淋头
		保证工作间封闭
		减少人员进出工作间和走动频率
		坚持每天清扫除尘 2～3 次
	安装液中有杂质	使用过滤后的自来水或纯净水
		避免使用前一天的安装液
	有贴膜工人的毛发	操作时穿戴工作帽
	内饰板上有灰尘和毛屑	用专用的遮蔽胶带和遮蔽膜将内饰板完全覆盖
	玻璃黏附	玻璃要确保清洁干净
	膜上残留	裁膜时可做初步检测

项目 2　安装汽车中控防盗器

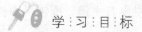
学　习　目　标

1. 能正确描述中控门锁的功能。

2. 能正确描述中控门锁的结构。
3. 能正确描述防盗器的种类与特点。
4. 能看懂中控门锁及防盗器电路图。
5. 能合理选用防盗器。
6. 掌握中控防盗器的安装操作。

一、项目情境引入

小陆买了一辆车，听说附近小区汽车被盗窃案件时有发生，决定安装一个汽车中控防盗器，既可控制门锁开锁落锁，又能实现防盗。他到市场上看了看，锁的品牌、种类都很多，不知道买哪种好。另外，他又在网上查了查，发现安装中控防盗器也不是一个小事，有的车安装后自燃了，有的车安装后汽车不能正常工作。面对小陆的疑虑，请你提供解决的办法，并提供专业的安装作业服务。

二、项目相关知识

汽车中控防盗器主要由汽车中控防盗门锁与汽车防盗器两部分所组成，通过两者的路线连接可实现用防盗器的遥控器来触发中控门锁的开锁与落锁，实现一体控制。

（一）中控门锁

1. 中控门锁的功能

中控门锁是汽车中央控制门锁的简称，主要实现所有车门开锁与闭锁统一控制，便于车主对车门的控制，以及汽车在行驶过程中实现自动落锁，为驾乘人员提供保护，是汽车必配装置之一，同时配合防盗器可实现遥控。因此，中控门锁可实现中央控制、速度控制、单独控制、遥控四大功能。

1）中央控制

当驾驶员锁住或打开左前车门时，其他车门也同时锁住或打开，驾驶员可通过门锁开关同时打开或关闭所有车门。

2）速度控制

当行车速度达到一定时，各个车门能自行锁定，防止乘车人员误操作车内门把手而导致车门打开，造成危险。

3）单独控制

除驾驶员身边车门以外的其他车门，设置有单独的弹簧锁开关，可独立地控制一个车门的开启和锁定。

4）遥控

现在安装的中控门锁一般为遥控型，多与防盗器相结合构成中控防盗控制系统。车主只要通过操控遥控钥匙上的按钮即能控制4个车门和行李箱门的开关，十分方便。

2. 中控门锁的基本结构

中控门锁的工作原理是将电能转化为机械能，用电动机带动齿轮转动来开关车门。目前汽车上装用的中控门锁种类很多，其基本组成如图6-28所示，主要有主锁、副锁、中控门锁主机、线组及相关固定配件等组成。

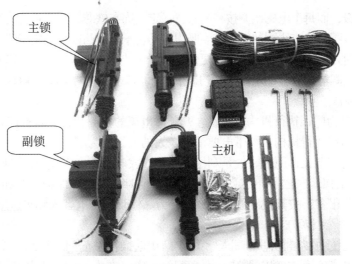

图 6-28 中控门锁部件的组成

1）门锁开关

大多数中控门锁的开关都是由总开关和分开关组成的。总开关装在驾驶员身旁的车门上，总开关可将全车所有车门锁住或打开；分开关装在其他各车门上，可单独控制一个车门。

2）门锁执行机构

门锁执行机构受门锁控制器的控制，执行门锁的锁定和开启任务。门锁执行机构有电磁式、直流电动机式和永磁电动机式，三种结构都是通过改变极性转换其运动方向而执行关门或开门动作。

（1）电磁式。电磁式锁执行机构内设两个线圈，分别用来开启、锁闭门锁。门锁集中操作按钮平时处于中间位置。当给锁门线圈通正向电流时，衔铁带动杆左移，门被锁住；当给开门线圈通反向电流时，衔铁带动连杆右移，门被打开。

（2）直流电动机式。直流电动机式执行机构是通过直流电动机转动并经传动装置（传动装置有螺杆传动、齿条传动和直齿轮传动）将动力传给门锁锁扣，使门锁锁扣进行开启或锁止，如图 6-29 所示。由于直流电动机能双向转动，所以通过电动机的正反转动实现门锁的锁止或开启。这种执行机构与电磁式执行机构相比，耗电量较小。

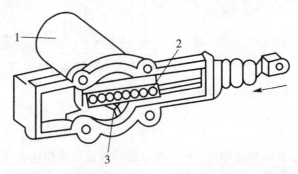

图 6-29 电动式门锁传动装置

1—电动机；2—齿条；3—齿轮

（3）永磁电动机式。永磁电动机多指永磁型步进电动机。它的作用与前两种基本相同，但结构差异较大。电动机转子带有凸齿，凸齿与定子磁极径向间隙小而磁通量大。定子上带有轴向均布的多个电磁极,而每个电磁线圈按径向布置。定子周布铁芯,每个铁芯上绕有线圈,当电流通过某一相位的线圈时,该线圈的铁芯产生吸力吸动转子上的凸齿对准定子线圈的磁极,转子将转动到最小的磁通处,即是一步进位置。要使转子继续转动一个步进角,则需要的转动方向向下一个相位的定子线圈输入一脉冲电流,转子即可转动。转子转动时,通过连杆使门锁锁止或开启。

3)门锁控制器

门锁控制器是为门锁执行机构提供锁、开脉冲电流的控制装置,具有控制通电电流方向的功能。同时由于门锁执行机构长期带电要消耗较大的电能,为了缩短工作时间,门锁控制器具有定时功能。定时装置工作原理一般是利用电容器充放电特性,在超过规定时间后输送给门锁机构的电流就自行中断,正常锁门或开门也如此。定时装置可以保护电路和所用电器的安全。门锁控制器的种类很多,按其控制原理大致可分为晶体管式、电容式和车速感应式三种。

3. 中控门锁的控制原理

中控门锁是通过中央电动联锁机构,用车门钥匙操控左前门,操纵4个车门和行李箱同时打开或关闭。中控门锁的继电器装在中央配电盒中。在中控门锁中共有5把电动锁,分别与车门边锁和行李箱锁相连。电动锁锁体内装有电机和连杆机构,通过微动开关供电,带动门锁动作。通用型中控门锁连接电路图如图6-30所示。

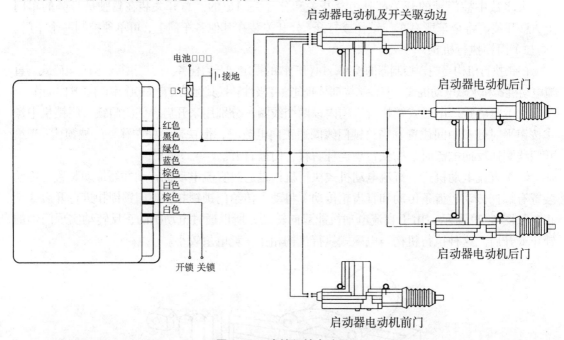

图6-30 中控门锁电路图

(二)汽车防盗器

1. 汽车防盗器的作用

随着我国汽车保有量的快速增长,汽车被盗窃的数量也在快速上升,有的地方竟形成盗窃、改装、销量一条龙服务。因此,汽车防盗器已成为汽车的必装件之一,它能有效地增加盗车难度,延长盗车时间,从而实现防盗,避免车主损失。

2. 防盗器的种类

随着科学技术的进步,为对付不断升级的盗车手段,汽车部件厂商研制出一代又一代各种方式、不同结构的防盗器,其功能也不相同。目前防盗器按其结构可分机械式、普通电子式、网络系统式和指纹防盗器四类。

1）机械式防盗器

转向盘锁、制动踏板锁、变速杆锁、车轮锁等均属于机械式防盗器，如图6-31所示。它们主要是靠锁定方向盘、制动踏板、变速挡、车轮等汽车操纵部件，使窃贼无法将汽车开走。该类型采用机械的方式来达到防盗的目的，特点是防盗性能稳定、价格便宜，但仅能锁住车辆的局部，每次开停车都要用钥匙开启，而且只防盗不报警。该类防盗器最为传统，因其不美观、不方便，主要作为汽车防盗的辅助手段。

（1）转向柱锁。如图6-31（a）所示，通过锁杆9锁住方向柱8，从而实现防盗作用。

（2）方向盘锁。如图6-31（b）、（c）所示，方向盘锁有多种结构，图6-31（b）为拐杖锁，拐杖锁的两端类似拐杖的手柄，长度可调整，一端挂在转向盘上，另一端挂在离合器踏板上，装有自动变速器的汽车则挂在制动踏板上，一旦锁定，方向盘不能转动，则无法进行挂挡行驶；（c）为直杆锁，目前市场上最为常见，由锁杆、锁栓和锁组成。两个锁栓分别固定在转向盘的径向两相对端，锁杆的另一头插在车内任意地方固定，以防止转动转向盘。

（3）制动踏板锁。如图6-31（d）所示，通过锁杆锁住制动踏板，通过产生制动阻止车辆移动来实现防盗。

（4）排挡锁。如图6-31（e）所示，排挡锁在换挡杆附近安装变速箱锁，通过锁住汽车的操纵部位，可使变速箱不能换挡。

（5）车轮锁。如图6-31（f）所示，安装在车轮上，通过固定车轮来实现防盗，比较笨重，安装不方便。

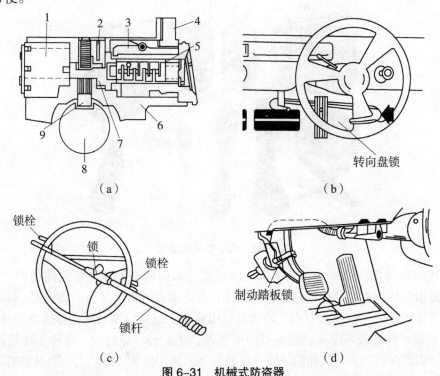

图6-31 机械式防盗器

（a）转向柱锁；（b）转向盘锁；（c）拐杖锁；（d）制动踏板锁

1—点火开关；2—锁止器挡块；3—开锁杠杆；4—开锁按钮；5—钥匙筒；6—转向柱管上托架；7—凸轮轴；8—转向柱；9—锁杆

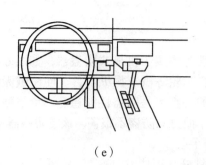
（e）

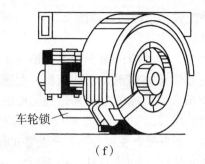
车轮锁
（f）

图 6-31 机械式防盗器（续）

（e）排挡锁；（f）车轮锁

2. 电子式防盗器

电子防盗器也称微电脑汽车防盗器，主要由主机、喇叭、遥控器、振动器、防抢继电器、LED 指示灯、连线等构成，如图 6-32 所示。它主要是靠锁定点火或启动来达到防盗的目的，同时具有声音报警功能。该类防盗器通过电子设备控制汽车的启动、点火等，当整个系统开启之后，如果有非法移动汽车或开启车门、发动机罩、行李箱盖或接通线路时，防盗器立即发出警报，顿时灯光闪烁，警笛响起，同时切断启动电路、点火电路、喷油电路、供油电路，甚至自动变速器电路，使汽车处于完全瘫痪状态。该类防盗器为第三代防盗器，具有安装隐蔽、功能齐全、无线遥控、操作简便的特点，是目前轿车上广泛使用的防盗装置。

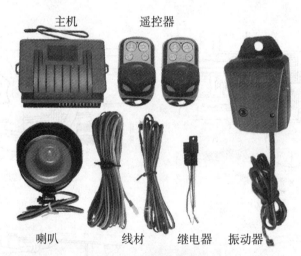

图 6-32 电子防盗器组成

电子式防盗器按功能来分可分为单向防盗器、双向防盗器及免接线防盗器三种类型。单向防盗是指只能由遥控器去控制防盗器工作，而防盗器无信息反馈回遥控器；双向防盗器指防盗器与遥控器之间信息是双向，防盗器可以将车上信息反馈到遥控器的液晶显示屏上。免接线防盗器一种不破坏原车路线的双向报警器，免安装，免剪线，这种无连线设计避免了因安装防盗器而破坏原车线路的风险，可靠性高。其主机和 120W 大功率报警喇叭之间采用无线连接，外置喇叭仅需接上电源即可；采用智能压力感应器检测车内气压变化感知车门打开报警；内置高灵敏度电磁感应振动器检测汽车振动撞击报警；报警时 LCD 液晶显示；遥控器、控制主机和外置无线喇叭同时用声音报警通知车主；FM 调频技术，遥控报警距离为

1 000 米。

3. 网络式防盗系统

网络式防盗系统（图 6-33）是指通过网络来实现汽车的开关门、启动电动机、截停汽车、定位汽车以及车辆根据车主的要求提供远程车况报告等功能。网络式汽车防盗系统主要有两种：一种是全球卫星定位，通过 GSM 进行无线传输的 GPS 防盗系统，俗称"天网"；另一种是以地面信标定位，通过有线和无线传输对汽车进行定位跟踪和防盗防劫的 CAS 防盗系统，俗称"地网"。网络防盗主要是突破了跑离的限制。

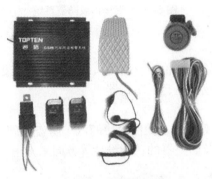

图 6-33　GSM 防盗器

GPS 系统全称为全球卫星定位系统。实际上，此技术是美国耗资 100 多亿美元，历时二十多年发展的一大航天工程，1991 年在海湾战争中被首次使用。海湾战争之后，GPS 技术在非军事领域得到了更加深入地应用，在汽车反劫防盗领域取得实际效果。GPS 卫星定位系统属于网络式防盗器，它主要靠锁定点火或启动达到防盗的目的。GPS 应用于汽车反劫防盗服务就得益于卫星监控中心对车辆的 24h 不间断、高精度的监控服务。该系统由安装在指挥中心的中央控制系统、安装在车辆上的移动 GPS 终端以及 GSM 通信网络组成，接受全球定位卫星发出的定位信息，计算出移动目标的经度、纬度、速度、方向，并利用 GSM 网络的短信息平台作为通信媒介来实现定位信息的传输，具有传统的 GPS 通信方案所无法比拟的优势。缺点是价格昂贵，每月要交纳一定的服务费。

4. 指纹防盗器

汽车指纹防盗器为第四代防盗器，如图 6-34 所示，它由微电脑控制的，用先进特殊的加密方式传输数据，是世界上最前沿、最先进的真正的温感型活体指纹识别系统，其采集并保存车主或驾驶员的指纹数据，通过准确可靠的指纹识别算法验证合法身份，以控制汽车电脑、汽车门锁、发动机的供电点火启动装置、供油供电线路和电控变速箱锁、电控机盖锁、电控后备厢锁、电控手套箱锁，非法者无法解密和模拟。即使砸破车窗进入车内改动线路也无法开锁和启动发动机，非法打开车门，系统就自动报警了。从识别方式来分一般有平贴式和滑动式（刮擦式）两种。平贴式的使用简单，适合大多数人群；滑动式的成本较低，使用不太方便，不适合大范围推广使用。

汽车指纹防盗器在 -45°~ 85°、湿度 20%~ 100% 保证精度，除了对理想指纹具有高识别率外，对困难手指也能保证非常高的识别率。

图 6-34 汽车指纹防盗系统

3. 汽车防盗器的选用

1）根据实际需要选用

目前，汽车防盗器种类繁多，价格差距很大，选用时要依据汽车的档次、使用环境、个人的习惯及功能需要等因素选择适宜的防盗器。

2）根据产品品牌选用

应选择可靠性好、使用寿命长、操作简便的汽车防盗品牌。并可从防盗器的原理设计、元器件的选择、加工工艺以及防盗器的功能设计等方向来考虑。

3）选择通过检测的产品

选购时应注意产品是否通过公安部的检测（须经过公安部安全与警用电子产品质量检测中心检测达到我国标准的产品，检测有效期为4年）及行业"3C"认证。

4）根据产品的售后服务选用

考察产品是否有质量保证，有无过硬的安装技术，所安装防盗器对原车电路的改动有多大，过大则会隐含故障。

5）按需要分专用型与通用型选用

有些市场普及量大的轿车依据车本身的电路特点已经开发出配套的专用型防盗器，对原车电路改动极少或影响不大，但价位稍高；而通用型则适宜各种车型，以功用为设计的出发点，不可能考虑到各种车型的匹配，故改动量大，但价格易接受。

4. 常见防盗产品及安装说明

中高级轿车在出厂前都预装了车用电脑防盗系统。当钥匙芯片数据与车载电脑预存数据相符时，电脑才会通知相关系统工作，允许发动机启动。当钥匙卷片数据与车载电脑预存数据不相符时，汽车动力系统停止工作。因此，带车载电脑防盗系统的轿车一般不需要再安装电子防盗器。

因此，安装防盗器主要是中低档车，以及一些有特殊用途的汽车，如出租车多安装 GPS 防盗器。我国汽车防盗器经过二十多年发展，形成了一批汽车防盗器品牌，如铁将军、PLC、铁老大、二郎神几大品牌，无论是市场占有率，还是品牌满意度，都名列前茅。但整个汽车防盗器市场品牌多，质量差异大，仍呈现出散、乱、杂的现象。

1）汽车防盗器的安装标准

为了确保所安装的汽车防盗器发挥应有防范性能，实现防盗器安装工作的专业化、规范化，我国于2000年开始制定关于车辆防盗报警器材安装的公共行业标准——《车辆防盗报警器材安装规范》（GA366-2001），并于2001年发布并实施。

2）汽车防盗器安装原则

（1）安装前要熟悉产品。详细阅读产品说明书，认真阅读产品配线图，判断产品各零部件的接口方式和位置。

（2）严格按操作程序进行。严格按照安装电路图进行操作，保证在安装完成后，车内系统主机、防盗主机和天线在车内的安装位置达到安装说明书的要求。接头连接紧密，避免虚接，用绝缘胶布包好。如果连线接错，轻则防盗器无法使用，重则烧毁车内的元器件，使车辆无法正常使用，甚至酿成火灾。安装完毕要严格按照说明书进行功能检测，以确保防盗器的各项功能都能发挥出来。

（3）质量保证的原则。汽车防盗器的好与不好，主要由三个因素决定：防盗器的产品质量、防盗器的安装方法以及防盗器的正确使用。而防盗器的安装方法是与防盗器质量同等重要的因素之一，由于防盗器的安装不良而造成的损失是更惨重的，比如汽车电脑死机、安全气囊爆开、烧毁汽车电路及损坏其他部位等。

有经验的汽车防盗器安装商不仅能对防盗器有全面地认识，而且更主要的是对汽车电路非常熟悉和了解，他们判断汽车电路不是靠死记硬背，而是靠电路理论知识。尤其是当今时代，汽车的更新换代越来越快，充分掌握汽车电器知识是从事汽车电子设备改装的前提。

（三）作业工具

安装中控防盗器需要的工具主要有剥线钳、12V测电笔、螺丝刀（十字、一字）、绝缘胶布、介刀、双面胶带、扎带，以及一些常用汽车维修工具，如图6-35所示。

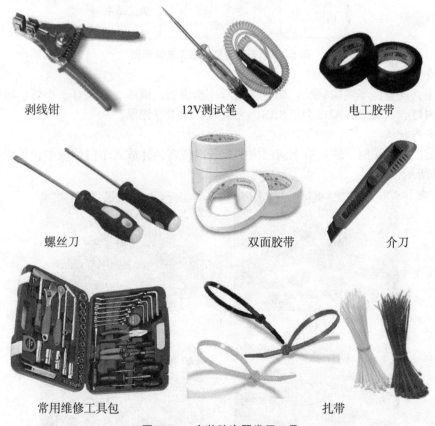

图6-35 安装防盗器常用工具

三、项目实施

安装中控防盗器，作业必须分两步走，即先安装汽车中控门锁，再安装防盗器。下面以在颐达车上安装铁将军火星人6768型汽车防盗器及通用型中控门锁为例，介绍其安装作业。由中控门锁电路（图6-30）及防盗器电路（图6-41）可知，要实现遥控器控制门锁，必须将中控门锁电路图中的开信号与关信号两根线及防盗器电路图的中控线路开闭信号线相连方能起作用。

作业一：安装中控门锁

经上述的分析，安装中控门锁的操作流程图见如6-36所示，具体操作介绍如下：

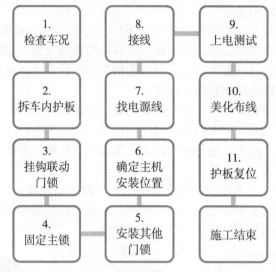

图6-36 安装中控门锁工艺流程图

1. 检查车况

与车主共同查验车辆的状况，如电瓶电压、水温表、机油表、大灯、小灯、转向灯、刹车灯、室内灯、气囊灯、ABS灯、SRS、天窗等，并做好记录。

2. 拆车内护板

安装前门电动锁时，要先拆下前门内护板，以便将锁体放入车门护板中。拆内护板操作如图6-37所示。

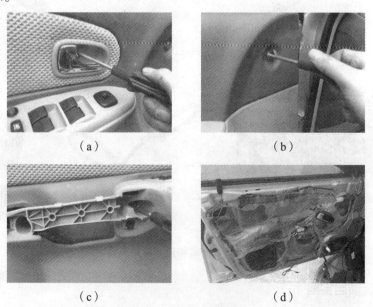

图6-37 拆车门内护板

（a）拆门锁把手；（b）拆饰板固定螺丝；（c）拆门把手；（d）掀下车门内饰板效果图

3. 挂钩折边，联动门锁机构

将安装中控门锁配备的专用的挂钩折边，通过卡板夹紧，实现与原车锁机械联动，操作如图 6-38 所示。安装的难点是如何拆出与车门相关部件相适应的折边来。

图 6-38　连接原门锁开关机构

4. 固定主锁

将折好边的挂钩与门锁前端相连，确保挂钩能如图 6-39 箭头所示方向活动自如，并能联动车门锁芯开闭。确保能实现以上功能之后，可通过扎紧扎带及扩孔固定方式将门锁固定于车门板内，如图 6-39 所示。

图 6-39　安装左前门锁

5. 安装其他门锁

按照上述方法将其他车门的门锁安装好。

6. 确定主机安装位置

一般是将主机安装在驾驶室仪表下。主机要安装牢靠，注意防水、防火，远离干扰源，如点火系统。

7. 找电源线

可在仪表盘下点火开关处找到电源线，如图 6-40 所示。电源线查找方法：拔出钥匙，电笔一端搭铁，检测端在锁头引线上测试，电笔指示灯常亮的线便是正电线。

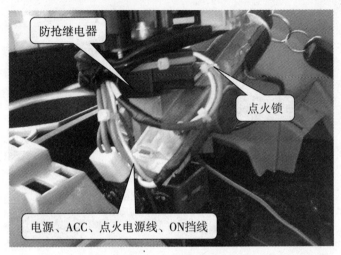

图 6-40　接电源线

8. 接线

（1）将连接插头插入主机上，并按电路图（图 6-30）及线束的长短布线，按颜色相同对接的方法，将连线上的公线头与门锁上的母线头对接。

（2）按上一步骤的方法所查得电源线与搭铁线，先将正极连接上，搭铁线将全部线接好后最后接上。

（3）在中控门锁主机上的开关信号线引导方向下，等待安装防盗器时与防盗器开关信号线对接。

9. 上电测试

安装后测试。在关闭车门前要试一下开关，看中央门锁的动作是否灵活，防止发生关不上、打不开的故障，再进行上电测试。测试的方法有两种：

一是关闭点火开关后，取下车门钥匙，下车后，按下主锁按钮则全部车门都应该被锁上，提起主锁按钮则全部车门都应开锁。

二是将主锁上引出的开关信号线分别接电源正负极，然后再反过来接，观察门锁是否都能实现开锁及落锁两个动作，若能实现则说明安装成功，反之检查电路。

10. 美化布线

上电测试正常后，需将线束藏于饰板后面，并用胶布、扎带进行包好，扎紧。要求线路不易观察到，线路不易摩擦磨损，且不能拉得太紧，要留有余量。

11. 护板复位

将所拆车门内护板复位，完成作业一操作一，可进行作业二操作。

作业二　安装防盗器

本项目作业选用铁将军火星人 6768 型汽车防盗器，其主机的电路如图 6-41 所示，主机右边共有 5 个电线插槽（A、B、C、D、E），共 20 个端子。A 插槽通过六根线与中控锁配线相连，用于实现车门的自动开锁与落锁；B 插槽 6 线，主要用于供电与搭铁，控制喇叭、转向灯声光报警；C 插槽 5 线，用于发动机舱盖、车门开启状态、刹车状态、ACC 状态及防抢控制；D 插槽接振动传感器；E 插槽为两线，接 LED 指示灯，用于指示车辆处于防盗状态。

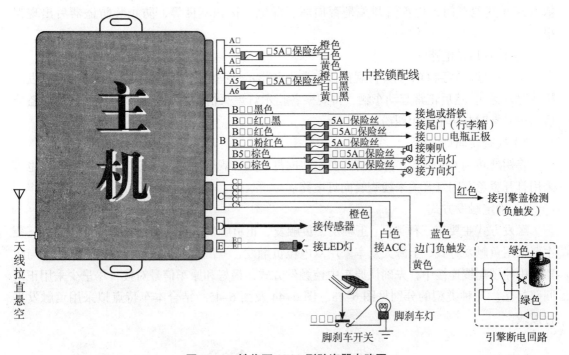

图 6-41　铁将军 6768 型防盗器电路图

经过作业一中控门锁的安装，实现车门中控，并将中控主机的开关信号引至驾驶室仪表台下面。结合对火星人 6768 型汽车防盗器电路分析，本项目操作工艺如图 6-42 所示，具体的操作如下：

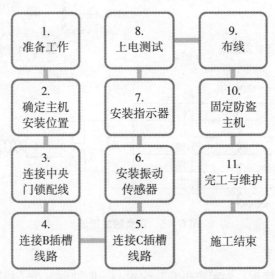

图 6-42　安装防盗器工艺流程图

1. 准备工作

1）车门开关检查

分别打开各车门，检查所有车门，检测开关是否接触正常；分别打开车门时观察门灯、顶灯是否正常点亮。目前大多车型顶灯带有延时熄灭功能，检查时须等顶灯熄灭后，再依次打开其他车门，检查门开关是否损坏、漏电、接触不良等，防止装防盗器后出现误报警。

2）检查启动电路

用车钥匙旋转到 ON 位置，观察仪表盘内各指示灯亮情况（如气囊、ABS、充电、发动机故障灯等），然后正常起动车辆，再观察各指示灯熄灭情况有无异常。避免车辆装防盗器后出现异常时与车主发生纠纷。

3）检查转向灯电路

将钥匙转到 ON 位置，分别打开左右转向灯开关，观察左右闪光灯频率是否一样，也可采用打开紧急双闪灯开关来检查转向灯电路。

4）确定触发方式

触发方式主要有三种类型：正触发、负触发、正负触发。常见车型如通用、丰田、三菱主要采用负触发方式，上海大众车采用双电位负触发，一汽大众采用单线触发方式。在与防盗器中控锁配线连接中，先确认原车中控触发方式，最好和原车信号对接，尽量少采用正电回路接法。三种类型的分别见图6-43、图6-44及图6-45。结合本车特点拟采用负触发进行接线。

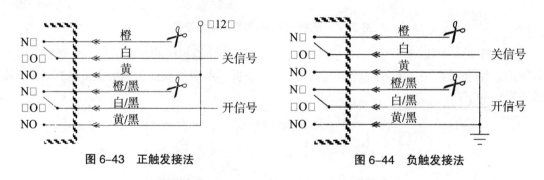

图6-43 正触发接法　　　　图6-44 负触发接法

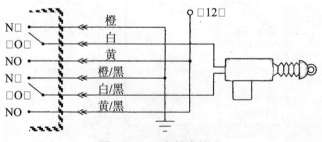

图6-45 正负触发接法

2. 确定主机安装位置

拆下仪表台下端装饰板，确定主机安装位置。一般处理方法是将防盗主机安装在驾驶室仪表台下方，如图 6-46 所示。注意防尘、防水，为分配接线做好准备。

图 6-46　确定主机安装位置

特别强调：此步只是确定位置，不可将主机立即就固定，必须将所有线路连接好，经过测试没有问题后再牢靠固定。

3. 连接中央门锁配线

按图 6-44 负触发的方式连接，将 A1（橙）、A4（橙/黑）两引线剪短，再用绝缘布粘好；将 A3（黄）、A6（黄/黑）两引线可靠接地；A2（白）线与中控锁配线中的关信号线相连，A5（白/黑）与中控锁配线中的开信号相连。

4. 连接 B 插槽线路

（1）B 插槽 B1 端子（黑）可靠接地。

（2）B 插槽 B2 端（红/黑）通过 5A（保险丝），与尾门开关线（行李箱）"—"连接。

（3）拨下 B3 线的保险丝，然后将此线与电源线相连，可在仪表盘下点火开关处找到电源线，与 B3 线接上，如图 6-40 所示。

（4）B4（粉红色）接喇叭线一端，另一根线接地线，并将喇叭放置在引擎舱内，固定好喇叭，如图 6-47 所示。报警喇叭安装时要远离发动机排气管高温处，以免高温损坏。为防进雨水喇叭口应避免朝上安装。

图 6-47　喇叭安装位置

（5）用12V测电笔查找转向灯线，分别将B5、B6线（棕色）接上。

转向灯线查找方法：把钥匙打到ON档，打开某一转向灯开关，然后用测电笔在转向灯开关下的线束上查找，如果测电笔指示灯随着转向灯开和关一亮一灭，此线即为转向灯线，同理查找另一根转向灯线。

5. 连接C插槽线路

（1）C1端（红）与引擎盖开关线"一"（负触发线）连接，有些车没有此线，可不接。

（2）C2端（蓝）与左前门门边触点开关线"一"（负触发线）连接，如图6-48所示。

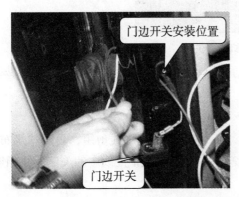 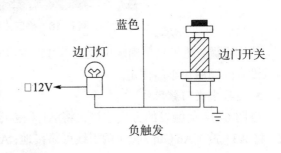

图6-48 门边负触发线路

（a）安装实况；（b）线路图

门边负触发线查找：将左前门打开。测电笔夹子端接车内正电，另一端测试左前门边开关的线束。用手按下门边的触点，测电笔指示灯和车内的照明灯亮，松开门边触点则一灭，则此线即为门边负触发线。

（3）C3端（黄）与防抢继电器一细线相连。同时，剪断点火线或油泵电源线，将带电一端与防抢继电器一根绿色线及另一根细线串接，另一根绿色线与不带电的剪断线相连，如图6-49所示。

特别强调：在剪断ON线时车钥匙要取掉，因为有的车是有带密码系统的，如2000型俊杰、飞度以及别克商务车，如果在车钥匙开起的状况下剪断ON或扒掉车上插头，此时车上的ABS指示灯会一直亮起，或安全气囊指示灯会一直亮起，甚至有的车型无法启动或启动成功后2s后也会自动熄火。

（4）C4端（白）与如图6-40所示点火开关接出的ACC线相连。

ACC线查找：将点火钥匙打到ACC处，用电笔在锁头引线上测试，电笔指示灯亮，钥匙关掉后，指示灯灭，此根连线即为ACC线。

（5）C5端（橙）与制动开关线相连，制动开关与电路如图6-49所示。

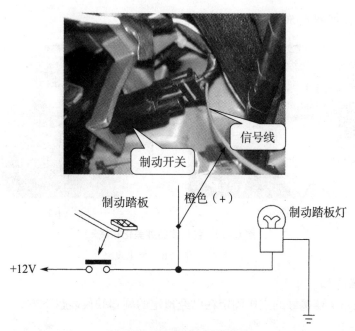

图 6-49 制动开关线路连接

制动开关线查找：制动开关一般在脚刹上方，上面连接两根线。一根为常通的正电，另一根为在踩下脚刹后才有电的线为制动开关线。

6. 安装振动传感器

振动感应器插入 D 槽即可，并将振动传感器固定在仪表盘下靠车门处。

7. 安装指示器

防盗器指示灯两线插入 E 槽，并注意方向。指示灯应贴于驾驶室仪表台上显眼处。

8. 上电测试

防盗器主机所有配线连接完成后，要先按照说明书中的要求进行测试后再装上装饰板。具体操作如下：

（1）检查各配线插头是否与主机插座接触紧固，有无松动现象。

（2）将 B3 线的 15A 保险丝插上，接通电源。

（3）将车钥匙旋到 ON 位置，踏刹车时，中控锁应自动落锁（锁住）；车钥匙关闭 OFF 时，中控锁会自动开启，然后分别依次打开各车门时，转向灯都应会双闪（部分型号防盗器钥匙在 ON 位置时打开车门转向灯才会双闪）。

（4）由遥控器控制操作门锁的开与落是否正常。

（5）用钥匙打开左前门检查是否实现所有车门开锁。

（6）关好所有车门用遥控器设定防盗 10s 后，振动车辆防盗器应立刻发出报警声音。振动感应器的灵敏度大小，可根据安装车型大小应做适量调整。感应器在安装时，应粘贴在车体金属结构部位，否则会影响振动感应器性能。

9. 布线

上电测试正常后应进行布线美化工作。布置线路时导线应尽量隐蔽、美观，车上接线的部位要包扎好，走线要井井有条，不要乱穿，连接继电器的时候要看继电器是否会碰到方向盘的转弯杠,操作如图6-50所示。

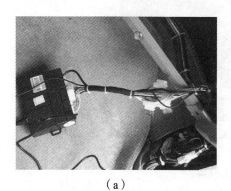
（a）

（b）

图6-50　包扎线路并美化布线
（a）包扎线路;（b）美化线路

10. 固定防盗主机

将线路已经完全连接好的主机固定在已经拟定的副驾驶仪表盘下方。

11. 完工与维护

收拾工具,去除防护设备,物品归位,完成全部作业工作。防盗器在使用中要注意维护,具体参照表6-8进行防盗器相关维护工作。

表6-8　防盗器常见故障排查

故障现象	排除方法
主机安装之后喇叭一直鸣叫无法用遥控器解除	（1）检查插座是否插反 （2）接线是否连接有问题 （3）主机保险丝是否烧断 （4）检查主机与遥控器号码是否吻合 （5）如果有备用电池喇叭,检查开关位置是否正确
车处于防盗状态时,常触发警报或误报	检查振动感应器是否太灵敏,降低即可
当警报触发时,喇叭不鸣叫	（1）检查喇叭是否有问题 （2）检查喇叭与主机接线是否有问题 （3）检查喇叭与接地是否可靠
当使用遥控器时,指示灯不亮,无法遥控使用	（1）检查电池是否有问题,电表测量不能低于10V （2）检查电池是否使用频繁电力减弱 （3）检查遥控器是否有人调整频率 （4）检查遥控器是否浸过水 （5）检查遥控器是否有损伤

续表

故障现象	排除方法
设定防盗状态之后,10秒之内喇叭立即大鸣,解除之后再设定防盗也是同样的情形	(1)检查振动感应器是否正常 (2)检查振动感应器是否正常 (3)振动感应器指示灯是否有动作
遥控中央门锁无法正常动作或根本无法动作	(1)检查电动机是否正常 (2)检查接线、保险丝,若保险丝有烧断情形,表示安装上有问题,请重新检查接线之间的问题 (3)重新详阅中央控制门锁安装说明及线路安装说明

项目 3　安装倒车雷达

1. 能正确描述倒车雷达的功能与组成。
2. 能正确描述倒车雷达的类型与选购。
3. 能看懂倒车雷达电路图。
4. 掌握倒车雷达安装操作。

一、项目情境引入

工作仅三年的张女士刚考了驾照就买了一辆新车。高兴之余,发现车上没有安装倒车雷达,对她而言,安装倒车雷达非常必要。市面上倒车雷达有很多种,装哪种好,如何安装?她一时没有注意,你能给她提供帮助吗?

二、项目相关知识

倒车雷达全称为倒车防撞雷达,又称为泊车辅助系统或称倒车电脑警示系统,是驾驶员泊车时的重要辅助手段,是汽车防护必配装置之一。倒车雷达可使驾驶员能够快速、安全、准确地停车,解除驾驶员停车和启动车辆时前后、左右近视或盲区所引起的困扰,从而有效地保障汽车倒车的顺畅、安全,减少意外的交通事故与麻烦。随着汽车电子技术的不断发展,倒车雷达与防盗器、车膜一样广泛成为汽车防护利器。

(一)倒车雷达的功用

倒车雷达是根据蝙蝠在黑夜里高速飞行而不会与任何障碍物相撞的原理设计开发的。倒车雷达能以声音或更为直观的显示告知驾驶员周围障碍物的情况,解除了驾驶员泊车和启动车辆时前后探视的麻烦,并帮助驾驶员扫除了视野死角和视线模糊的缺陷,提高车辆的安全性。倒车的盲区如图6-51所示,可见车后相当一部分区域中低矮的障碍物是驾驶员无法从后视镜中观察到的,因此安装倒车雷达很有必要。

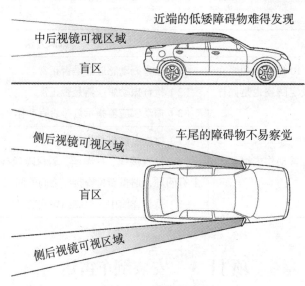

图 6-51 倒车的盲区

（二）倒车雷达的组成

倒车雷达由主机、感应器（探头）、喇叭、显示器等组成，如图 6-52 所示。有的还带摄像头，为可视倒车雷达，它可以通过显示器看到车后的情景，如同驾驶员安装了一个"后眼"，极大地提高了驾驶员倒车或启动时行车判断的准确性。

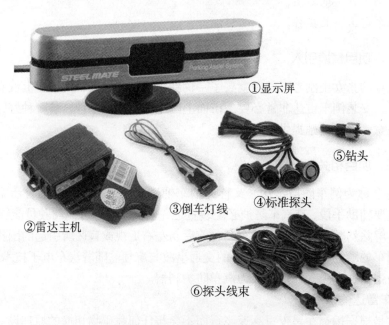

图 6-52 倒车雷达的实物图

（三）倒车雷达的工作原理

倒车雷达利用超声波原理，由装置于车尾保险杠上的探头发送超声波撞击障碍物后，再反射超声波到探头，并通过数字或更为直观的声音、色彩的形式，实时地向驾驶员提供所计算出的后车体与障碍物之间距离。

图 6-53 给出倒车雷达电路原理图，其工作过程是：首先连接电源，车辆排挡杆挂入倒挡时，则倒车雷达启动，探测器主机自动进入工作状态，在控制器的控制下，由装置于车尾保险杠上的探头发送超声波，遇到障碍物后产生回波信号，传感器接收到回波信号后经控制器进行数据处理，从而计算出车体与障碍物之间的距离，判断出障碍物的位置，再由显示器显示距离并发出警示信号，从而使驾驶者倒车时不至于撞上障碍物。

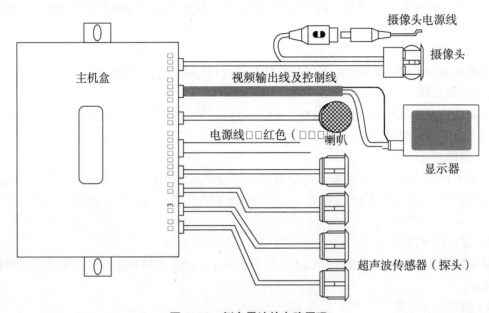

图 6-53　倒车雷达的电路原理

（四）倒车雷达的选购

现在市场上各种品牌的倒车雷达众多，价格各异，鱼目混杂，但其原理是相似的，主要差异是表现在五个方面：一是超声波感应器有内置和外置之分；二是探头有单个或多个的，也有前后探头的；三是有用声音缓急提示的，也有用数字加声音提示的，还有倒车影像的；四是有国产与进口之别；五是倒车雷达有通用型和专用型。通用型适合所有的车，专用型是原车型设计有此功能，在市场营销策略的作用下所推出的低配版，没有实现此功能，需要额外加装。

因此，要从众多产品中找到合适的产品，选购时必须考虑以下几个方面的因素：

1. 看款式

作为汽车的装饰件，安装倒车雷达要考虑显示与传感器安装后是否美观，与车是否协调等。

1）外形

从传感器外形看可以选择的有纽扣式和融合式两种，纽扣式传感器表面是平整的，融合式传感器表面是有造型变化的，与后保险杠自然过渡。

2）颜色

从颜色上看应选择与汽车后保险杠相同的颜色，否则两者颜色差异过大，安装后会使汽车颜色显得不协调。

3）尺寸

从尺寸上看有超小型、中型和大尺寸的。尺寸大的比较大气，小的比较隐蔽，主要取决于车后保险杠的大小和个人偏好。

4）驾驶习惯

显示器应根据驾驶人的倒车习惯选用前置式或后置式显示器，也可以选择数字显示加声音提示的或带倒车影像显示的。

2. 看功能

功能齐全的倒车雷达具备距离显示、声响报警、区域警示和方位指示等功能，有些产品还具有开机自检功能。

3. 看性能

主要从探测范围、准确性、显示稳定性和捕捉目标速度上来考虑。

1）探测范围

大多数产品探测距离范围在 0.3～1.5m，好的产品达到 0.1～2.5m。范围宽的倒车雷达在倒车时能提前测到目标。

2）测控的准确性

主要看两个方面：一是看显示的分辨率，一般产品为 10cm，而好的产品达到 1cm；二是看探测误差，可用直径 10cm 的管子，放在 1m 处在位置进行比较，好的产品误差应低于 3cm。

3）显示稳定性

显示稳定性是指在障碍物反射面不太好的情况下，能否始终捕捉到并稳定地显示出障碍物的距离。

4）捕捉目标速度

捕捉目标速度反映倒车雷达对移动物体的捕捉能力。这对避免类似儿童或骑车人从车后突然穿过的碰撞事故尤为重要。

4. 看适应性

倒车雷达对周围环境的适应能力与气温关系很大。由于全球环境的转变，夏季温度普遍偏高，冬季温度偏低。某些品牌的适应性较差，在高低温的状态下，车未启动就产生报警，且明显缩短雷达的使用寿命。

5. 看质量与服务

倒车雷达作为汽车行驶安全的重要措施之一，对其质量与可靠性应有比较高的要求。质量好的产品提供的服务较好，承诺的保修期比较长，建议选择保修期限 2 年以上的产品，另外还要考虑经销方的安装能力、服务水平。

（五）倒车雷达的分类

倒车雷达按装配情况可分为专用型与通用型两类，也可按探头安装方式，即是否要对保险杠进行扩孔分为粘贴式和扩孔式两种类型。其中，粘贴式安装仅限于具有粘贴式探头的报警器，其特点是不需要在车体保险杠上开孔，只要探头粘贴在适当的位置即可，安装方便且安装拆卸均不会影响汽车美观，但也存在安装不牢的问题，多为临时性安装。扩孔式也称为嵌入式，此方式需要对保险杠进行扩孔，属于永久性安装，容易固定，安装美观，为绝大部分人所接受。通常选购此类产品时会般配有相应的扩孔器。

与通用型倒车雷达相比，专用型倒车雷达具有如下特点：

1. 只需购置倒车雷达模块及探头

要求必须向生产厂家指定的供货点购买与本车相配套的倒车雷达模块及探头，不需要购置显示器与蜂鸣器。图 6-54 所示显示器已经集成在显示仪表上了，效果较通用型好。组合仪表内的蜂鸣器根据车后障碍物的最近距离作相对应的响应频率提示。

左转向　前后雾灯　瞬时油耗　门开　倒车雷达　充放指示　位置灯指示　手刹　右转向

图 6-54　风云 2 辅助仪表信息

2. 无须布线，连接线路非常简单

由于高配车型已经配置了倒车雷达，故该款车在制造时已经将线路布好，各模块元件之间的匹配已经做好了，只需加装时将各元件固定好位置并将线路接上即可。

3. 应能看懂原厂电路图

图 6-55 为奇瑞风云 2 倒车雷达线路图。由图 6-55 可知，与倒车雷达模块相连的前车身模块（BCM）LIN 线、三个探头信号线已经集成在一个插接口，安装时只需要将此插接口与倒车雷达模块对接上，同时将倒车开关的倒车灯电源线及接地线分别与倒车模块相接，即可完成所有的电路连接。因此，能看懂此电路图是正确掌握倒车雷达的前提。

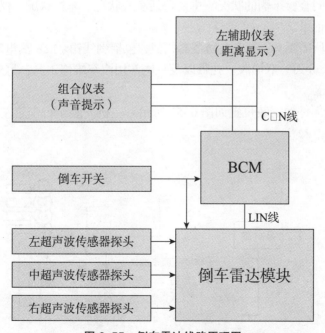

图 6-55　倒车雷达线路原理图

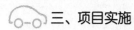

三、项目实施

作业一：安装通用型倒车雷达

本项目作业是安装通用型倒车雷达，并采用扩孔式安装，倒车雷达实物见图 6-52，安装操作流程图如图 6-56 所示，具体操作详述如下：

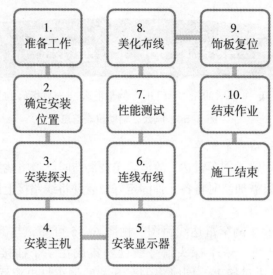

图 6-56　安装通用型倒车雷达工艺流程图

1. 准备工作

（1）与车主共同查验车辆的状况，主要包括车表状况、车饰状况、仪表显示情况、车灯工作状况，并做好记录。

（2）准备安装所需工具，与安装防盗器相似，包括剥线钳、12V 测电笔、螺丝刀（十字、一字）、绝缘胶布、介刀、双面胶、扎带以及一些常用汽车维修工具，另外还需一台电钻。

2. 确定安装位置

倒车雷达主要部件的安装位置如图 6-57 所示。主机安装于行李箱左或右侧面上，如图 6-58 所示。

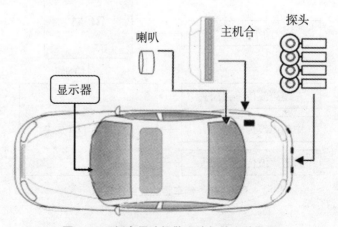

图 6-57　倒车雷达报警系统部件安装位置

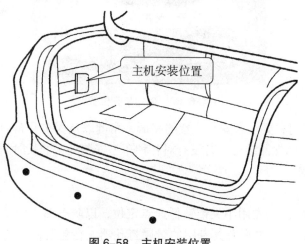

图 6-58 主机安装位置

3. 安装探头

1)拆行李箱饰板

打开行李箱,用螺丝刀拆下后保险杠的内饰板、行李箱左侧的内饰板。

2)确定扩孔位置

2 个探头的最佳宽度为 0.6 ~ 0.8m,4 个探头的最佳宽度为 0.3 ~ 0.4m,最佳离地距离为 0.5 ~ 0.8m。对于可视倒车雷达的摄像头应安装在车的中部,并与探头平行,扩孔示意如图 6-59 所示。

要安装 4 个探头,故应确定 4 个扩孔点,操作步骤如下:

步骤 1:先找到后保险杠的中点,中点的确定方法是打开行李箱,就会看见行李箱锁头,依据此点做出保险杠中点。

步骤 2:确定中点后,依据车后杠特点确定高度,保做好标识。

步骤 3:依据车型及车主喜好确定 A 点,A 点的选择一是距车外侧 10 ~ 15cm 为好,二是扩孔位置圆弧过渡不能太大。

步骤 4:根据 A 点与 D 点相对于中点对称的原理,确定 D 点,三等分平分 AD 距离,可以找到 B、C 点,同时用细线做"+"号来精确确定扩孔位置,作业所得如图 6-60 所示。

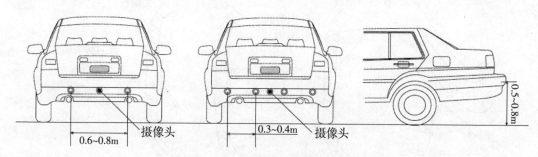

图 6-59 探头与摄像头的最佳安装位置

图 6-60 确定扩孔位置

特别强调：安装时，要注意安装位置的高低、角度以及探头分布的距离等，如不注意这些问题，会影响探头的探测结果。若没有对各种车型安装经验的长时间积累，是无法满足各种车型的安装要求的。

3）扩孔

扩孔方法见图 6-61，先用小尖锥钻低速点定位，以防电钻头滑位，然后使用原配置的金属开孔钻头（每种产品中都有其专用的金属打孔器，在包装盒内），对准已定位点钻孔。扩完孔后，用介刀对孔上的毛刺进行修饰，扩孔完成。

图 6-61 扩孔操作

4）装入探头

接着将胶套安装在打好的孔内，然后将已经接好线的探头从基材背面安装在探头胶套上，并预留大约 10cm 的探头线。探头上的 A、B、C、D 标记务必分清，按从左到右的顺序，分别将 A 探头、B 探头、C 探头及 D 探头压入 A、B、C、D 孔中，操作如图 6-62 所示。

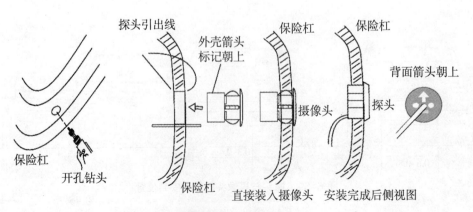

图 6-62 安装探头

特别强调：探头的安装是有方向的，探头背面标记箭头方向应朝上，如图6-62所示。

4. 安装主机

（1）将防盗器上的主机线束插头连接牢固，在连接4个探头接线口时，注意顺序，必须由左到右按探头上标记的A、B、C、D装入孔中，如图6-63所示。

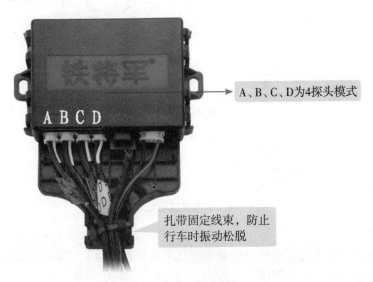

图6-63　主机接线

（2）将主机盒安装在安全、不热、不潮和无水的行李箱侧面，如图6-58所示。

5. 安装显示器

将显示器底座粘贴在车前平台上，或粘贴于车内观后镜处，如图6-57所示。

6. 连线布线

1）连接倒车线

依据车后倒车灯上的引线，找到倒车开关引过来的连接。此线需要进一步确认，方法是将点火钥匙置于ON挡，将挡位挂入倒挡，用测试笔检测，测试笔应亮，反复几次，确认无误后将主机上的倒车线与其相连，再用绝缘胶布包扎好。倒车灯引出倒车灯电源，把主机电源线与倒车灯电源并接。

2）连接电源线与接地线

再从行李箱线束上找到电源线接上，并接好搭铁线。

3）主机线连到仪表台上的显示器

按图6-64所示进行布线，需要拆掉A柱的饰板，以及左前后门边的饰板，将线布于饰板下面，并装好饰板。

此步作业注意事项：

（1）连线一定要包扎好处，以免造成短路现象，搭铁线必须牢固。同时将相互连接的线及探头屏蔽线隐蔽铺设，以防压扁、刺穿，并起到美观的效果。

（2）探头连线必须远离排气管，因为排气管温度很高，距离很近会引起电路短路，烧坏雷达主机。

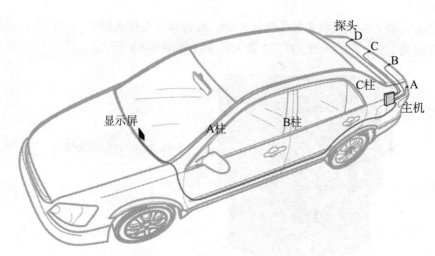

图 6-64　倒车雷达布线示意图

7. 性能测试

对安装完成的倒车雷达可进行一些基本测试来认证其质量及安装是否到位,性能测试内容主要包括距离、防水、有效范围三个方面。

1)距离测试

用尺子去测量车尾与障碍物距离,与倒车雷达显示的数据是基本一致,误差在 3cm 内为好;

2)防水测试

拿几瓶矿泉水,如果条件好的可以打开水龙头,用水去冲探头,从这个测试可以了解产品的防水性能,因为它将关系雨天倒车时的安全;

3)有效范围测试

可以将障碍物通过不同角度切入探头的测试范围,一个探头的正常测试范围的夹角为 90°。

8. 美化布线

整理扎紧主机连接出来的线束,固于行李箱侧面,并进行美化作业。

9. 饰板复位

将布线时所拆下的行李箱侧面饰板、后保险杠饰板、ABC 三柱的饰板,以及左前后门边的饰板复位。

10. 结束作业

再次检查安装情况,同时检查灯光、仪表、漆面状况,交车。

提示: 千万不要以为安装了倒车雷达就万无一失了,它只能作为一种参考。如图 6-65 所示的几种情况,倒车雷达是无法准确判断的,而且还可能会误判。

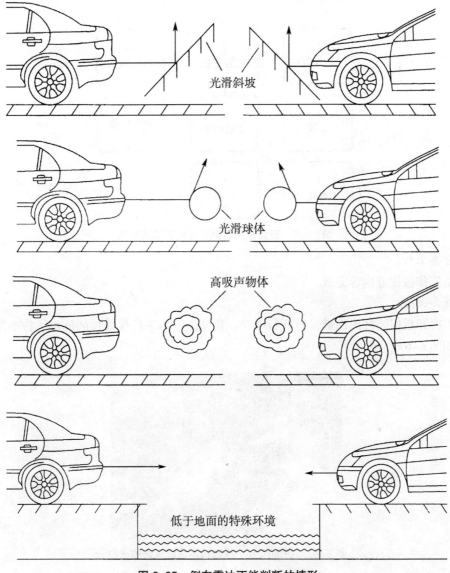

图 6-65 倒车雷达不能判断的情形

作业二：安装专用型倒车雷达

风云 2 是奇瑞公司 2010 年推出的一款精品小型车，二厢与三厢车型都推出实力型、劲取型、豪华型及尊贵型四种款式，其中实力型与劲取型没有安装倒车雷达探头及倒车雷达模块，但显示装置及线路都已经安装在车上了。从市场销售来看，其中劲取型性价比最好，销量最高，加装倒车雷达的迫切需求也最高。

下面以奇瑞风云 2 劲取型轿车安装专用型倒车雷达为例，介绍安装作业，其操作流程如图 6-66 所示，具体操作如下：

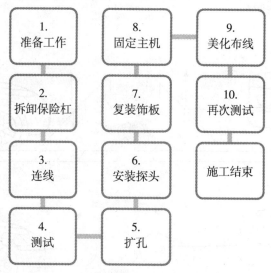

图 6-66　安装专用型倒车雷达工艺流程图

1. 准备工作

准备工作按作业内容完成。

2. 拆卸保险杠

（1）拆卸后保险杠内饰板。打开行李箱，用螺丝刀拆下后保险杠的饰板、行李箱左侧的饰板，如图 6-67 所示。

图 6-67　拆卸风云 2 行李箱内饰板固定螺丝钉

（2）拆下两侧尾灯总成。

（3）拆下挡泥板。

（4）拆下后保险杠，如图 6-68 所示。

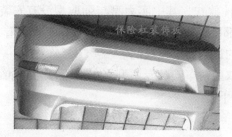

图 6-68　风云 2 拆卸下的后保险杠

3. 连线

（1）拆下后保险杠后，掀开行李箱左侧蒙皮，会看到倒车雷达模块，如图 6-69 所示，可清楚看见由前车过来的白色插接口，它包括倒车雷达显示器过来的 LIN 线、倒车信号线等，直接与主机对接即可。

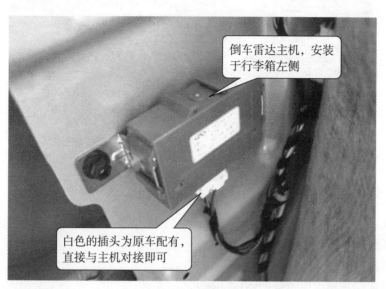

图 6-69　主机连线

特别提示：由于原车已经布置了从主机到仪表上的线束，故无须要进行布线。专用型有别于通用型的安装。

（2）将三个探头线路接到主机。

4. 测试

先将三个探头依次排好平行放置，再将点火开关置于 ON 档，并将排挡杆挂入倒挡，倒车雷达则进行工作状态，如图 6-70（a）所示，R 距离障碍物 65cm，图 6-70（b）距离障碍物 65cm，经测量非常正确，证明连线及相关元器件正常，如此方可接着做下面定位及扩孔工作。

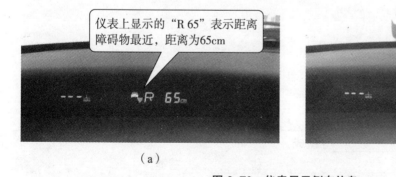

（a）　　　　　　　　　　　　　　（b）

图 6-70　仪表显示倒车信息

（a）测试数据 1；（b）测试数据 2

5. 扩孔

原车在保险杠装饰板后面已经做好标记线，即无须通过测量对中点来定扩孔点了，如图 6-71 所示，以此标记来扩孔即可。扩孔方法同上述作业一。

图 6-71 扩孔记号

6. 安装探头

按作业一的方法进行安装。

7. 复装饰板

按拆卸的逆序复装后保险杠装饰板。

8. 固定主机

将主机盒安装在安全、不热、不潮和无水的行李箱侧面。

9. 美化布线

整理线束，将过长线束包扎起来，固定于行李箱内隐蔽处。

10. 再次测试

当车辆处于倒车状态时，LCD 显示其间距。组合仪表蜂鸣器报警与障碍物的距离有关，确保倒车雷达信息显示与实际一致。

11. 作业结束

整理工具，收拾场地。

思考与练习

一、填空题

1. 车膜自面市以来，经历过_____、_____、_____和_____四个阶段。
2. 美国 3M 公司的车膜主要有_____层、_____层、_____层、_____层、"易施工"胶膜层以及_____等组成。
3. 防盗器按结构可分_____、_____和_____三类。
4. 电子防盗报警器也称微电脑汽车防盗器，主要由_____、喇叭、_____、_____、防抢继电器、LED 指示灯、主线材等构成。
5. 电子式防盗报警器类型有三种，分别是_____、_____及_____。
6. 中控门锁由_____、_____、线束、连杆卡钩等组成。
7. 倒车雷达是根据_____在黑夜里高速飞行而不会与任何障碍物相撞的原理设计开

发的。
    8. 倒车雷达由_____、_____、喇叭、显示器、摄像头等组成
    9. 按安装倒车雷达探头是否要对保险杠进行扩孔分为_____和_____两种类型。

二、选择题

1. 下面（　　）不是汽车防爆膜的功用。
  A. 隔热　　　　　B. 防爆　　　　　C. 防紫外线　　　　D. 降低风阻系数
2. 车膜装贴在汽车玻璃的（　　）。
  A. 内侧　　　　　B. 外侧　　　　　C. 两侧都可以
3. 在下列太阳光谱中，传导热量最多的是（　　）。
  A. 紫外线　　　　B. 可见光　　　　C. 红外线
4. 下面不属于车膜品牌的是（　　）。
  A. 雷朋　　　　　B. 龙膜　　　　　C. 汉高　　　　　　D. 威固
5. 车膜有透明基材的主要作用是（　　）。
  A. 保护隔热膜　　B. 隔热降温　　　C. 防紫外线　　　　D. 有效降低驾驶人的疲劳程度
6. 倒车雷达测范围好可达到（　　）。
  A. 0.3～2.05m　　B. 0.5～2.5m　　　C. 0.2～1.5m　　　　D. 0.1～2.5m
7. 倒车雷达安装中探头中点的确定方法是（　　）。
  A. 测量车宽，取其一半就是中点　　　B. 以行李箱锁头确定出保险杠中点
  C. 其他办法获得

三、判断题

1. 茶纸具有一定的隔热、防晒和防爆性能。（　　）
2. 防爆太阳膜可以100%的防止紫外线。（　　）
3. 裁膜时没有方向之分。（　　）
4. 前风挡玻璃对透视性要求非常高。（　　）
5. 深银灰色的车膜可用于前风挡贴膜。（　　）
6. 优质的太阳膜具有较好的透光度，因此侧窗膜无须挖孔也不会影响视线。（　　）

四、简答题

1. 简述车膜的作业。
2. 如何辨别车膜的好坏？
3. 列举热定型烤膜方法。
4. 简述贴膜作业中初裁、细裁及精裁的作用。
5. 简述防盗器的作用。
6. 简述倒车雷达的原理。
7. 如何选购倒车雷达？

五、操作题

1. 新车闪风挡玻璃贴膜作业。
2. 旧车侧挡贴膜作业。
3. 安装中控防盗器作业。
4. 安装倒车雷达作业。

学习情境 7

汽车隔音工程

随着我国国民经济快速的发展和人民生活水平迅速提高，汽车已"飞入寻常百姓家"。汽车成为人们日常重要的交通工具，好似第二个可移动的"家"，也是一个移动视听娱乐之地，并成为高品质生活的象征。相应地，人们对汽车的静音性提出了更高的要求。据不完全统计，近几年汽车隔音产品的国内整车配套和维修市场的需求量每年约为人民币 225 亿元，可见汽车隔音工程将成为汽车装饰新亮点。

汽车隔音工程按实施项目来区别分为车体隔音工程与底盘隔音工程。其中车体隔音工程按实施部位分为车门隔音、后备厢隔音、引擎盖隔音、车地板隔音车顶；底盘隔音主要是通过实施底盘装甲来实现，底盘装甲具有减振隔音功能，同时还具有防锈、防腐蚀、防石击的作用，可全方面保护底盘。

项目 1　车体隔音

 学习目标

1. 能正确描述噪声的危害。
2. 能正确描述汽车噪声的来源。
3. 能正确描述汽车隔音的原理。
4. 能合理选择汽车隔音材料。
5. 掌握汽车隔音作业操作。

一、项目情景引入

吴先生由于工作原因，经常开车跑高速，路上听听音乐是不错的选择，但是跑高速时车内的噪声让他不能享受优美的音乐，而且还得承受驾驶时的噪声，让人心烦，这给行车安全也带来了影响。面对吴先生的问题，你能给出一个非常好的解决方案吗？

二、项目相关知识

（一）汽车隔音工程起源

汽车隔音工程始于20世纪80年代，当时美国一群汽车音响发烧友为了能够更好享受到汽车音响所带来的乐趣而开发了一系列隔音产品，这些产品既可以降低行驶过程中车内的噪声，又可以提升汽车音响的音色。所以说汽车隔音原本是为真正热爱汽车的享乐主义者而创立，目的是让更多车主的生活得到升华，享受更美妙的驾驶乐趣。经过近30年的发展，汽车隔音技术理已成熟，相应的产品非常丰富，通过进行汽车隔音工程，不仅驾乘人员能享受完美的视听效果，同时也提供了宁静空间。

（二）噪声的危害

噪声的危害是多方面的，噪声不仅对人们正常生活和工作造成极大干扰，影响人们交谈、思考，影响人的睡眠，使人烦躁、反应迟钝，工作效率降低，分散注意力，引起工作事故，更严重的情况是噪声可使人的听力和健康受到损害。噪声的强度愈大，频率愈高，作用时间愈长，个人耐力愈小，则危害愈严重。统计资料表明，80dB（A）以下的噪声不会引起噪声性耳聋；80dB（A）～85dB（A）的噪声会造成轻微的听力损伤；85dB（A）～100dB（A）的噪声会造成一定数量的噪声性耳聋；而在100dB（A）以上时，会造成相当大数量的噪声性耳聋。人在没有思想准备的情况下，强度极高的爆震性噪声（如突然放炮爆炸时）可使听力在一瞬间永久丧失，即产生爆震性耳聋，这时人的听觉器官将遭受严重创伤。

交通噪声对人体健康的影响是多方面的。噪声作用于人的中枢神经系统，使人们大脑皮层的兴奋与抑制平衡失调，导致条件反射异常，使脑血管张力遭到损害。这些生理上的变化，在早期能够恢复原状，但时间一久，就会导致病理上的变化，使人产生头痛、脑涨、耳鸣、失眠、记忆力衰退和全身疲乏无力等症状。如果孕妇长期乘坐噪声较大的车辆，噪声会通过作用于中枢神经系统影响胎儿发育。

汽车噪声不但增加驾驶员和乘员的疲劳，而且影响汽车的行驶安全。噪声对消化系统、心血管系统也有严重不良影响，会造成消化不良、食欲不振、恶心呕吐，从而导致胃病及胃溃疡病的发病率提高，高血压、动脉硬化和冠心病的发病率也比正常情况明显提高。噪声对视觉器官也会造成不良影响。

（三）汽车噪声的来源

汽车噪声按音频高低来分可分为低频噪声、中频噪声和高频噪声三类。按来源不同分为机噪（车身共振噪声）、路噪（轮胎与路面摩擦产生的胎噪声）和风噪三种。按传播途径不同分为固体传播与空气传播两类。

1. 发动机噪声

发动机运行时产生的振动噪声、排气噪声、进气噪声、风扇噪声等，可通过固体传播及空气传播的方式，由空气通过车身底盘等处的孔缝隙或透过板壁传至车内，当发动机低速或高速运转时，发动机噪声尤为突出。

2. 车身、底盘振动噪声

发动机工作中，其燃烧引起的振动以及惯性引起的振动带动车身弯曲振动和扭转振动，并以中、低频噪声通过车身底盘零部件传至车内；发动机动能在传递过程中，传动件自身由于质量及齿轮啮合等原因产生的振动引起车身底盘振动，进而以中低频噪声传至车内；汽车在颠簸路面或高速行驶时，路面激励通过悬架等引起车身底盘振动，产生车内低频噪声。

3. 车轮噪声

汽车高速行驶时，轮胎与地面的摩擦声（路噪）通过车底板传到车内；由于颠簸路面冲击车轮或车轮自身不平衡引起的振动传至车身即引起振动，产生车内低频噪声。

4. 风噪声

高速行驶时，汽车冲破空气幕产生的碰撞及摩擦对车身的激励，造成车身高频振动，在车内产生高频噪声；风噪还通过车门缝隙，以空气为介质，将高频噪声传入车内。不同车型风噪不同，不同行驶速度风噪也不一样。由于车内空间狭窄，噪声不能有效地被吸收，从而互相碰撞产生共鸣。

5. 厢内共鸣噪声

由于车内空间狭窄，噪声不能有效地被吸收，而相互碰撞产生共鸣。

6. 其他噪声

其他噪声为驾驶室内饰板等部件因颠簸振动而产生内部噪声，空调系统产生的噪声，制动系统产生的噪声等。

（四）隔音降噪处理

声音是由声源作周期或非周期性振动而产生的，它是一种能量，也是一种波，其传播是通过介质用振动的形式传播的。车内噪声通过与车体的共振方式传播，我们称为"结构噪声"。

汽车隔音降噪可通过减振（阻尼止振）、隔声、吸声、密封措施来改善振源和车身的传递关系，实现降噪，改善车内室环境。同时，必须分析噪声源，从而明确需要进行汽车隔音处理的部位。

1. 隔音降噪的控制原理

1）减振控制

汽车的外壳一般都用金属薄板和塑料板制成，车辆行驶过程中震源把它的振动传给车体，在车体中以弹性波形式进行传播，这些薄板受激振动时会产生噪声，同时引起车体其他部件的振动，这些部件又向外辐射噪声（结构噪声），在该传播途径上安装弹性材料，隔绝或衰减振动的传播，就可以实现减振降噪的目的（图7-1）。实验证明，汽车噪声主要为结构噪声，减振是治理汽车结构噪声的主要方法。

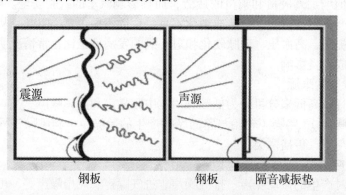

图 7-1　结构噪声传播路径及减振措施

通过加装隔音材料进行表面减振处理，提高结构阻尼、抑制共振，改善结构抗振降噪性能，消除了车身金属的共振，并具有良好的吸音作用，同时也便于加装音响后使音响更加清晰、浑厚、澎湃。目前在汽车上使用的阻尼材料有沥青类阻尼材料、橡胶类阻尼材料、车用阻尼涂料、宽温域阻尼材料。

2）隔声

隔声处理则着眼于隔绝噪声自声源点（发动机、胎噪）向驾驶室传播。隔音材料的最佳应用部位是车身钣金缝隙孔洞处、车地板及挡火墙，由于发动机噪声在挡火墙及车地板表现出的噪声频率为低频噪声（能量大、穿透性强且没有方向性是低频噪音的显著特点），所以多孔、疏松、透气的吸音材料根本无法吸收或阻隔低频噪声向驾驶室的传播。在汽车上阻隔低频噪声必须用高效易用的密实材料，一般低频隔声材料太重，不易成型及安装。

车内隔声结构一般根据阻尼减振、隔声和吸声等多项要求，在不同部位适当采用组合吸声止振材料。应根据所隔噪声的特点、隔声材料结构性能和成本来选择隔声结构。特别是中低档车金属和塑料板材单薄，导致外界噪声传入，安装隔声加厚板材阻隔噪声尤为迫切。

3）吸声

经过隔声之后，对于传入车内的噪声，可以采用在声空间的界面上贴附吸声材料的方法处理。空气波入射到这些界面时，利用吸声材料吸收辐射到其上的声能，减弱反射声能，从而降低车内的噪声。目前在汽车上使用的吸声材料主要有多孔性吸声材料和开孔性吸声材料两种。

4）密封

对于车身容易进风的空隙进行密封处理，可有效地降低风噪生产的噪声，它包括车门密封和后备厢密封。目前汽车上一般采用加装车门和后备厢密封胶条，或在原密封条内穿插加强密封胶条的方法进行降噪处理。

2. 汽车隔音工程需处理部位

不同类型汽车噪声的特性及汽车各个部位的噪声来源都是不同的。其中发动机噪声所占的比重最大，通过对发动机盖、挡火墙、两边裙墙及翼子板的治振及密封，可以有效地控制并降低发动机舱的噪声，减少发动机噪声传入驾驶室。

随着路面条件的逐步改善，车辆行驶的高速噪声又成为另一个主要的噪声源。其中后备厢是一个很大的噪声源，因为其内部是一个大空腔，会产生很大的共鸣，而后座椅的靠背也不是很好的隔声材料。因此在后备厢进行隔声降噪处理就显得更为重要了。

减少车辆行驶中汽车冲破空气幕产生的碰撞及摩擦声，也就是风噪，主要的处理部位是车门。在车门内不但要安装减振材料和吸声材料，而且要对车门的密封性进行加强。

综上所述，并经相关实验证明，汽车隔音的重点施工部位是车门与后备厢，次要施工部位是车地板（含内挡火墙）、车顶及引擎舱，如图 7-2 所示。

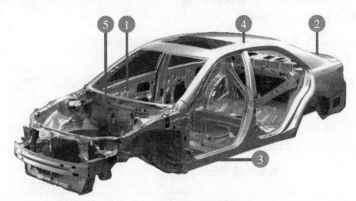

图 7-2　汽车隔音施工部位

1—车门；2—后备厢；3—车门；4—车地板（含内挡火墙）；5—车顶；5—引擎舱

3. 常见的车体隔声措施

1）加装引擎盖隔热垫。引擎盖隔热垫能有效吸收引擎运转时的噪声，并且还有隔热功用，能有效维护引擎盖原厂烤漆，防止长时间高温使烤漆变色。

（2）车厢内中央底盘、后车厢底盘的制振消声垫及防潮隔音棉，最主要的功用是处置中央底盘、行李厢下的底盘，在高速行驶时板件振动共鸣，及由轮胎传入底盘的路面噪声，和排气声导入后箱的共鸣声压。

（3）安装车门内外专用减振隔音板，可增强门板钢性，降低行车时车门板件因较薄产生的共振形成的门内饰钣与零件的松动，或是因车龄老旧，而长期在坎坷路面行驶下，因金属疲倦与车身扭动而生成的杂声；同时加贴门饰板内隔音棉，有效吸收助波，进一步提升声响喇叭的音色质量。

（4）挡火墙隔声、仪表座下层增强消音垫。引擎是最主要的噪声源，也是离驾驶人最近的噪声源，在增强仪表板下部的材质与引擎挡火墙厚度后，能抑止引擎转速拉高时传入车室内的高频声压，这是隔声工程中效果最明显的部位。

（5）后备厢、后备厢贴隔音止振板，能有效减小行车时带来的振动，外层加贴吸引棉，能有效地隔绝排气管噪声以及行车过程中的胎噪、路噪，同时后备箱内轮弧处再同样隔声处理，更好地隔绝胎噪传入车内。

（6）前后轮弧及叶子是底盘噪声最常传入的部位。行驶时避振器所导入的异声，与轮胎与路面及碎石与板件所生成的撞击杂声，施工后能明显降低，这项重点施工部位的价钱较高，不过效果是很明显的。

（五）隔音材料

汽车隔音材料绝对不是减振、隔声、吸声产品的分别粘贴，而应该是一种产品对这几种隔音原理的综合运用。在汽车上使用的隔音降噪材料应该尽可能满足以下标准：

（1）材料要轻。轻量化是整个汽车制造领域发展的大趋势。轻量化材料施工后不会使车身自重、油耗增加太多。

（2）在宽频带范围内隔音性能和吸声性能好，隔音吸声性能长期稳定可靠。

（3）有一定强度，安装和使用过程中不易破损，不易老化，耐候性能好，使用寿命长。

（4）外观整洁，没有污染。

（5）防潮防水，耐腐防蛀，不易发霉。

（6）不易燃烧，最好能防火阻燃。

（7）环保材料不含石棉、玻璃纤维、重金属铅等有害物质。

（8）材料本身便于施工，如便于裁剪，粘贴牢固等。

常见的隔音材料图表 7-1 所示，虽然有一些材料已经不允许或不建议用，但市场仍时常看见。

表 7-1 隔音材料及性能分析

材料名称	性能和使用分析	施工建议	参考图片
海绵	优点：海绵是一种性能非常好的吸音材料，大量运用于录音棚吸声。表面做了吸声槽处理的海绵吸声效果更佳。这种海绵俗称波浪棉 不足：海绵的减振和隔声性能较差 缺点：吸水能力强，容易吸附灰尘，阴雨天或洗车后车重量大大增加，容易引起对车身的锈腐。此外，未经过特别处理的海绵防火性差，一般不阻燃	不用或少用	

续表

材料名称	性能和使用分析	施工建议	参考图片
改性海绵	其实就是海绵，在海绵一面热附着一层黑色塑膜，吸水问题得到解决，但是吸声能力下降，此外海绵本身减振能力也弱，所以弃用	可以使用	
沥青板	建筑上原先使用的沥青板具有较好的防水、减振、隔声效果。只是不能阻燃，自重较大且有污染 优点：便宜 不足：自重大，吸声效果差	不建议使用	
橡胶板	橡胶板因原材料组成成分不同，所表现出的物理性质也相差较大。比如表面光洁度、硬度、耐火性能、可塑性均有极大的差异。但总的来说普通橡胶减振能力弱于沥青板，隔声能力较强 缺点：自重大，吸声效果差，施工难度大	不建议使用	
纤维毯工业毛毡	现在很多汽车生产厂家在生产线上使用的就是这种材料。通常用在车底板和顶棚，不适合其他部位使用 优点：成本低廉 缺点：减振效果一般，虽有一定吸声、隔音能力，但是不防水、不防火也不防腐，车子进水后较易发霉，发臭	可部分使用	
硅酸铝棉	白色或淡黄色，柔软似棉花，耐火、吸水能力较差，不耐脏。对高频噪声吸收能力较强，隔音效果较差。对人体有危害，不环保。目前的环保法规已禁止使用	不能使用	
石油纤维棉	白色，柔软似棉花，遇火既熔，吸水能力较差，不耐脏。对高频噪声吸收能力较强，隔音效果较差。品牌有美国3M、温州环球等	可局部使用	
玻璃纤维棉	吸声性能好，吸水，保温隔热，不自燃，防腐防潮。外表面一般用黑色无纺布包裹，打开后呈明显纤维状。大部分引擎盖防护垫及挡火墙发动机侧垫是用它做的。不环保，松散纤维易污染环境，对人体有害，纤维接触皮肤会导致瘙痒、红肿甚至过敏。内有气孔，相互连接，水汽非常容易浸入，如有破损可导致污染，对健康造成威胁	不能使用	一般为黄色

续表

材料名称	性能和使用分析	施工建议	参考图片
工业橡塑板	EPDM发泡板。黑色、柔软、防水，有一定阻燃率。多用于建筑行业的保温设备或空调行业 优点：隔声、减振能力较强，价格便宜 不足：无吸音能力目前被少数车友和部分汽车隔音店面使用，也有带自粘胶（背胶）的产品，价格稍高 在汽车零部件与车身安装处作为密封材料较多，一般不会大面积采用。汽车前翼子板内海绵条即采用此材料，用于隔断路面噪声及防尘	可以使用	
发泡硅胶板	优点：柔软、不易燃烧、防水、自重适中，环保。隔音效果和减振效果佳，使用寿命长 不足：吸声性能一般。成本太高，性价比不高	可以使用	
吸音涂料	灰黑色液体，喷涂使用。吸声、隔音效果一般，多层涂刷后减振能力还可以。液状PVC污染较大，不建议改装施工。用于地板防腐及降低路面沙石敲击地板的声音。品质较好的PVC固化后是柔软的，较差的PVC固化后基本无阻尼效果	可部分使用	
发泡胶	学名聚氨酯，白色偏黄，有些具有防火能力，少量吸水，具有防火能力的价格较高。常用于建筑和保温行业。减振、隔音能力还可以，吸声效果一般。在车辆上使用后会给日后维修带来不便，可用于处理A、B、C柱时使用。膨胀率50~70倍，适宜夏季施工，如湿冷的冬季施工，固化时间一般需要5h以上	选用	
铝箔复合材料	市面常见，无品牌居多。以铝箔与海绵或多纤维材料复合而成，一侧粘有不干胶。多用于引擎盖的隔音和防护 优点：质量轻，对声波的反射性能好 不足：复合层一般吸水；防火性能差；铝箔层向发动机和相邻线路反射大量热能，不利于发动机散热，易加速线路老化；不干胶在高温下容易发黏并脱落	不建议使用	
隔声毡	主要由铁粉、聚氯乙烯或沥青等材料制成，防潮、防蛀，有阻燃产品，常用于自来水管道包裹、墙体粘贴等建筑领域。隔音性能较好，无吸声能力	声源较近处使用	

续表

材料名称	性能和使用分析	施工建议	参考图片
聚氨酯泡沫塑料	是构成发泡胶的主要成分。固化的聚氨酯泡沫材料能起到较好的隔音、吸声效果，防腐、防水，较好的聚氨酯材料有阻燃设计。但是吸声性能不稳定。车辆的座椅多用该材料制成	推荐部分使用	
波峰海绵	海绵或橡塑制品，多数在高温下释放有毒物质，做过改性后的产品有一定阻燃性。不防水且容易吸尘，水浸或受潮后易藏污纳垢。有较好的吸声性能，海绵材质几乎无任何隔声性能，厚度一般在3cm甚至更厚，不适于对汽车噪声的抑制，常与隔声毡等材料搭配形成特殊声结构在影院、录音棚和KTV等场所做墙面吸音材料使用	不推荐使用	

（六）汽车隔音产品

汽车隔音是一项复杂的工程，需要在多个部位使用多种材料进行综合作用，才能达到较好的隔音效果。加上我国汽车隔音工程刚起步，导致目前汽车隔音行业呈现出所用材料多、产品种类多、品牌多，质量差异大，施工标准不一的特点。常见的隔音品牌有平静、大能、强能、安博士、雷遁等。表7-2是常见隔音品牌及产品说明。

表7-2　品牌隔音产品介绍

品牌	系列	品名/施工位置	特性	图片
平静	隔音系列	平静阻尼隔声吸声棉/用于室内隔音	主要组成成分为橡胶，具有防火阻燃、防水防腐、隔声吸声、阻尼减振、环保、柔软易裁剪、恢复性强、便于施工等诸多优点。开孔结构设计，可高效抑制混响	
		三明治隔声吸声棉/挡火墙专用	通过安装在挡火墙上吸收发动机的噪声，可避免拆卸仪表台	
		阻尼隔声止振垫/贴于正副驾驶员脚底板、车门钣金部位以及后备厢底板、两侧后轮弧内侧及后翼子板等部位	环保材料，防水设计，耐高温，对抑制中低频噪声和振动有很好的效果。材料柔软易贴附，无须裁剪即可粘贴	金属板／阻尼层／背面贴纸

续表

品牌	系列	品名/施工位置	特性	图片
大能		汽车内饰吸声棉/仪表台内侧、顶棚、车门内饰板、后备厢左右两侧衬板等部位使用。或填充到车辆的A、B、C柱空腔内。不宜用于车地板和后备厢地板部位	外观为白色,轻量化的计,为环保级别材料。有优异的吸声性能和保温性,用于汽车内饰间隙及空腔内部,阻止声波来回反射,抑制空腔共鸣,吸收嘈杂噪声。能帮助改善车内声场,提升音响效果	
	密封条系列	密封条/用于四门、引擎仓盖、后备厢的密封,分为P型、大D、小D三种类型	用料为EPDM橡胶材质,可优化引擎舱的散热气流,提高空调制冷、制热效率,提高车辆气密性及防尘能力,高效抑制风噪,降低车内噪声。能改善车内声场,提升音响效果	
	防护系列	引擎盖隔声隔热棉/贴于引擎舱盖	有吸热和隔热双重作用,同时具备防火、防腐、防水、环保和轻量化的特点	
	蓝金刚系列	蓝金刚/贴于正副驾驶员脚底板、车门钣金部位、引擎舱盖以及后备厢底板、两侧后轮弧内侧及后翼子板等部位	成分为丁基橡胶+合成高分子材料,大多作为高端汽车的隔声减振材料;贴于金属钣,可增强车身钣金强度;具有优良的声振动吸收能力,且抗老化能力及耐候性更好	
	吸音隔音垫系列	引擎盖隔热膜/贴于引擎舱盖	本品外敷一层增强铝护膜的吸音泡沫。增强铝护膜能大量隔除发动机舱热量,减缓引擎盖漆面老化,吸声泡沫有效,能吸收发动机舱的机械噪声	
		低频王/贴于车门、后备厢、车地板,可安放在地垫下、装饰面板后、音符外壳内	具有声学五层结构,使其在超低频段具有强大的阻隔功能,能有效去除路噪与引擎噪声,具有优良的隔热性,可有效阻挡引擎、排气管向车内传导热量	
		超级温莎吸音棉/贴于车门、后备厢、车底板	具有优异的吸声和隔热特性,能有效衰减汽车内部中高频噪声,同时具有材料比重低、材料环保、阻燃、疏水抗菌、安全可靠的特点	
		吸音王/贴于车地板、后备厢、车门	材质为橡塑发泡棉,吸声效果优异,由三层聚醚型泡沫材料复合而成,一层为开口腔材料,一层为闭口腔材料,一层为防水防尘材料,能将吸声与隔热有机地结合在一起	

三、项目实施

在做汽车隔音前,应先检查一下车况,有些噪声是由车辆本身的故障引起,如轮胎气压不正常、不规则磨损、悬挂或底盘损坏及发动机异响等。

系统的车体隔音工程项目应对车门、后备厢两个重要部位及车地板(含内挡火墙)、车顶及引擎舱三个次要部分实施全面的隔音工程作业。

作业一:车门隔音

本项目作业是对 KIA 的 SPORTAGE 狮跑进行四车门隔音作业,并采用天能套装产品,安装操作流程图见图 7-3 所示,具体操作如下:

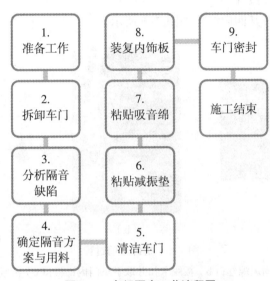

图 7-3 车门隔音工艺流程图

1. 准备工作

(1)将车开到施工场地后,拉上手制动,熄火,以确保安全作业。

(2)与车主共同查验车辆的状况,主要包括车表状况、车饰状况,并做好记录。

(3)安装内饰保护"三件套",即方向盘套、座椅套和脚垫,避免施工中弄脏、划伤车辆配件。

(4)准备车门隔音施工所需工具:平口螺丝刀、梅花螺丝刀、裁纸刀、不锈钢剪刀、迷你扳手、钢卷尺、毛刷、手套、毛巾、卡扣起子和辊子(压止振垫),如图 7-4 所示。

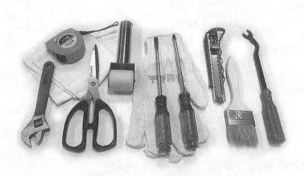

图 7-4 车门隔音所需工具

2. 拆卸车门

（1）关闭窗玻璃。

（2）拆下内饰板上安装的螺钉，特别注意有隐藏的螺钉，多在把手下、车门把手周围及车门灯饰下等。

（3）拆下一部分门镜上的塑胶封套（小三角板）。

（4）用卡扣起子将内饰板剥离，拆下其下方的卡子，尽量在扬起的状态下拆取，如图7-5所示。

（5）拆下电动窗电路的连接器及喇叭电路连接器。

（6）用手将门锁拉杆拨开。

（7）将内饰板取下，其四门结构如图7-6所示。

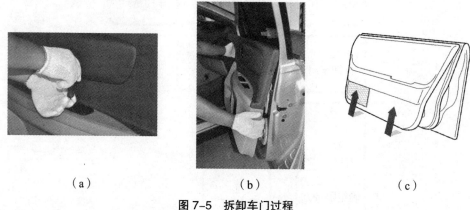

图7-5 拆卸车门过程

（a）拆车门内饰板固定螺丝；（b）扳脱卡扣并取下车门内饰板；（c）扳脱卡扣操作示意图

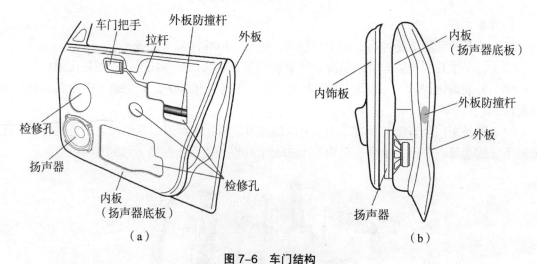

图7-6 车门结构

（a）正面结构图；（b）侧面结构图

3. 分析隔音缺陷

此车门存在四个方面的隔音缺陷，如图7-7所示。

缺陷A：钣金薄弱。单薄的车门钣金更容易传递噪声到驾驶室，长时间的振动会导致车门钣金强度下降，引起钣金材料过度疲劳，加速车门部件损坏。

缺陷B：孔洞漏失。噪声、噪热、尾气及灰尘会通过车门孔洞涌入驾驶室，增大汽车噪声、空调能耗，恶化车内空气，严重影响汽车驾驶的舒适性。

缺陷C：音质流失。充满孔洞、不规则、单薄的车门绝不是扬声器的最佳安装环境，这直接导致扬声器只能发挥出一半的效果。

缺陷D：燥热耗能。缺少隔热材料的车门很容易传导外界的热量，增加驾驶室温度，大量消耗汽车空调能效。

图 7-7　车门存在的隔音缺陷

4. 确定隔音方案与用料

本次作业采用蓝金刚减振垫与超级温莎吸声棉组合，通过减振、吸声、隔音构成完美的隔音工程。四车门施工面积约 $3m^2$，需要用 10 张蓝金刚减振垫，2 张超级温莎吸声棉。同时，还需要用专用环保胶粘剂、柏油清洁剂、泡沫清洁剂及双面胶带等耗材。专用环保胶粘剂的作用是粘贴各种隔音绵。柏油清洁剂与泡沫清洁剂柏油清洁剂能有效清洁车饰部件，另外柏油清洁剂还能可有效去除胶粘剂。

5. 清洁车门

清洁车门前需要揭下防水塑料薄膜，揭下塑料薄膜会残留胶粘物在内板上，揭下的塑料薄膜不可再使用。

使用柏油清洗剂将工作表面彻底清洗一遍，所有的污垢、油脂、水、锈迹等都要清洗干净。在处理较难清除的附着物（胶、玻璃纤维等）时，可尝试用除胶剂先溶解，再用专用铲刀将附着物慢慢铲除；或使用烤枪均匀加热后将其撕下，切不可在工位上使用明火或高温加热。禁止使用腐蚀性溶剂，以防止损坏油漆和面板。最后用干净的抹布将工作表面彻底擦干净。

6. 车门板粘贴减振垫

可先将蓝金刚减振垫在车门板工作面上压成模，再到工作台上使用剪刀或裁纸刀将其分割成相应的所需工作表面的大小和形状，必要时可先用纸剪成模型再下料。下料时，减振材料铺设方式有多种，如图 7-8 所示。可以满铺于钣金上，也可以分块形式粘贴于钣金上，只要贴实面积达到需要止振面积的 50% 以上亦可达到理想效果，满铺制振、分块制振及中心点制振三种方式均可。对于特别薄弱及关键位置的面板，双层粘贴可达到 3 倍效果，尤其对于板材厚度超过 1mm 的更需要使用这种粘贴方法，越多层粘贴，效果越好。双层粘贴的方式也有三种：双层制振、双层分块制振及双层中心点制振，可依据实际需要来选择铺设方式。

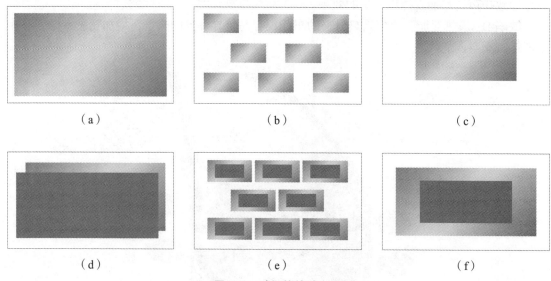

图 7-8　减振垫粘贴方式

（a）满铺制振；（b）分块制振；（c）中心点制振；（d）双层制振；（e）双层分块制振；（f）双层中心点制振

撕去减振垫背面的保护牛皮纸，将其粘贴到工作表面上。工作表面较大时，一边揭开保护牛皮纸，一边往工作表面上粘贴，再使用专用辊子或刮板将其压实。有气泡时用裁纸刀将其挑开，把空气压出，让减振垫紧紧贴在工作表面上。最佳效果是地板钣金凸凹轮廓能从减振垫表面浮现出来，如图 7-9 所示。在工作表面上使用剪刀或裁纸刀切割时一定要注意，避免割断线路和划伤工作表面。小料和边角料都要贴在内侧强度差的部位，进一步提高隔音降噪效果。注意施工时请勿粘贴到外板下方容易积存水处。

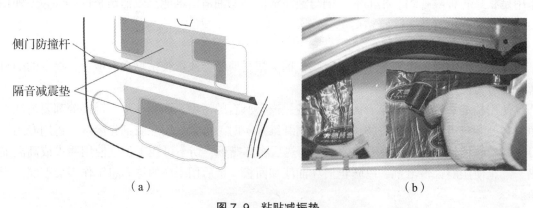

图 7-9　粘贴减振垫

（a）加装部位示意图；（b）实物操作图

7. 封闭车门孔洞

（1）测量孔、洞的尺寸。

（2）将减振垫按所测尺寸进行剪裁。

（3）使用专用辊子或刮板将减振垫压实，充分密封车门孔、洞，效果如图7-10所示。

图7-10 减振垫封闭车门孔洞效果图

8. 内饰板粘贴减振垫

将减振垫裁剪成适合内饰板的尺寸，并粘贴在内饰板平面上，以减少塑料内饰板的共振，如图7-11所示。

图7-11 内饰板粘贴减振垫

9. 粘贴吸声棉

（1）将超级温莎吸声棉裁剪成适合内饰板的尺寸，并剪裁出引线槽，如图7-12所示。

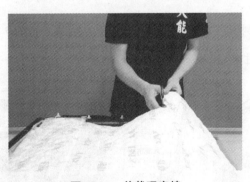

图7-12 剪裁吸音棉

（2）用专用环保胶粘剂或电胶枪将将裁剪成形的超级温莎吸声棉固定在塑料内饰件内表面上，如图7-13所示。

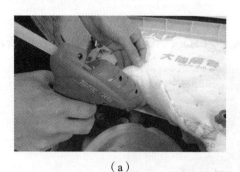
(a)

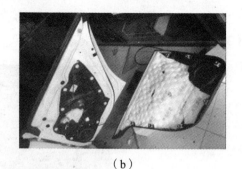
(b)

图7-13 固定吸声棉于内饰板

(a)走枪黏附；(b)黏附固定后的效果

10. 装复内饰板

将内饰件按原样由内至外装回，对照内饰板卡子并压入卡扣，正确安装连接器及把手，安装拆下的螺钉。在安装过程中所有部件一定要按原样回装，所有螺丝及卡扣都要拧紧和扣紧，避免产生二次噪声。

操作结束后，请确认各项功能是否正常运行。看清内饰板的卡孔，请慎重操作，以免造成破损。注意不要阻塞漏水孔。

11. 车门密封

通过合理运用P型、大D及小D类型（形状如图7-14所示）密封条，对车门、引擎舱及后备厢周边进行施工，这样可有效避免车身多个结合部位产生气流分离，同时扰乱了带来噪声的周期性尾流，显著降低车辆行驶途中的噪声。车门密封操作步骤如下：

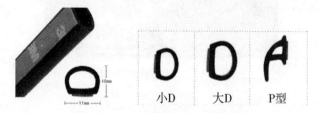

图7-14 小D实物图及密封条类型

（1）清洁车门

（2）将密封条掀去保护层，将密封条按车门开关粘贴，如图7-15所示。

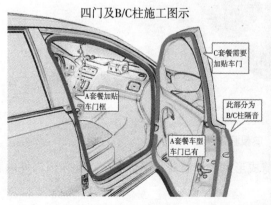

图7-15 密封条施工

12. 结束作业

作业二：后备厢隔音

本项目作业是对 KIA 的 SPORTAGE 狮跑进行后备厢隔音作业，并采用天能套装产品，安装操作流程图如图 7-16 所示，具体操作如下：

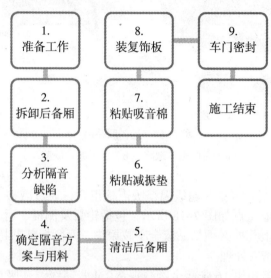

图 7-16　车门隔音工艺流程图

1. 准备工作

同作业一。

2. 拆卸后备厢饰板

主要是拆下内饰板上安装的螺钉，用卡扣起子将内饰板剥离后拆下其下方的卡子，即可取下后备厢的饰板。

3. 分析隔音缺陷（图 7-17）

缺陷 A：钣金薄弱。单薄的车门钣金更容易传递噪声到驾驶室。

缺陷 B：振动变形。单薄的后备厢振动环境下会产生变形，长时间会产生松松垮垮感觉，过沟坎时不够紧固。

缺陷 C：孔洞漏失。噪声、噪热、尾气及灰尘会通过后备厢涌入驾驶室，增大汽车噪音、空调能耗，恶化车内空气，严重影响汽车驾驶的舒适性。

缺陷 D：燥热耗能。缺少隔热材料的车门很容易传导外界的热量，增加驾驶室温度，大量消耗汽车空调能效。

缺陷 E：振动摩擦会生产大量的噪声。

缺陷 F：轮毂噪声。所有汽车的后轮毂都在汽车后备厢里面，汽车在行驶过程中后轮毂振动生产的噪声会在后备厢反射叠加放大。

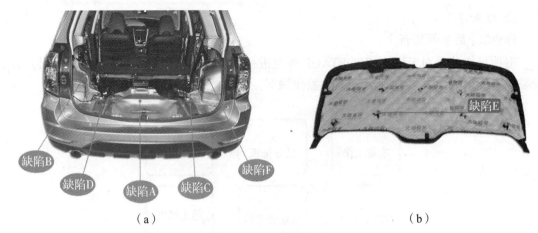

图 7-17 后备厢缺陷

(a) 后尾箱体缺陷；(b) 后尾箱盖缺陷

4. 确定隔音方案与用料

本次作业采用蓝金刚减振垫与超级温莎吸声棉组合，通过减振、吸声、隔音构成完美的隔音工程。后备箱作业重点如图 7-18 所示，包括轮弧及侧板、后备厢盖扳、后肩板、后备厢地板、后壁板，以上几处必须粘贴蓝金刚减振垫，两侧板粘贴超级温莎吸声棉。另外，还需要对后备厢缝进行密封处理。

施工面积约 $5m^2$，需要用 16 张蓝金刚减振垫，4 张超级温莎吸声棉。同时，还需要用专用环保胶粘剂、柏油清洁剂及泡沫清洁剂及双面胶带等耗材。

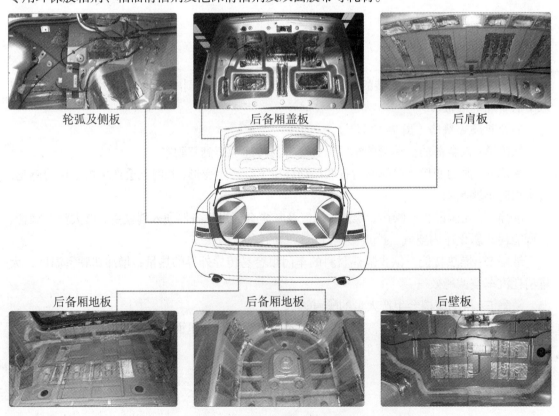

图 7-18 后备厢隔音施工重点

5. 清洁后备厢
6. 粘贴减振垫

分别对图 7-17 中各处进行减振垫粘贴，用棍子压实，如图 7-19 所示。

图 7-19　后备厢粘贴减振垫

7. 粘贴吸音绵

两侧板粘贴超级温莎吸声棉。

8. 装复饰板
9. 后备厢密封

沿着后备厢边沿，用小 D 进行粘贴即可实现密封，如图 7-20 所示。

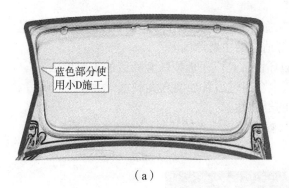 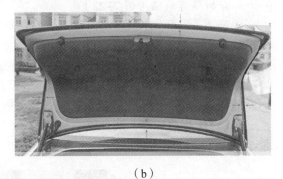

（a）　　　　　　　　　　　　　（b）

图 7-20　后备厢粘贴密封条

（a）粘贴小 D 示意图；（b）粘贴后的效果图

10. 结束作业

作业三　车地板隔音

本项目作业是对 KIA 的 SPORTAGE 狮跑进行车地板隔音作业，并采用天能蓝金刚减振垫加低频王隔声材料套装产品，安装操作流程图如图 7-21 所示，具体操作如下：

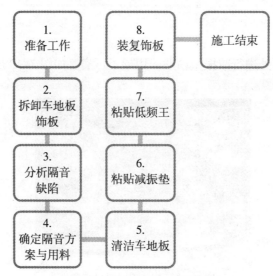

图 7-21　车地板隔音工艺流程图

1. 准备工作

同作业一。

2. 拆卸车地板饰板

（1）拆卸座椅。

（2）拆卸门边饰板。

（3）拆卸车地板饰板。

3. 分析隔音缺陷（图 7-22）

缺陷 A：低频噪声。发动机噪声、轮胎噪声通过车地板表现出来具有很强的穿透性，是汽车噪声最主要的表现形式，是影响汽车驾驶舒适性的主要原因。

缺陷 B：振动变形。低频振动具有很强的破坏性，是汽车地板钣金疲劳的主要原因。

缺陷 C：孔洞漏失。噪声、噪热、尾气及灰尘会通过后备厢涌入驾驶室，增大汽车噪音、空调能耗，恶化车内空气，严重影响汽车驾驶的舒适性。

缺陷 D：燥热耗能。缺少隔热材料的车门很容易传导外界的热量，增加驾驶室温度，大量消耗汽车空调能效。

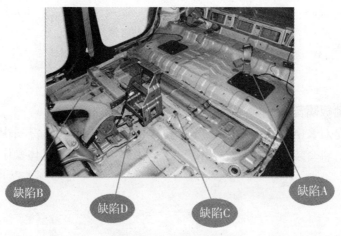

图 7-22　后备厢缺陷

4. 确定隔声方案与用料

本次作业采用蓝金刚减振垫与低频王组合。低频王独有的声学五层结构,其超低频段具有强大的阻隔功能,是路噪和发动机噪声的超级克星,同时它又具有优异的隔热性能,可有效阻挡发动机排气管向车内的排热,非常适合于车地板的隔声。低频王在车内使用非常方便,直接铺设于地毯下方,无须粘贴,可重复使用。

车地板的隔声重点为图 7-23 灰色区域,施工面积约 5m^2,需要用到 16 张蓝金刚减振垫,4 张低频王隔声材料。

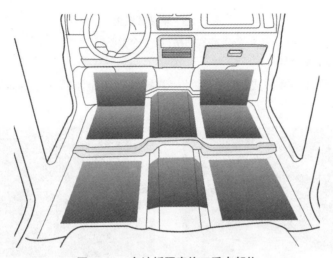

图 7-23　车地板隔音施工重点部位

5. 清洁车地板

方法同作业一。清洁底板,无须将原厂减振材料去除。

6. 粘贴减振垫

将蓝金刚按地板实验使用面积及开关裁剪好,如图 7-24 所示,对车地板进行减振垫粘贴,用棍子压实,作业效果如图 7-25 所示。

注意:汽车地板使用减振材料达到实际面积的 50% ~ 70% 就会达到很好的效果,不要全部贴满。

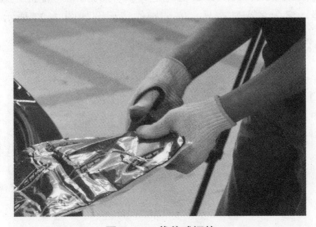

图 7-24　裁剪减振垫

(a)　　　　　　　　　　　　(b)

图 7-25　粘贴减振垫

(a) 初次粘贴；(b) 全部粘贴

7. 粘贴低频王隔声材料

再将低频王隔声材料裁剪成适合的尺寸，直接铺在蓝金刚减振垫的表面，作业效果如图 7-26 所示。

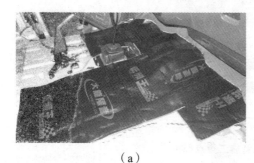 

(a)　　　　　　　　　　　　(b)

图 7-26　粘贴低频王

(a) 失贴部位；(b) 粘贴效果图

8. 装复饰板

将车内饰板、门边饰板及座椅按拆卸的逆序装复。

9. 结束作业

作业四：发动机舱隔声

本项目作业是对 KIA 的 SPORTAGE 狮跑进行发动机舱隔声作业，并采用天能蓝金刚减振垫＋引擎盖隔热膜＋密封条套装产品，安装操作流程图如图 7-27 所示，具体操作如下：

1. 准备工作 → 2. 分析隔声缺陷 → 3. 确定隔声方案与用料 → 4. 清洁发动机仓盖 → 5. 粘贴减振垫 → 6. 粘贴引擎盖隔热膜 → 7. 安装密封条 → 施工结束

图 7-27　发动机舱隔声工艺流程图

1. 准备工作

同作业一。

2. 分析隔音缺陷（图7-28）

缺陷A：漆面老化。发动机舱的高温通过引擎钣金传导加速引擎盖表漆老化。

缺陷B：钣金薄弱，且没有任何隔声措施，单薄的引擎盖钣金更容易将噪声传导到驾驶室。

缺陷C：共鸣噪声。发动机舱相对而言是一个较为密闭的箱体，缺少吸声材料的发动机舱会成倍放大发动机舱的共鸣噪声。

图7-28 发动机舱盖缺陷

3. 确定隔声方案与用料

本作业采用天能蓝金刚减振垫＋引擎盖隔热膜＋密封条的施工方案。引擎盖隔热膜是一种外面覆有一层增强铝护膜的吸音泡沫，这种产品大量隔除引擎盖下面的热量，减缓了引擎盖漆面的老化，是保护漆面的重要手段，同时它有效吸收发动机舱内的机械噪振，降低发动机通过引擎盖板向车内传递的噪振和振动。

引擎盖的减振隔音部位为图7-29（a）灰色区域，引擎盖隔热膜粘贴部位为图7-29（b）格线区域，施工面积约 $3m^2$，需要用6张蓝金刚振垫，1张引擎盖隔热膜。

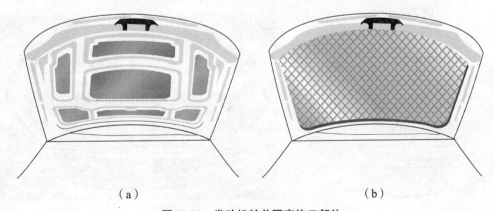

图7-29 发动机舱盖隔声施工部位

（a）减振隔音施工部位；（b）加装隔热膜部位

4. 清洁发动机舱盖

方法同作业一。清洁发动机舱盖。

5. 粘贴减振垫

将蓝金刚减振垫按地板实际使用面积及开关位置裁剪好，对发动机舱盖进行减振垫粘贴，用棍子压实，作业效果如图7-30所示。

图 7-30　粘贴减振垫

6. 粘贴引擎盖隔热膜

将引擎盖隔热膜裁剪成适合的尺寸直接铺在蓝金刚减振垫的表面，作业效果如图7-31所示。

图 7-31　粘贴引擎盖隔热膜

7. 安装密封条

清洁粘贴处。撕开密封条一的3M背胶，按图7-32所示灯饰边缝处贴小D，其他地方贴大D，粘贴时为了使粘贴的更为牢固，可在背胶上再涂一层助粘剂，粘贴后的效果如图7-24所示。

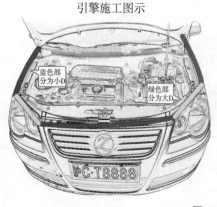

图 7-32　粘贴引擎舱密封条

8. 结束作业

项目 2 底盘装甲

学习目标

1. 能正确描述底盘养护的必要性。
2. 能正确描述底盘装甲的作用。
3. 能正确选择底盘装甲材料。
4. 掌握底盘装甲作业。

一、项目情境引入

汽车美容店来了一个车主，说自己的车二周前在外出旅行时刮了底盘，请求帮忙。技师检测后发现底盘有剐蹭，且剐蹭部分有些生锈了，建议车主做一个底盘装甲。如果你是技师，而且车主还是一个音乐发烧友，你将如何说服车主，又怎样来完成底盘装甲作业呢？

二、项目相关知识

底盘装甲也称底盘封塑，全名是底盘防撞防锈隔音层，通过使用专用的喷枪将一种专为汽车底盘开发的涂料分多次喷涂在汽车底盘上，形成约4mm厚的防护层，其效果如同给底盘披上了一件优质坚韧的盔甲，这种特殊处理一般称为"底盘装甲"，如图7-33所示。涂料快速干燥后在汽车底盘形成一层牢固的弹性保护层，为底盘提供了全面的呵护。

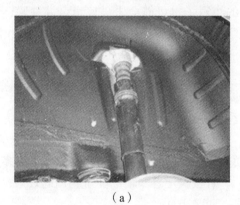 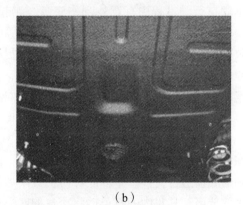

(a) (b)

图 7-33 底盘装甲效果

(a) 悬架喷涂后效果；(b) 底盘喷涂后效果

（一）底盘养护的必要性

1. 气候原因

夏日地表的烘烤，冬季里道路上积雪和除雪剂的腐蚀，平日里雨水的侵袭，以及大气中的潮气、盐分，这些因素都会侵蚀车底盘。尤其在沿海城市，温暖潮湿的气候加上带着盐分的海风吹拂会加剧汽车底盘的生锈，导致其提前老化，即便是"钢筋铁骨"也会被踩躏得伤痕累累。

2. 路面原因

路面上遍布的各种沙石极易被碾动飞溅，不断撞击汽车底盘与轮毂等部位，出厂时底盘上所固有的防锈漆和镀锌层会很快被破坏，从而让金属裸露在外，与空气中的水分接触后导致生锈。如果此时不及时进行防锈处理，那么锈渍会很快蔓延并迅速腐蚀机件。

3. 烂车先烂底

对于大多数中低档车，厂家出于成本考虑，对底盘的处理非常简单。很多车只喷了薄薄的一层车底涂料，甚至一些车型只喷了局部。中国幅员辽阔，多山多岭，道路崎岖不平，时常会出现刮底盘小事故出现。这些正常或异常损坏的部位，通常不易察觉，通过锈蚀、氧化，锈蚀快速扩散，易出现"烂车先烂底"现象。

4. 确保车辆价值

车辆保养越好，价值自然越高。经过一段时间的行驶之后，无论自己使用还是准备换车，经过底盘防锈处理（尤其附有正规公司的品质保证书）的车辆肯定能够拥有更高的价值。

5. 提高驾驶舒适度

由于底盘养护采用具有弹性材质进行密封性处理，一方面大大增加了车辆行驶的平稳性；另一方面极大降低行驶过程中的路噪和车噪，所以在驾乘的舒适度上比没有做过底盘装甲的车辆好得多。

（二）底盘装甲的作用

1. 防腐蚀

汽车的锈蚀均从底板开始，只跑了两三年的汽车边梁已经开始泛出锈斑的现象已经是屡见不鲜。每次洗车污水会残留在底部，长久下去就会形成潜在的腐蚀因素，对底部进行装甲，那么即便是酸雨、融雪剂、洗车碱水都无法侵蚀透这层防护膜。

2. 防撞击

车辆在行驶过程中，意外刮伤底盘，溅起的小石子也可能会击破底盘金属漆膜，锈蚀底盘。底盘装甲后，车辆底部装甲喷涂材料厚度要达 2mm 以上，这样能抵抗较大的冲击力，可有效减轻突起物对底盘的伤害，减小底盘损坏和锈蚀的可能性。

3. 防振

发动机、车轮均固定在汽车底盘上，它们的振动在某一频率上会与底盘产生共振，使人产生很不舒适的感觉，而底盘装甲能在一定程度上消除共振。

4. 隔热

在冬季打开车内空调，热气常会向下沉，而车外的地面冷气向上升，冷热空气大多集中在车辆的底盘进行交换。车辆底部防护效果如何，直接决定着车辆的能量利用的效果，而进行了底部装甲，其膜内的石英砂将冷热彻底隔离。

5. 隔声降噪

车辆行驶在快速路上，车轮与路面的摩擦声与速度成正比，车辆具有完好的底部防护，能大大降低车内的噪声。底盘装甲是汽车隔声工程一个重要手段之一。

（三）底盘防锈材料发展阶段的特点

底盘防锈产品到目前为止已经发展到了第四代产品，第一代产品为单分子溶剂漆，包括沥青型、橡胶型、油漆型 3 种；第二代产品为合成溶剂漆；第三代为高分子型水性漆；第四代为复合高分子树脂型。第四代材料的主要成分是聚氯乙烯树脂、增塑剂、调节剂、颜料、体质颜料等，经机械混合形成一种原浆涂料。第四代材料固体含量高，抗剪切力强，它不仅可阻隔空气、水分和酸碱的侵蚀，使底盘的防锈、防振能力大大提高，同时具有隔声的效果，不仅形成一层牢固的"封塑"膜，且强度非常高，如同给底盘披上了坚韧的盔甲，底盘装甲故而得名。下面分别介绍这四代产品的特点。

1. 含沥青成分的底盘防锈胶

这是早期的防锈产品，唯一可取的就是便宜，但是，沥青在干了以后会产生龟裂，有很多裂缝，藏在裂缝里的水，会造成"电池效应"，使车底盘的锈蚀更加厉害，对车的危害会更大。所以，最好不要使用含沥青成分的底盘防锈胶做底盘装甲。

2. 油性（溶剂性）底盘防锈胶

这类产品都含有对人体有害的有毒物质（用来做稀释剂的溶剂，如甲苯），会破坏环境和损害人体健康。所以在环保要求严格的欧美国家已很少使用。另外，油性（溶剂性）产品的胶层很硬，稍为弯曲一下，胶层就会开裂，缺少弹性，底盘隔声这方面效果较差。

3. 水溶性底盘防锈胶

由于它的稀释剂为水，不含有毒物质，所以又称水溶性底盘防锈胶，其环保型底盘防锈胶，现在欧美国家大多选用这类产品。水溶性底盘防锈胶附着力强，胶层弹性较好，底盘隔声效果显著，是做底盘装甲的首选材料。

4. 复合高分子树脂漆

第一代和第二代产品都为非环保型产品，正逐步退出市场，第三代为环保型，但由于施工受温度、湿度的影响较大，耗时较长。第四代环保快干型底盘装甲材料具有高防水性、高弹性、高防腐性、高吸声降噪性，并在环保的基础上运用其独特的深层电离四元接枝技术，它将四种不同性能的高分子材料融为一体，不受湿度、温度的控制，大大缩短了施工时间，比以往的底盘装甲固化时间缩短了4倍，极大地方便了车主和施工人员。

（四）"底盘装甲"的品牌及产品介绍

目前市面上底盘装甲的主要品牌是德国的汉高、伍尔特、3M、美国固盾、德国UNIKS、霍尼韦尔、雷朋、固特尔、保赐利、LDH雷遁等。其中，德国UNIKS、德国汉高、LDH雷遁主要是橡胶型材料，其他多数是水性或沥青型。

图7-34为德国汉高底盘2000HS快干型装甲胶，其主要成分为树脂橡胶（不含沥青成分），重量为1.35kg，每辆车实施底盘装甲用量应根据底盘的大小和施工厚度来决定，厚度越厚效果越好，通常4罐适合一辆小型车（车长约4.3m），如：206、POLO、QQ、马3、天语、雨燕等；5罐适合一辆中型或紧凑型车（车长约4.5m），如：福克斯、速腾、307等；6罐适合一辆中大型车（车长约4.8m），如：君越、A6、马六、雅阁、迈腾等；8罐适合一辆较长车型。

（a）

（b）

图7-34 德国汉高底盘装甲胶

（a）产品实物；（b）施工实况

(五)底盘装甲与底盘封塑的区别

底盘封塑主要是保护汽车底盘裸露钢板,防止沙石击打,防腐蚀,要想隔绝沙石打击底盘发出的噪声,就要进行底盘装甲。专业的底盘装甲是将一种特殊的弹性胶质材料喷涂在汽车底盘上,将底盘及轮毂部位完全包裹起来,待其自然固结形成的底盘保护层,可以有效降低沙石撞击的损伤,防止腐蚀和锈蚀。底盘装甲除具有封塑的功能外,还有隔声降噪的作用,底盘上形成将近半厘米厚的橡胶和聚酯材料混合涂层。这种涂层具有高弹性,有效减弱了砂石直接打在金属上所发出的噪声。

除了功能不同,两者施工厚度和物理成分也有不同。普通封塑为2mm的施工厚度。主要成分是聚酯材料;底盘装甲使用的是橡胶和聚脂材料的混合配方,施工厚度为4mm,局部达到5mm以上。

(六)辨别专业底盘装甲方法

目前市场高端产品主要以国外产品为主,中低端市场主要以国内产品为主。根据档次,目前底盘装甲市场价从二三百元到数千元不等,价格数千元效果相对也好些,但也不排除以次充好的产品。究竟什么样的地盘装甲才是专业的底盘装甲?优质的汽车底盘装甲与劣质的底盘装甲又如何辨别呢?主要看以下几个方面:

1. 从开罐气味看

优质的汽车底盘装甲用高分子树脂与水合成,气味微弱;而劣质底盘装甲用沥青、橡胶、甲苯、二甲苯等合成,气味难闻且刺鼻。

(1)将产品少量放在白纸上,如含沥青会有黄点出现。

(2)若含有甲苯、二甲苯等有毒溶剂,则有刺激性气味,产品能点燃,有火苗。

2. 从施工过程看

优质的汽车底盘装甲具有高固含低黏度的特点,容易施工,对施工人员和车主没有危害。与优质底盘装甲相比,劣质底盘装甲由于含甲苯、二甲苯等溶剂,对施工人员和车主危害性较大。

3. 从成膜效果看

优质的汽车底盘装甲全部采用高分子树脂科技合成,韧性好,附着力好,能做到高温不溶,低温不裂,具备较强的防锈、隔音和抗撞击功能。而劣质的底盘装甲只能简单防锈,且容易脱落(夏天高温易溶化,粘东西;冬天低温情况下则容易开裂,容易脱落)。

(七)底盘装甲施工的设备与工具

底盘装甲胶是通过喷枪喷涂到在汽车底板轮弧、挡泥板、挡泥板衬边、引擎盖内板、汽车下围板、保险杆后部内侧、行李箱以及其他可能发生腐蚀的部位,因此本项目施工设备需要用汽车举升机、空气压缩机、喷枪,另外还需要抹布、遮蔽胶带、报纸、大张塑料薄膜等耗材。人员防护用品需要工作服、简易口罩、手套。下面重点介绍举升机及专用喷枪。

1. 举升机

由于底盘装甲需要拆卸车轮,并对底盘大面积的喷涂,所以在使用举升机时不能选择四柱式举升机及剪式举升机,只能用双柱式举升机。双柱式举升机是一种汽车修理和保养单位常用的专用机械举升设备(如图7-35所示),广泛应用于轿车等小型车的维修和保养。双柱式汽车举升机将汽车举升在空中的同时可以节省大量的地面空间，方便地面作业。

图7-35 两柱式举升机

1）举升机操作说明

（1）举升操作。将汽车开上举升机，对好位确保举升机的四个叉臂能移动车身下面的支撑位置。拉上手刹，按动电源按钮，举升机上升至所需要的高度后松开电源按钮，扳动手动卸荷阀，使举升机下降一点（不会超过100mm），让四个锁块锁在立柱内的保险板上，然后可以开始维修作业。

（2）下降操作。在下降前请先检查举升机下面有无维修人员或其他障碍物。检查完后将举升机上升50mm左右，左手扳动手柄使四个锁块全部打开，右手扳下卸荷阀手柄即可下降，下降过程中请密切注意举升机的运行状态，一定要确保四个角上的保险同时打开。

2）汽车举升机安全操作规范

（1）使用前应清除升举机附近妨碍作业的器具及杂物，并检查操纵手柄是否正常。

（2）待升举车辆驶入后，应将举升机支撑架块调整移动对正该型车辆规定的举升点。

（3）升举时人员应离开车辆，升举到需要高度时，必须插入保险销，并确认安全可靠后才可开始车底作业。

（4）有人作业时严禁升降举升器。

（5）作业完毕应清除杂物，打扫升举器周围，以保持场地整洁。

（6）定期（半年）排除升举机储油缸积水，并检查油量，油量不足应及时加注相同牌号的压力油，同时应检验润滑举升机移动齿轮及链条。

2. 专用喷枪

图7-36为底盘装甲专用喷枪。标准1~2L装底盘装甲配套的专用喷枪完全符合底盘装甲对喷涂的技术要求，并配有标准的气泵管路快插接口，即插即用，操作简单方便。产品使用方法：

（1）把吸管连接到枪上并拧紧。

（2）把枪管接到枪头正中心的接口处。

（3）检查所有的接口是否拧紧。

（4）连接底盘装甲瓶口并拧紧，方可使用。

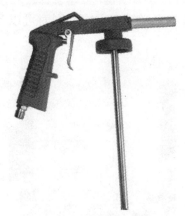

图 7-36 底盘装甲喷枪

三、项目实施——底盘装甲作业

本项目作业继续对 KIA 的 SPORTAGE 狮跑进行底盘隔音工程作业——底盘装甲，这既可隔音，又能充分地保护底盘，并选用德国汉高 2000HS 快干型底盘装甲胶。作业流程图见图 7-37 所示，具体操作如下：

图 7-37 底盘装甲操作工艺流程图

1. 冲洗底盘

（1）把车开到洗车区位置，并升起车辆至适当的施工位置，用高压水枪清洗底盘表面，去除黏附于底盘上的泥沙与尘土。注意对底盘全面清洗，去除锈迹和拐角部位积聚的尘土。

（2）用水冲洗轮弧、挡泥板及挡泥边。

2. 准备工作

（1）将冲洗过底盘的待作业车开到二柱式举升机上，停到正常位置，拉好手刹，关好门窗。

（2）施工人员做好防护处理，穿上工作服，戴上口罩及手套。

（3）用举升机把车举起离地，用风炮将车轮拆下，并做好标识记号。

3. 拆卸底盘护板

（1）拆卸前轮弧塑料挡板，用减振垫先对轮弧挡板内侧做减振处理，再进行吸声绵吸声处理，如图 7-38 所示。注意翼子板下的支撑体及轮弧挡板是隔声的重点，对于支撑体可加厚喷涂底盘装甲来实现，也加减振垫来隔声，而轮弧挡板则通过粘贴减振垫及吸声绵隔声，本作业是通过喷涂底盘装甲胶来隔声。

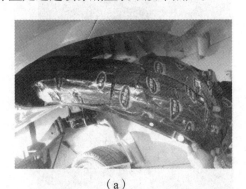
(a)

(b)

图 7-38 轮弧塑料挡板隔声
（a）粘贴减振垫；（b）粘贴吸声绵

（2）拆卸排气管中段、尾段隔热镀锌隔热板及其他护板、饰板。

4. 清洁底盘

将车升至高位，检查底盘状况，对有锈蚀的地方用钢刷并配合除锈剂，彻底去除锈迹，用除胶剂去除油污类，并过水擦洗干净，再用气枪把水吹干，尤其是喷涂底盘装甲处，一定要清理干净，如图 7-39 所示。

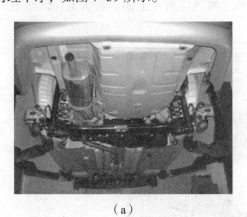
(a)

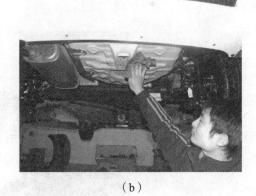
(b)

图 7-39 清洁底盘
（a）举升底盘；（b）检查底盘

5. 遮蔽防护

（1）将车的刹车盘、减振器、排气管、底盘固定螺丝、转向球头、各种管线及接口、镀锌板类散热部件用报纸包起，并用纸胶带粘牢，如图 7-40 所示。

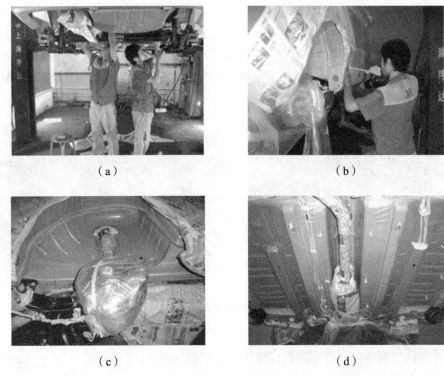

图 7-40 遮罩

(a) 双人合作施工;(b) 遮盖轮边车身;(c) 遮罩悬架;(d) 遮罩排气管及管路

(2) 将车的裙部用报纸胶带粘牢,以防施工造成车漆损伤。

(3) 将车身用塑料薄膜完全遮盖住,以免施工时飞漆落在上面,影响美观,如图 7-41 所示。

图 7-41 遮罩全车

6. 喷涂作业

(1) 摇晃底盘装甲罐体,使之均匀。

(2) 装配喷枪。拉开拉环,将喷枪吸管插穿铝膜,并拧紧容器罐与喷枪的对接口。接着将喷枪与气管连接,如图 7-42 所示。

图 7-42 装配喷枪

（3）将喷枪接上空气压缩机过来的气压进行预喷，调整喷枪工作气压，0.35～0.55MPa 为宜。

（4）施工时，喷枪距物体表面 15～20cm，连续喷涂，喷涂速度为 10～15cm/s，呈"十"字形叠加喷涂，在不易连续喷射的地方可以点射喷涂，如图 7-43 所示。

（5）喷涂过程中的注意事项：

①喷涂过程中，文中所述不能喷涂部位要特别留意。

②底盘装甲具有的一定厚度，是通过多次喷涂逐渐加厚的，下一次喷涂应在前一次涂层表干的基础上进行，二道喷涂之间的间隔为 10～30min。

③对于砾石击打产生噪声的部位，例如油箱、翼子板应重点喷涂，适当增加涂层厚度，会取得好的降噪效果。

④一般对于塑料材质的部件建议不用喷涂

（a）

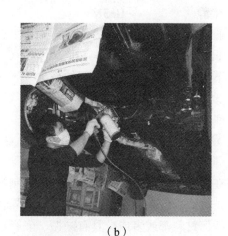

（b）

图 7-43 喷涂底盘装甲胶

（a）喷涂翼子板内侧；（b）喷涂油箱

7. 施工后处理

（1）检查底盘是否有漏喷或少喷的部位，发现后必须马上补喷。

（2）喷涂全部完工后，立即用溶解型的清洗剂清洗喷枪。

（3）不慎粘在车身及其他地方的底盘装甲胶可用信纳水或开蜡水来溶解清除。

（4）清除遮蔽用的报纸、塑料薄膜、粘贴胶带，并清洁场地。

（5）喷涂后20～30min，用手轻触底装甲，装甲表干，效果如图7-33所示，车即可上路，3天内应避免涉水行驶。

8. 结束作业

收拾工具，清洁场地，断水断电。

思考与练习

一、填空题

1. 汽车隔音工程按实施部位可分为＿＿＿＿隔音工程与＿＿＿＿隔音工程。
2. 按来源不同噪声可分为＿＿＿＿、＿＿＿＿和＿＿＿＿三种。
3. 车内噪声通过与车体的共振方式传播，称为＿＿＿＿。
4. 底盘装甲全名是＿＿＿＿。
5. 第四代环保快干型底盘装甲具有＿＿＿＿，＿＿＿＿，＿＿＿＿，高吸音降噪性。

二、选择题

1. （　　）的噪声会造成轻微的听力损伤。
   A. 80dB（A）以下　　　　B. 80dB（A）～85dB（A）
   C. 85dB（A）～100dB（A）　D. 100dB（A）以上
2. 汽车隔音的重点施工部位是（　　）。
   A. 车地板　　B. 车顶　　C. 车门　　D. 引擎舱
3. 下列不属于常见的隔音品牌的是（　　）。
   A. 平静　　B. 3M　　C. 大能　　D. 雷道
4. 通常四瓶2000HS快干型德国汉高底盘装甲胶适合于（　　）车。
   A. POLO　　B. 福克斯　　C. 速腾　　D. 雅阁
5. 下列隔音材料中可以使用的是（　　）。
   A. 改性海绵　　B. 沥青板　　C. 橡胶板　　D. 硅酸铝棉
6. 底盘装甲能喷涂的部位有（　　）。
   A. 发动机油底壳　　B. 变速箱　　C. 排气管　　D. 消声器

三、判断题

1. 在车地板上铺减振片时，采用双层制振或双层分块制振都可以。（　　）
2. 挡火墙、仪表座下层增强消音垫来隔音。（　　）
3. 任何材料都或多或少具有减振、隔音、吸声的功能。（　　）
4. 隔音材料的标准之一是不含石棉、玻璃纤维、重金属铅等有害物质。（　　）
5. 表面做了吸声槽处理的海绵吸音效果会变差些。（　　）
6. "烂车先烂底"这一说法是错误的。（　　）
7. 底盘装甲是汽车隔音工程一个重要手段之一。（　　）

四、简答题

1. 简述噪声的危害。
2. 简述车体隔音常见处理部位及原因。
3. 简述隔音材料的标准。

4. 简述减振原理。
5. 底盘装甲的功用。

五、操作题

1. 车门隔音作业。
2. 后备厢隔音作业。
3. 发动机舱隔音作业。
4. 车地板隔音作业。
5. 底盘装甲作业。

学习情境 8

汽车电器装潢

汽车电器装潢是为满足一部分车主个性化要求,在不改变原车电气设备功能和线路布排的基础上添加装潢电器,因此要求施工人员必须具有一定的电器识图能力及检测与维修技能,并能按照施工标准,严格执行工艺规范。汽车电器装潢项目比较多,本学习情境选取非常流行且有一定安装难度的汽车音响升级改装、安装车载导航及安装氙气灯(HID)三个项目进行介绍。

项目 1　汽车音响升级改装

学习目标

1. 能正确描述汽车音响的组成。
2. 能正确描述汽车音响的指标参数。
3. 能正确理解汽车音响改装原则。
4. 能将全车隔音工艺技术运用于汽车音响改装。
5. 能基本掌握汽车音响方案的选择。
6. 能掌握汽车音响改装。

一、项目情境引入

老李是一个音乐发烧友,他准备把自己的车上音响改装一下,并且已经对全车做了隔音工程,对此你有何建议,能帮老李完成这项改造工程吗?

二、项目相关知识

音响成为现代轿车档次衡量的标准之一,因此,汽车音响技术也就成为汽车消费者和爱好者关注的内容。

虽然音响设备对于轿车来讲，只是一种辅助性设备，对车子的运行性能没有影响。但随着人们对享受的要求越来越高，汽车制造商也日益重视轿车的音响设备，并将它作为评价轿车舒适性的依据之一。

（一）汽车音响的发展

轿车音响的发展史也是电子技术的发展史，电子技术的每项重大的技术进步都推动着轿车音响的发展。1923年，美国首先出现了装配无线电收音机的轿车，随后许多轿车都步其后尘，在仪表板总成上安装了无线电收音机。此时车用无线电收音机都是用电子管机，直到20世纪50年代出现半导体技术后，轿车收音机出现了技术革命，用半导体管逐步取替了电子管，提高了轿车收音机的寿命。20世纪70年代初，卡式收录机进入了市场，一种可播放卡式录音带的车用收放两用机出现在轿车上，同时机芯开始应用集成电路。80年代末，一般轿车的音响多以一个卡式收放两用机与一对扬声器为基础组合，扬声器分左右两路声道，有的置于仪表板总成的两侧，有的置于车门，有的置于后座的后方。

进入21世纪后，轿车音响又进入了一个新的里程，向大功率多路输出、多喇叭环回音响、多碟式镭射CD等方向发展。世界音响制造商也为轿车音响辟了一个专门的工业部门，针对轿车的特殊环境，充分考虑车厢的音响效果，采用高新技术制造轿车音响设备，其播送的音响效果完全能与家用音响相媲美。

现在，市面上已经有各种供轿车专用的高级音响设备，一些汽车音响爱好者将大功率放大器和电子网络器安置在轿车行李箱内，将超低音大口径喇叭和其他型号喇叭分别嵌入后窗下围板和车门板上，使用独立的直流电源，输出功率达上百瓦以上，其音色浑厚优美，高低有致，把车厢内狭小的空间变成了令人愉快的音乐欣赏室，给人以美的享受。

（二）汽车音响的分类

1. 按汽车出厂时音响的时间分

按汽车出厂的时间分为原装产品和改装产品。原装产品是指原厂配套的产品，是车主在买到车的时候已经装在汽车面板的音响，不同档次的汽车选择不同档次的品牌与之搭配。但是无论选择什么品牌，其音响的功能和音质都受到限制，原因是汽车制造商从安全角度考虑，必须将汽车音响按键设计得较大，音响的功能也必须经过长时间的考验才同意使用。

改装产品是指消费者买车之后对汽车音响不满意，更换其选择的音响。由于不受车厂限制，可以任意选配。

2. 按汽车音响品牌的地域分

按汽车音响品牌的地域分，可分为欧美品牌和日本品牌。日本品牌的音响以对音质的读取和修饰见长。欧美品牌的音响以功率放大中的真实还原和低音震撼见长。欧美人注重真实还原音乐的本色，同时某些厂家又特别注重低音。

3. 按汽车音响厂家生产专一性分

按汽车音响厂家专一性来分，可分为只生产汽车音响的专业厂家和既生产汽车音响又生产其他家电产品的广域产品生产厂家。

（三）汽车音响的组成

汽车音响主要由主机、功放、扬声器、音频处理器及线材等五部分构成，如图8-1所示。

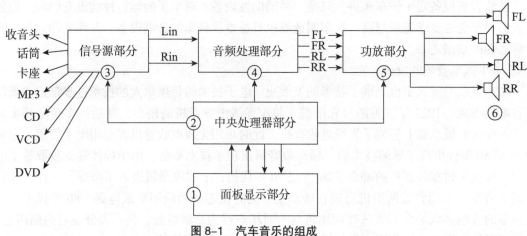

图 8-1 汽车音乐的组成

1. 主机

主机是音乐信号的源头，目前国内汽车音响大部分都由 CD、VCD、MP3、DVD 等 4 种机型作为音源部分。其中 CD 机的音质相对比较纯，MP3 机的容量相对比较大，DVD 机的图像相对比较清晰。

2. 扬声器

扬声器又称喇叭，它是声音表现的终端设备，喇叭对声音的表现有深远的影响。

扬声器按频响可以分为高音喇叭、中音喇叭、低音喇叭。高音喇叭的表现特征为指向性强，声音明亮、清晰，层次分明，色彩丰富，如图 8-2 所示。中音喇叭表现特征为人声还原逼真，音色干净、有力，节奏性强。低音喇叭表现特性为具有强大震撼感，雄壮有力，丰满深沉，如图 8-3 所示。

按类型分可以分为套装喇叭、同轴喇叭。同轴喇叭，是全频喇叭，特点是全频响应，高音和中低音在同一个轴上，不利于声场分布，不是绝对的全频，有些频段会响应欠佳。通常同轴喇叭都是装在后声场。套装喇叭高音与中低音分体而且配有分音器，这样会得到更佳的全频响应和声场的设计。大部分情况下套装喇叭装在前声场。

低音炮（图 8-4）可分为有源低音炮和无源低音炮。

有源低音炮：低音喇叭＋箱体＋功放，一般功率比较小，比较适合对低音要求不高、不想加装功放的车主。

无源低音炮。低音喇叭＋箱体，适合对低频效果强烈追求分子，DIY 成分比较高，可以选不同低音喇叭和不同箱体来拼装，再选择合适的功放来推。

图 8-2 高音喇叭　　　　图 8-3 低音喇叭　　　　图 8-4 低音炮

3. 功放

功放也称为打扩音器，是把音频信号的电平放大，是使声音传播得更远、穿透力更强的一种设备，分类方法很多。

（1）按导电方式不同分，可以分为甲类功放（又称A类）、乙类功放（又称B类）、甲乙类功放（又称AB类）和丁类功放（又称D类）。

甲类功放工作时会产生高热，效率很低，但固有的优点是不存在交越失真，即保真度高。单端放大器都是甲类工作方式，推挽放大器可以是甲类，也可以是乙类或甲乙类。

乙类功放的优点是效率高，缺点是会产生交越失真。

甲乙类功放界于甲类和乙类之间。甲乙类放大有效解决了乙类放大器的交越失真问题，效率又比甲类放大器高，因此获得了极为广泛的应用。

丁类功放也称数字式放大器，具有效率高、体积小的优点，在有源超低音音箱中有较多的应用。

（2）按声道不同来区分，功放又可以分为单声道功放、双声道功放、四声道功放和五声道功放。

单声道功放具有大功率单声道功放，用来推超低频喇叭。

双声道功放用来推功率较大的套装喇叭，也可以用两路桥接推低音喇叭。

四声道功放主要用来推前后门两对同轴喇叭或套装喇叭，一般功率适中。

五声道功放（一个功放可以推整套音响）用来推中高频喇叭，另外一路用来推低频喇叭，其功率相对比较小。

4. 音频处理器

1）均衡器

均衡器主要是用来衰减或增强某个指定频率的信号，5频段、7频段、30频段等3种均衡器比较常用，其中5频段、7频段最常用。

2）分频器

2分频的分频器，可以把主信号分成高、中低音等两种频段信号，并可以衰减或增强各自频段的信号。多数与套装喇叭配套，市面上最常用的分频器。3分频的分频器，可以把主信号分成中高、低、音等三种频段信号，并可以衰减或增强各自频段的信号，目前主要用在一些高档套装喇叭配套或DIY上，呈逐渐流行趋势。

5. 线材

1）信号线

如图8-5所示，信号线用作信号传输，好的信号线可以保证从主机到功放音源高保真。常用的信号线规格有1米、2米、3米、5米等4种，其材料构成就有很多种，发烧级的信号线一般都是自己现加工的。辨别信号线的质量主要的是信号线的屏蔽性能和信号传输的保真度，市面上的信号线价格差别比较大的原因是信号线的屏蔽工艺和构成材料上，其材料有铜、金、银。

2）电源线

如图8-6所示，电源线用于整个音响系统的供电线路。由于汽车供电系统用的是12V电压，所以同等功率用电器的电流会比家庭用电器的电流大18倍，所以汽车音响电源要采用比较粗的线。选电源线的时候必须选与音响器材功率相匹配的，最佳选择是比音响器材功率大一倍或以上，这样会避免由于电源线不够过而导致发热甚至燃烧。

常用电源线一般有0#线、2#线、4#线、6#线、8#线、10#线等六种规格，其制作材料也有很多种，有无氧纯铜的，也有其他金属混合材料制作的。

3）喇叭线

如图 8-7 所示，常用的喇叭线一般都是扁芯线，其制造材料一般是无磁性金属，这样可以避免磁性干扰。

图 8-5　信号线　　　　　图 8-6　电源线　　　　　图 8-7　喇叭线

（四）汽车音响的主要性能指标

1. 整机频率特性

频率特性又称频率响应特性或有效频率范围，它是指汽车音响能够重放音频信号的频率范围及在此范围内允许的振幅偏离量。汽车音响的频率范围越宽，振幅偏离越小，则频率特性就越好。

目前，高档汽车音响的频率响应已达 20Hz～20kHz。

2. 信噪比

信噪比是指放大器输出的声音信号（S）功率（或电压）与噪声（N）功率（或电压）之比，信噪比越大，汽车音响性能越好。

3. 灵敏度

灵敏度指调谐器接收微弱信号的能力。它表示在规定的音频输出信噪比下，产生标准功率输出所需要的最小输入信号强度。其值越小，灵敏度越高，调谐器性能越好。

4. 失真度

失真度主要指谐波失真，又称谐波畸变。它是指音响设备重放后的声音比原输入信号多出来的谐波成分，由放大器的非线性引起。失真度常用各谐波成分之和的有效值与原信号有效值的百分比来表示，因而又称为总谐波失真。音响设备除谐波失真外，还有互调失真、相位失真、瞬态失真等。

5. 左、右声道串音衰减

左、右声道串音衰减又称立体声分离度。它是指立体声放音设备的左、右声道信号互相串扰的程度，如果分离度过小，立体声效果将被减弱。

6. 选择性

选择性是指收音机选择不同电台能力的一项指标，它表明调谐器分离邻近电台的能力。选择性的规定方法是：先将收音机调谐在某一电台信号频率上（如已知频率为 99.2MHz），然后再将收音机调偏规定的频偏 Δf，逐渐加大输入信号强度，使收音机达到标准功率，将此时的输入信号强度与调谐准确的信号强度的比值换算成分贝表示，这个分贝数就是收音机选择性的标称值。

目前，高档汽车音响的选择性可达：FM>70dB，AM>40dB。

7. 输出功率

音响设备的标称输出功率即额定输出功率,它是指应该达到的最低限度的不失真输出功率。普通汽车音响输出功率在 2×15W 左右;中、高档汽车音响在 4×50W 左右;有些发烧友自行加装的带功放的低音炮功率可达 100W 以上。

(五)汽车音响升级改装的必要性

1. 原车音响较差

汽车制造厂商考虑整车制造成本与兼容因素,常会选择指定的音响进行配套使用,音质和效果有一定的局限性,难于满足车主需求。

2. 缓解疲劳,调节神经

有些车主通过音乐缓解驾车的疲劳,尤其是城市道路拥挤时,长时间的等待,会枯燥无趣,烦闷不安,悦耳的音乐可以调节神经器官及感官的不适。

车主长时间驾车处于紧张的状态,注意力过度集中,易于劳累、孤寂与疲乏,需要音乐来调节神经,但原车音响音质很差,层次感不清,细节模糊、声音混沌、失真、嘈杂,需要换上高品质的喇叭,更有必要相匹配的功率功放推动优质的扬声器作业,使音效收放自如,清晰明朗,还原逼真,自然舒坦。

3. 提升生活的品位与层次

汽车不只是交通的工具,音响升级改装,彰显出车主对生活的热爱和提升生活品位与层次的要求。

(六)汽车音响改装原则

1. 保证安全

在改装音响的拆装过程中,不能损坏原车线路,以防造成短路。安装器材时线路不能接错,安装的器材要有过流保护,音响线路不能干扰车中的计算机和电子装置,以防影响行车安全。

2. 正确拆装

改装音响的过程中,首先要将原车音响拆下,按照正确规范和顺序进行拆卸,不能强行拆卸。拆装过程中要有专用工具,要保持原件的完好,否则会影响改装效果,严重时会破坏原车的美观。

3. 选用合格的产品

选择正规厂家、正规品牌的产品,劣质产品改装后不会提升音响效果,甚至会带来一定的安全隐患。

4. 考虑售后服务

汽车音响是在运动中使用的,使用环境复杂,保养、保修和维修都是很重要的问题,尽量到正规有保障的店去改装。

5. 安装环境

改装应尽量在室内完成,不要在露天环境进行,以防损坏和弄脏设备,如音箱内进入杂质会影响效果。

(七)汽车音响改装技术要求

1. 安装尺寸和安装技术

音响优劣不但与音响本身的质量有关系,还与音响的安装技术有直接关系。除了仪表板安装孔尺寸外,更重要的是音响系统的安装,尤其是喇叭和机件的安装技术。

国际上通用汽车音响安装孔标准尺寸,称为DIN(德国工业标准),标准尺寸为178mm×50mm×153mm(长×宽×深)。有些比较高级的汽车音响主机带有多碟CD音响等装置,安装孔尺寸为178mm×100mm×153mm,又称为2倍DIN尺寸,多见于日本机。而有个别品牌的轿车其音响主机属于非标准尺寸,只能指定安装某种型号的汽车音响。所以购置汽车音响,一定要注意音响主机尺寸与仪表板上安装孔尺寸是否适配。

2. 避振技术

汽车行车振动比较大,音响系统的安装技术追求高稳定性和高可靠性。为避免音响受振动影响,汽车磁带放音部分多采用横向放置方式,上下卡紧以保证稳定放音;磁头采用优质的陶瓷涂层的坡莫合金磁头,令音质与耐久性都有保障;CD部分采用多级减振方法,要求线路板上的组件焊接绝对可靠。

3. 音质的处理技术

高级汽车音响带有DAT数码音响、DSP(数码信号处理器)、MP3等,形成了数字化、逻辑化、大功率的立体声系统。汽车音响的音质优劣除了与主机配置有关外,还与喇叭的质量有关。

4. 抗干扰技术

汽车音响设备处在一个非常复杂的环境之中,它随时受到汽车发动机点火装置及各种用电设备的电磁干扰,尤其是车上所有电器都用一个蓄电池,更会通过电源线及其他线路对音响设备产生干扰。汽车音响一般采用扼流圈串在电源与音响之间进行滤波,采用金属外壳密封屏蔽,在音响中专门安装抗干扰的晶体电路,用以降低外界的噪声干扰。

5. 汽车隔音工程技术

车主在对汽车音响音质不断追求的同时,对于汽车音响的使用环境提出更高的要求,因此对汽车进行全车隔音处理,实现主动降噪是获得良好音乐品质的前提。

(八)汽车音响的选配

1. 汽车音响的配置原则

1)系统平衡原则

(1)价格的平衡性。汽车音响系统的档次要与汽车档次相协调,高档汽车通常车内噪声较小,车体较厚,隔声效果好,配置一套高档音响可获得满意的音响效果。一部价格为二三十万元的轿车,宜搭配一套价格在2万~4万元的高档音响。低档汽车应配置低档音响,如果将低档汽车配置高档音响,由于低档汽车的听音环境较差,难以获得好的音响效果而造成浪费。

(2)搭配的平衡性。搭配汽车音响时一定要考虑一套音响各个组成部分的平衡,即主机、功放、扬声器和线材等都要进行恰当的选择,合理使用,切忌在配置中某一部分的设备器材相差悬殊。因为配置悬殊,过高的器材发挥不出其效能造成浪费,较差的器材又使整套系统指标下降。

2)整体平衡原则

配置汽车音响时一定要考虑一套音响各个组成部分的平衡,即主机、功放、扬声器和线材等都要进行恰当的选择。如果主机与扬声器的音质不匹配,主机功率或功放功率与扬声器功率不匹配,选择扬声器只看功率不看灵敏度,都属于不合理的搭配。音乐风格也是很重要的。汽车音响可大致分为两大流派：音质型，以古典乐、交响乐为主；劲量型，以流行音乐、摇滚乐为主。主机、功放、扬声器都应按同一风格配置。

3）大功率输出原则

所谓大功率输出原则是指在一套音响系统中，主机或功放的输出功率一定要大，因为它们的输出功率越大，表明它们能够控制的音频线性范围越大，这也就意味着其驱动扬声器的能力越强。而小功率的功放不仅容易引起声音上的失真，更会导致烧毁功放或扬声器线圈。

4）音质自然重放原则

专业多媒体人士评判一套多媒体系统的优劣时，都会不约而同地将其频响曲线的平滑性作为评价的主要客观参数。所谓频响，是表明系统再现音域频率范围的指标。从理论上讲，人耳能感受到的频率范围是 20Hz ~ 20kHz。但在实际中，分辨不出 40Hz 以下、18kHz 以上的频率。但是高质量 CD 机的频响却能达到这一范围。

众多的技术参数不能完全说明多媒体系统的好坏，只能表明该多媒体系统的技术特性、指标。衡量一套多媒体系统好坏最直接有效的方法就是亲耳试听，即以个人感觉为主，技术为辅。在感觉方面：一是临场效果好；二是音乐整体平衡感强；三是移动的声像有较好的表现，要有层次感。当然，欣赏一套器材的视听效果，与聆听者的欣赏水平、文化素质、现场情绪等因素是分不开的。

2. 配置方式

汽车音响的配置有多种方式，主要有以下几种方式：

（1）主机＋4个扬声器。这种配置能满足一般音乐欣赏的需要。

（2）主机＋1个4声道功放＋4个扬声器。这种配置最适合于欣赏传统音乐、流行歌曲、交响乐等的中、高档轿车。

（3）主机＋1个4声道功放＋1个2声道功放＋4个扬声器＋超低音BASS。这种配置适合于欣赏爵士乐、摇滚乐、重金属音乐。

3. 主机的选配

选购主机应重点考虑规格、音质、功能、性能等指标。

1）规格

主机外形尺寸分 1DIN 和 2DIN 两种规格（DIN：德国工业标准的缩写）。欧洲车的主机尺寸为 ISO 标准尺寸（1DIN：185mm×50mm×160mm），这是目前市场上销售的汽车音响的标准尺寸，通用性极强。而日本车的主机尺寸一般为 2DIN，高度是欧洲车的2倍，基本上可以与欧洲车通用，但有一些 2DIN 的特定产品则只能用于日本车。美国车的尺寸较为特别，与 ISO 标准相比，长度及宽度都略为放大，一般不能通用。国产汽车上虽然安装了简单的汽车收音机，但安装孔的尺寸大多也符合些标准。而一些内饰造型比较独特的轿车，音响安装孔为非标准尺寸，在这种情况下，就只能选用原厂的音响设备，用户自己改造的余地很小。

2）音质

音质是选择音响最重要的一个因素。一般情况下，越高档的机型音质就越好。各种品牌之间的差别一般体现在音色方面，如有的清晰、温暖、甜润，有的则是冷静、舒缓，所以应该选择车主喜欢的机型。

3）功能

由于汽车特定的聆听空间对声场、音质都有一定的影响，为了解决这些问题，现在很多主机已有相应的功能设计，以求达到现场的聆听效果。普通机型包括以下一些基本功能：音调的调节、等响度的控制、预置均衡模式、环绕声预置模式、声像定位处理。

4）性能

主机的技术指标主要有以下几个方面：输出功率，功率越大越好；频率响应，越宽越好；信噪比，该数值越大越好，一般高端的产品都在 100dB 以上；谐波失真，数值越小表示还原度越高。

4. 功放的选配

功放是音响系统的心脏，功率大小、质量好坏对音乐播放起着至关重要的作用。功效的选择原则是：

（1）功率应与喇叭功率相搭配。

（2）为使系统具有扩充性，要选择有内置分频器的功放，可自由对功放和扬声器进行组合，同时也使调节简单易行，使整套系统的音质得到提高。

（3）尽量选择较大的散热器，因为大功率的输出必然会产生较大的热量，散热是维持功放基本工作的重要因素之一。

5. 扬声器的选配

扬声器是音响系统中不可缺少的重要器材，所有的音乐都通过扬声器发出声音，扬声器是唯一将电能转变为声音的器材。扬声器的选配的原则是：

（1）功放和喇叭功率相匹配。

并不是标称功率越大，扬声器的实际功率就越大，想要音质完美，功放和扬声器需匹配。

（2）套装扬声器的分频器内置组件质量要好。

组件数量的多少并不能起决定性的作用，关键要看电子组件的质量。

（3）在不失真的状态下，振动频率越高越好。

在声音不失真的状态下，扬声器的振动频率越高，说明它的灵敏度越高，对声音的表现能力越强。

（4）扬声器的磁铁效果要好。

磁铁分高密度、低密度、强磁性、弱磁性等几类，如果是个低密度弱磁铁的扬声器，它的效果肯定不会好，而且体积大，安装起来也不方便。

6. 线材的选用

音响线材的好坏直接影响音质和安全。线材分为信号线、电源线和扬声器线，最好选用高抗氧化，高电导率，外皮包有 PVC、PE、PP 等材料的线材。

1）信号线的选用

信号线的选用要考虑屏蔽，应选用双层屏蔽线材，以增强抗干扰性，防止杂声进入。

2）电源线的选用

选用电源线要考虑传导性。汽车音响专用多芯铜线不仅阻抗小、电导率高，而且线材的外皮都是耐高温、高阻燃和抗老化的，线径过细的线材会发热造成热损耗，甚至会引发火灾。

3）扬声器线的选用

选用扬声器线要考虑耐高、低温和抗老化性能。线材宜选用钛金、镀银或无氧铜等材质，使用不同的线材,音质将略有差异。

4)选用线材要看横截面积

线材的横截面积越大,电阻越小,则允许输出的电流值和功率越大。

(九)音响改装注意事项

专业的改装在施工时不能破坏原车电路,并且能保证售后服务。在布线时候是单独布电源线、音频线、信号线,而且线路之间要做好相应的屏蔽与保护。

1. 预留升级空间

改装音响是一个循序渐进的过程,先换喇叭,升级功放,增加低音喇叭,最后再更换主机,最好能预留升级空间,逐步升级。

2. 选好品牌

针对车主对听音乐的喜好,选择适合的品牌与车主喜好的音响风格要求,合理搭配器材,尤其是应该做好线材的选择,做好布线、器材的安装与保固、防水等。

3. 改装工艺

汽车行驶环境可能十分恶劣,因此安装工艺非常重要,一定到正规的专业改装店进行,并应有专业的质保期。

三、项目实施——汽车音响升级改装

现以"斯巴鲁森林人"音响升级为例,介绍汽车音响改装作业过程,操作工艺流程图如图 8-8 所示,具体操作如下:

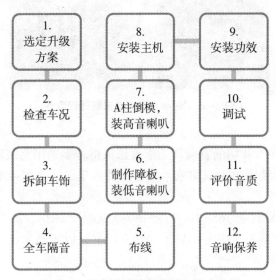

图 8-8 汽车音响升级改装工艺流程图

(一)选定汽车音响升级方案

汽车音响升级时,由于市场上可选用的音响器材很多,价格从几百元到几万元相差很大,车主对音乐的喜好也各有不同,原车的音响配置根据车型的不同也有很大差别,所以汽车音响的升级方案可以说有无数个。但结合汽车音响的音质要求和升级费用这两个主要方面,常见的汽车音响升级方案有以下几种:

1. 经济型方案

经济型方案主要是更换CD主机、改扬声器（前门套装喇叭、后门同轴喇叭），并对四门进行隔音处理。例如：奇瑞QQ经济型音响升级采用了经济型的方案，其配置为主机：先锋3850；前声场：曼琴M 361；后声场：阿尔派130 A、有源低音，并用平静隔音套装对四门进行隔音处理，使经济型的QQ的驾驶室音响音场有了很大的改善。

2. 标准型方案

标准型方案采用主机＋前门套装三分频喇叭＋后门套装喇叭＋双功放＋全车隔音＋低音炮＋音响专用线材标的配置组合。做到了主机、扬声器、功放、低音炮和全车隔音一次到位，完成汽车音响的全面升级。例如：

（1）主机更换为：阿尔派的中档产品，前音场换阿尔派S系列套装扬声器，后音场装阿尔派5吋（12.7cm）同轴扬声器，加装低音炮和功放，并进行全车隔音。

（2）升级方案为：主机用阿尔派9887，前声场用喜力士P 236，二分频套装喇叭，后声场用喜力士E6x同轴喇叭，低音为喜力士B 12 E超低音。功放采用喜力士B4四路功放，两路推前声场套装喇叭，两路桥接推低音部分，为非常标准的德国人级声音享受方案，这也是本作业"斯巴鲁森林人"所采用的音响升级套餐，实物图如图8-9所示。

图8-9 "森林人"标准音响升级套餐

3. "发烧"级方案

"发烧"级方案更注重音响的音质和追求音乐风格，多采用高级汽车主机＋前门高级三分频套装＋后门高级套装喇叭＋双功放＋全车隔音＋超级低音炮＋电容＋专业音响线材的方案。

例如：主机：先锋AVH-P 7650 DVD；扬声器：莱福T 162S、蓝宝VX 170.4、莱福FNX 2614；低音：莱福T 112 D 2；功放：莱福T 2000.1、蓝宝VPA 2120、莱福Power400.4；电容：美国爱普电容4支。

（二）检查车况

检查是进行改装前必须做的工作，其主要检查内容是：

（1）检查汽车外观

绕车一周查看有无擦伤、划痕，打开车门查看要拆的部位有无撬痕及其他损伤。

（2）检查汽车电器。发动汽车检查仪表显示是否正常，空调工作是否正常，各种灯是否正常。如果只是换装音响系统中的某一部分（如只换机头或只换扬声器），就要测试一下不换装的那部分是否完好。

（3）检查车室部分。车主有无贵重物品，真皮座椅及内饰有无破损等，如有及时向车主说明。

（4）检查准备安装的产品。清点所要安装的产品，确定其完好无损、配件齐全，并集中存放、保管。

（5）检查了解需安装的部位及走线部位。对应做的工作有一个总的计划，制作配置安装图让车主确认。

（三）车饰拆卸

由于要改装主机，安装前后喇叭、功放，并要进行全车隔音处理，所以进行汽车音响改装升级一般需拆除中控台音源主机位、车门内衬、两侧踏脚边条、后座平台板、中央通道、座位。

1. 中控台音源主机位

车型不同拆除方法也不同，主要有：

（1）用专用工具直接拆下。有些原车配有拆主机的工具，用工具塞入主机为拆除留下的缝隙中，感到工具卡上后用力推出，主机就跟着出来了。

（2）有些车是用螺钉直接固定在中控板上，外面用胡桃木或其他饰条盖住螺钉。拆时要先将饰条撬下（一般饰条都是卡式的），再拧下螺钉拆下主机。

（3）有些低档车主机的装法不太规范，有时要将整个仪表台面板拆下，而且主机位尺寸大都偏小，安装时需要扩大主机位孔。

在拆除较高档次的原车主机时应注意其多数都有防盗密码，一旦断电，主机就将被锁。解决的方法：一是找到密码，每辆车的主机都有一张密码卡，一般藏在车内的杂物箱内侧或行李舱放备胎的地方，找到密码在主机上输入密码即可解码。二是通电 1h 以上，有些车会自动解码，前提是车和主机必须是原配的。三是询问经销商，在经销商处获得密码。最后是找专门的主机维修点，去掉机内密码记忆元件或 CPU。

2. 车门内饰

如果要在车门上加装或换装扬声器，就要拆除车门内饰板。首先要弄清楚车门内饰板的结构，以确定从哪里入手。一般来说，低档车的内饰板多数只有一块蒙布或人造革的纤维板，结构较简单，只要先将摇窗器把手及开门把手拆下，其余基本上都是塑料扣，只要依次拆下即可，而且扣件都不会太紧。在拆除较高档汽车时，应仔细小心，一般是先拆除装有中控开关、电动窗开关等控制件的面板，拆下面板后可看到主要的固定螺钉，拆下主要的固定螺钉及其他的螺钉，用薄毛巾包住。再用一字螺丝刀，插入找到扣件，依次在靠近扣件的地方撬起。扣件的结构在不同的车型里是不同的，撬动时应了解其结构，小心下手。在某些车上，装有各种开关的控制件和车门内饰板是一体的，不能撬动，拆时应注意。

3. 两侧踏脚板边条

拆两侧踏脚板边条主要是为了布线，大多数线都是从这里走的。也有从 A 柱上到顶棚走线，这样走线存在弊端：一是有些车有侧安全气囊，这样走线肯定会有影响；二是不易固定；三是这样走线需要更长的线，有点舍近求远。大部分轿车的两侧踏脚板边条是用扣件固定的，撬时应找到靠近扣件处，从车内向外撬。拆时应注意相关内饰件之间的关系，大多数踏脚板边饰条两头都被其他饰件压住，如何处理应根据实际情况做出正确的判断。

4. 后座平台装饰板

有些车的后置扬声器是安装在后座平台上的，拆除后座后，如果平台上有高位制动灯的先拆掉高位制动灯。高位制动灯一般有两种固定方法：一种是卡子固定，只要用力向后推即可拆下。另一种是螺钉固定，要到行李舱中找到螺钉拧下就可以拆除，拆除高位制动灯后，拆除平台上的扬声器，再将平台装饰板向内拉出。

5. 中央通道

如果对音响系统有较高的要求，将 RCA 信号线从中央通道走线，使其不受任何干扰。中央通道一般都是由螺钉固定，左右对称。中央通道大多数由两到三节组成，拆除时应注意拆除次序，尽量不要去动驻车制动和排挡杆。

6. 座位

1）前座

前座一般是不用拆的，但如果想在前座头枕上加装显示器，那么就有必要拆了。前座一般有三种拆法：一是大众车系的，前面有一止推螺钉，后面是滑槽。只要将后面滑槽上饰块或饰条拆下，再将前面止推螺钉拧开，拉起滑动扳手，将整个座位向后推出即可。第二种是四角用 4 颗螺钉固定，只要拆开 4 颗螺钉即可。第三种是一头是螺钉固定，另一头是钩子钩住的。拆下一头的两颗螺钉，抬起从另一头的两个钩子中退出即可。

2）后座

后座的座位和靠背是分体的。座位固定有些是由两颗螺钉固定的，有些是卡扣固定的。卡扣固定的只要抓住卡扣附近用力向上提即可脱出。有几种车不可直接提出，要看一下卡扣上是否有一小拉环，或可向内按的头子，如果有，应拉出拉环或按下头子再向上提。靠背的固定是下面有一到两颗螺钉或铁皮钩子，松开后即可向上提出。还有就是以 4 根头枕撑杆套管来固定的，这种比较难拆，用一个小一字螺丝刀，找到套管的弹出部位将其往管内方向推，再用一个大一字螺丝刀将套管撬出。4 个套管撬出后，可将靠背提出。也有在行李舱内用两颗螺钉固定的，或在靠背顶端有两个拉杆，这两种靠背都是可翻的，如果翻下即可满足安装的要求就不要再拆了。有些靠背是组合的，拆时应注意次序。

某些比较高档的汽车中有安全气囊，在拆除座位后，尤其是前座，作业时严禁发动汽车。因为安全气囊的一组检测线在座位下有一插头，拆座位必然拔除插头，如果此时发动汽车，检测线有检测信号，拔除插头，检测信号无法通过，仪表台上气囊故障灯会亮起，表示气囊有故障，以后可能不再被触发，从而影响了行车安全，应尽量避免。如果不小心使安全气囊灯亮起，解决的方法是：一是发动汽车，加速至 30km/h 以上，再点几脚制动，可恢复。二是第一种方法如果无效，找特约维修站解码。

7. A 柱

A 柱主要用来安装高音扬声器。A 柱基本上全由扣件固定，要小心撬动。

以上各种拆除件应有专门的地方有序放置，小的部件和螺钉应放置在专门的盒子里，有条件的应分类放置，以免因不必要的碰触造成损伤和遗失。

（四）全车隔音

分别对四门、后备厢、车地板、发动机舱盖、挡火墙进行隔音处理，并对底盘进行底盘装甲，具体操作详见学习情境 7 所述。隔音后的效果如图 8-10 所示。

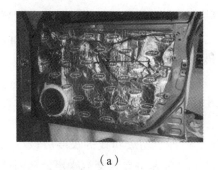
(a)

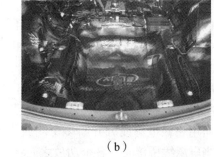
(b)

(c)

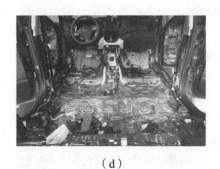
(d)

图 8-10 汽车隔音处理效果图
(a) 车门隔音;(b) 行李箱隔音;(c) 引擎盖隔音;(d) 车体隔音

(五) 布线

汽车改装与选用音响有关,若选用四路功放,则按照图 8-11 所示进行布线,若选用五路功放则按照图 8-12 所示布线。布线时有以下要求:

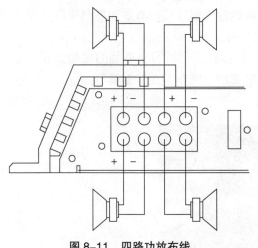

图 8-11 四路功放布线

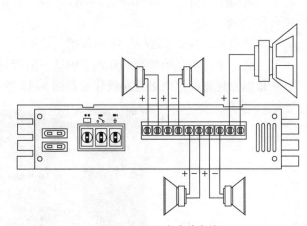

图 8-12 五路功放布线

1.音频信号线的布线

用绝缘胶带或热缩管将音频信号线接头处缠紧以保证绝缘,当接头处和车体接触时,可产生噪声。音频信号线尽可能短。音频信号线越长,越容易受到车内各种不同频率信号的干扰。注意:如果不能缩短音频信号线的长度,超长的部分要折叠起来,而不是卷起来。

音频信号线的布线要距离行车电脑模块电路和功放的电源线至少 20cm。如果布线太近,音频信号线会拾取到频率干扰的噪声。最好将音频信号线和电源线分开布在驾驶座和副驾驶座两侧。注意：当靠近电源线、微型计算机电路布线时，音频信号线必须离开它们20cm以上，如果音频信号线和电源线需要互相交叉时，建议最好90°相交。

2. 电源线的布线

所选用电源线的电流容量值应等于或大于和功放相接的保险管的值。如果采用低于标准的线材作电源线，会产生交流噪声并且严重破坏音质，并且电源线可能会发热而燃烧。

当用一根电源线分开给多个功放供电时，从分开点到各个功放布线的长度应该尽量相同。当电源线桥接时，各个功放之间将出现电位差，这个电位差将导致交流噪声，从而严重破坏音质。当主机直接从电源供电时，会减少噪声、提高音质。

把蓄电池接头的脏物彻底清除，并将接头拧紧。如果电源接头很脏或没有拧紧，接头处就会接触不良，产生的阻抗电阻，会导致交流噪声，从而严重破坏音质。可用砂纸和细锉清除接头处的污物，同时擦上黄油。

当在汽车动力系统内布线时，应避免在发电机和点火装置附近走线，发电机噪声和点火噪声能够辐射入电源线。当将原厂安装的火花塞和火花塞线缆更换成高性能的类型时，点火火花更强，这时将更易产生点火噪声。在车体内布电源线和布音频线遵循的原则一致。

3. 接地的方法

用细砂纸将车体接地点处的油漆去除干净，将接地线固定紧。如果车体和接地端之间残留车漆就会使接地点产生接触电阻。和前文所述脏污蓄电池接头类似，接触电阻会导致交流噪声的产生，从而严重破坏音质。

要将音响系统中各项音响器材的接地集中于一点。如果不将它们集中一点接地，音响各组件之间存在的电位差会导致噪声的产生。但是主机和功放应该分别接地。

当系统消耗电流很大时，蓄电池接地端一定要牢固。提高电源接地性能的方法是：在电源和接地间用粗直径的线材布线，如绞股线。这样做能够加强连接，有效地抑制噪声并提高声音质量。

注意事项：不要靠近行车电脑布线。请记住：主机接地点靠近行车电脑的接地点或固定点时，会产生行车电脑噪声。在汽车内所布的线材都要加上汽车专用护套套管。

依据上述布线原则进行布线作业如图8-13所示。

图8-13 布线

（六）制作障板，安装低音喇叭

在汽车音响的安装技术中，在东门板上加装障板是一个很重要的安装工序，如果车门板上的障板安装较差,将直接影响到音质。假如安装了超低音,门板上的中低音也至少可以重播 50Hz 左右的中低音,因此高品质的低音重播关键点之一在于门板的扬声器系统安装。在汽车音响系统改装中,许多的改装工程都是为了改善低音,可以说,从汽车音响改装开始,就一直是对完美重播低音的执着追求。

因此,给汽车音响改装带了一个难度很大的要求——制作障板,因为每个车型的车门及车身所选择的喇叭尺寸不一,所以障板必须自己单独制作来完成。障板的制作过程如下:

(1)首先应做好门板的阻尼和减振的处理,完成隔音作业。

(2)制作障板的材料一般选用 MDF 中纤板、玻璃纤维和原子灰腻子。

(3)在原车所配喇叭上用 MDF 中纤板做一个相同形状的板,然后用树脂粘好,并做好防水处理。

(4)用黄色或黑色胶带将车门衬板需加工的部位保护好,以防原子灰等沾污门板。制作一个外部障板的基本喇叭圈,将其安放在门板上,并做好标记。标记好后,在衬板上开一个喇叭尺寸大小的圆形孔,同样也可以做成梯形或椭圆形。

(5)暂时将喇叭圈固定在衬板上,并大体上划一下做个障板的设计。外环临时用双面胶和内部障板粘起来,并可以随时拆除。再用原子灰将内障板和外圈充实起来,以获得最佳角度。再用热熔胶将外环临时固定在衬板上。

(6)临时固定外圈和已预先装好的内障板,如图 8-14 所示。外圈的固定有一个给定的角度,再用原子灰腻子将其填充好。这时,将内障板保护好,使其不会粘着原子灰,而且方便拆除。

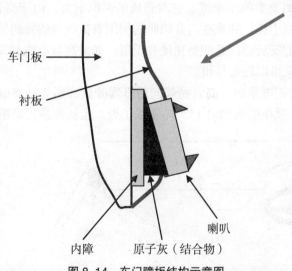

图 8-14　车门障板结构示意图

(7)将衬板和外圈拆除,将原子灰清除,并将外圈和门板的过渡处理好。

(8)腻子干透后,将外圈部件从衬板上拆下来。

(9)将腻子和玻纤打磨干净,并做好造型,并注意与车门板相配,查看是否有缝隙,如果有缝隙,再用腻子补上,再打磨。当成型良好后,再用腻子将表面补好,再打磨。

(10)再用皮革包覆,完成制作。

(11)最后将所制作的障板与喇叭安装到门板上,可通过对障板切口嵌入的方式固定或加螺杆固定。装复车门饰板，即可完成低音喇叭的安装作业。制作全过程如图 8-15 所示。

注意：制作障板需要用曲线锯、圆锯、台锯、修边机、磨光机及砂纸、裁纸刀、剪刀、毛刷、电钻、热熔胶枪和胶棒及测量工具，更需要娴熟的技艺方能完成这道工序。

图 8-15　车门障板制作过程

（七）A 柱倒模，安装高音喇叭

高音喇叭的安装最重要的是角度，它对音质的影响很大，由于高音重播的高频波长短，因此非常容易被反射声干扰。如果在高音喇叭的周围有数厘米的障碍物，就会显著地影响到音质。因此高音喇叭的安装要注意的是角度和反射。如果高音喇叭的安装角度佳，受反射的干扰少，高音的音质就可以轻松获得。

图 8-16 是车厢的俯视草图，高音是朝向前排驾驶员和副驾驶座位的正中间（如虚线所示），声音应刚好是聆听在偏离轴向 15°（实线）处。也就是说，聆听位置刚好是在两个高

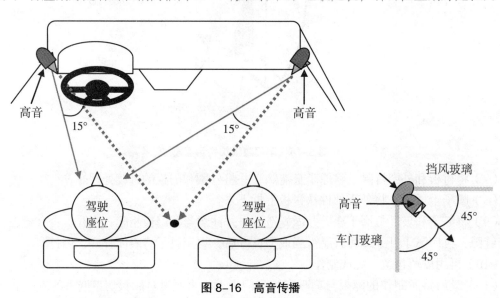

图 8-16　高音传播

音的相同偏轴角度上，这样的角度使两高音的响应有相同的特性。而且高音刚好是在挡风玻璃和车门玻璃的正中间，因此因反射所引起的失真也是一样。这说明，在聆听位置，两个高音的频率响应应非常接近。因此，高音喇叭安装的最佳位置是在A柱，为了使高音喇叭安装位置更加精确，必须对A柱饰板进行倒模。

倒模的制作与障板的制作在用料及操作上相似，制作过程与效果图如图8-17所示。

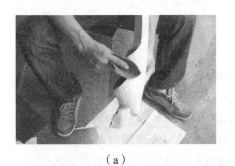 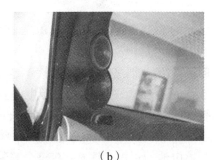

（a）　　　　　　　　　　　　（b）

图 8-17　倒模的制作与高音喇叭安装效果图

（a）制作过程；（b）效果图

（八）安装主机

主机安装通常有两种方式：一是将原装机拆卸，换成选定的主机；二是不改变原来的仪表台，而是通过倒模的方式将主机固定于汽车中控台的某一位置，可置于中控台上方，也可置于空调控制器下方。本项目改装选择用倒模的方式安装在空调控制器下方（如图8-18所示），此种装法和谐耐看，没有突出感。

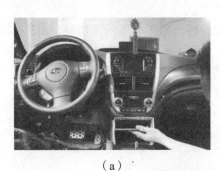 

（a）　　　　　　　　　　　　（b）

图 8-18　安装主机

（a）主机位置；（b）安装后的效果图

（九）安装功放

1. 功率放大器的固定

合适的固定功率放大器，对延长其使用寿命是十分重要的。功率放大器的固定位置选择必须有足够的空间，并能保持空气流通和防止潮湿。必须牢记住：绝对不可以把功率放大器的正面朝下固定。正面朝下固定将会破坏功率放大器散热，还会启动热保护电路，过分的热量会缩短功率放大器使用寿命。为了最大限度地散热，在功率放大器的周围至少要留有60mm的空隙。如有足够的空间，功率放大器可以固定在密闭盒内或在限定区域内，使用配有导管的75mm风扇，热量就可以通过散热器散热。要避免把放大器固定在超低音箱上。

若在振动环境下，有可能使功率放大器产生故障。为了避免碰伤功率放大器，可预先打好3mm直径的孔，用螺钉加以固定。必须小心地检查全部安装区域，以避开电线、真空管线、制动或燃料管线。

2. 线路连接

(1) 前面的 RCA 输入。把这些 RCA 连接器连接到音源前面的 LOW LEVEL（低电平）输出端。

(2) 后面的 RCA 输入。把这些 RCA 连接器连接到音源后面的 LOW LEVEL（低电平）输出端。

(3) RCA 输出。把这些 RCA 连接器连接到下一级放大器的 RCA 输入端。

(4) 地输入。通过一条 4g 线电源电缆直接连接到车辆的底盘上。注意：这是第一个需要连接的线。如果不这样做，功率放大器有可能损坏。

(5) +12V 输入。它必须通过一条 4g 线电源电缆再经过同轴熔断丝或自动断路器直接连接到车辆蓄电池的正极。注意：在整个安装过程中，该线必须是最后安装的线，否则有可能造成损坏。

(6) 远端输入。它是远端控制功率放大器的开关。当它接通时，+12V 电压就加到功率放大器上。它可以从音源的后面面板上找到。它以天线的电输出或远端接通输出的形式出现。如果没有提供该输入，可以把线接到 Acc 位置上。

(7) 熔断丝。确保正确选择指定的熔断丝规格。

(8) 扬声器输出。对扬声器作正确的连接。

(9) 注意事项：

①选择正确的电源线、扬声器线及控制线尺寸。

②当电源电缆穿过任何金属壁时，为避免尖锐棱角割坏电缆的保护层，对该部位的电缆要加装保护环。

③要避免电源电缆经过电动机部件和接近其他加热器。

④必须要选用同轴熔断丝保护器，以免短路引起车辆着火。

⑤熔断丝保护器越靠近蓄电池正极越好。

⑥电源线最后连接，必须把熔断丝退出或使电路断路器断开，直至其他电缆全部连接完为止。

⑦确保功率放大器搭铁良好，这是第一个需要连接的线。

⑧确保扬声器负载符合功率放大器要求的最小阻抗。

(十) 调试

1. 线路检查

汽车音响系统安装完毕后，先检查一下电源线。主要是查看正、负极是否正确，裸露部分是否有搭铁，连接点是否牢固，是否在安装过程中有硬损现象。尤其要查看从发动机舱到车厢、从车厢到行李舱的过渡处。这些地方很容易被割伤、压伤。再检查其他线路是否连接准确、牢固。

2. 初调

功率放大器和主机的增益全都调至最低点，电子分频器的分频点、相位调到设计的位置，前扬声器提升高频段输出，衰减低频段输出；后声场提升中低频段输出，衰减高频段输出；设定超低音频段，增益调到最低端。如有电子分频器，以电子分频器分割频段，功率放大器的频段一律调到全通。如无电子分频器，功率放大器的频率输出前声场调到高通或全通，后声场调到全通，低音调为低通。如果是均衡器全部频段放在中间位置，等候调节。

调节频率时应注意 3kHz 以上的频段有很强的方向感，是决定声场位置的。这就是为什么前声场用高通，而后声场用全通或削除了 3kHz 以上、70Hz 以下频率的带通的缘故。

3. 通电

将主电源的熔断丝装入熔断丝盒。打开主机，使各设备通电。如有电容，查看电容显示的电压是否和电源有大的差异。如电容无显示，可用万用表测量电压；再测量一下电源电压，一般电源的电压会稍高一点（在 1V 以内）。如果超出了这个值，应考虑电源线的选用和安装是否正确。

4. 增益（音量）的调节

将一张测试碟片放入主机，将音量逐渐调高到失真出现，再回调至不失真。逐渐增加功率放大器音量，直到不失真的最高点，功率放大器的音量就固定在此，以后音量调节主要以主机来调节。

5. 频率的调节

通常所说的"调音"实际上是指对各频段进行分割和调节，让各频段都能均衡地表现。目前调音普遍只重视高音和低音的表现，对于中音部分不太重视。而决定音质的好坏，中音部分恰恰是非常重要的。人耳最敏感的也是中音部分，在调节时应使用小音量，音量太大往往会掩盖某些细节。仔细聆听，对缺失的频段进行补偿，以保证全频段的平衡。也可根据个人的喜好，对某一频段进行补偿或衰减。总之，频率的分割和调节牵涉到很多的数据和概念，它需要调音者有长期的经验积累和具备一定的音乐素养及良好的听力，当然也可利用频谱分析仪来调节。如果这些都不具备，最好使用套装扬声器，扬声器上分音器的频率分割是非常准确的。功率放大器只要开到全通设置，就可保证全频段的平衡。

6. 音场及音像定位调节

在聆听音乐时，人们希望音乐是从前面流出的，而不习惯从背后传来，在车内也是如此，合格的汽车音响的声音应该是源自前风挡玻璃处。为了做到这点，除了把前声场的高频扬声器尽量靠前安装外（应注意与中频扬声器的距离），还应削除后声场 3kHz 以上的高音及 80Hz 以下的低音。

一般主机可以调节音场的高度、宽度和深度，相对来说前后左右平衡的调节就比较简单。

（十一）改装后音质的评价

1. 音质的评价标准

怎样才算一套好的汽车音响，在 IASCA 的标准里，它包括好的声音品质，安全的电路，完整的安装，美观的工艺，独一无二的创意，精确的频率反映，爆棚的声压。

汽车音响的声音品质评价，引用国际汽车音响大赛的评审标准，有以下四个方面：

（1）音调的准确性与全频段的平衡性。

（2）音场及堂音。

（3）音响定位。

（4）音响的线性。

2. 音调的准确性特性

音质中，音调的准确性与全频段的平衡性占主要部分，音调的准确性受六大特性影响：

1）响度

响度是指由声音所造成的听感刺激的强度，它会受到EQ或扬声器音压配合不良的影响。

2）音准

音准决定声音在音谱上的位置。它是一个主观品质，过度的失真及非线性会影响音准。

3）音色

音色是由某声音的基音与泛音相互作用后所产生的声音特性。它与器材、线材本质有关。

4）调制

调制指声音在大小，相位或频率上所产生的变化，它会因系统的相位、频率响应而受影响。

5）音响长度。音响长度就是发声的时间长度，它会受到系统的状态反映情况或障板谐振的影响。

6）粹发音及衰减。声音由小至大所需的时间（粹发音）及由大变小所需的时间（衰减），它会因系统反应不良、障板谐振及前期反射过强而受到不良的影响。

3. 声音频带的鉴别

根据以上六点，我们可以把声音分成四个频带来加以鉴别。

1）超低频（18～60Hz）

该频段表现所有大型弦乐器，大鼓、低音合成器、管风琴等为最低频。这个频段的声音在系统的再现下应该具有真实的量感及弹性，延伸度好，而且必须不失真。我们常见在该频段的缺陷是超低频因为衰减时间过长或声音模糊而显得拖泥带水。管风琴的最低频段是良好的范例。

2）中低频（60～200Hz）

它表现中型鼓（印度鼓、大拉丁鼓）、低音吉他及低音大提琴的中段、钢琴及音效合成器的低音，它要求能平顺地再生出富有弹性及细节的声音，难度是表现鼓与低音吉他的中击声与断音。这是一个音响改装极难的频段，因为在车体里，在这个频段会有共振或波峰的存在，影响声音的准确再生。好的系统应该表现出手拍鼓的鼓皮张力大小和冲击力，常见到的缺陷是把鼓的声音表现为夸张的低频合成器的声音。

3）中频（200～3 000Hz）

这是一个重要的频段，它包含了大部分的音乐信息，也是人耳最敏感的频段，优质扬声器与普通扬声器的分别就在这个频段，基本以人声为参照物，人声听起来应该真实而丰满没有黯淡或失真等不自然感受。

4）高频（3 000～20 000Hz）。在车内强反射的环境下，有利于高频的正常发挥，但由于安装位置的影响和衰减度的不当，大多数的汽车音响的高频会过于明亮而暴露出粗糙的质感和过度的舌齿音。

4. 音质的感观鉴别

经过四个频段的独立评价后，我们就要考量音乐全频段的平衡性，它表示了系统在整个音响频宽之内的音调准确性。常见的平衡性缺陷是超低频无度放大，这也造成许多车主不喜欢安装低音炮。

汽车音响音质的感观鉴别六要素：

1）清晰度

美妙的音质层次十分清晰，透明度好，每个字都能听得清。

2）丰满度

中、低音充分，高音适度，温暖、舒适感，有弹性。如果混响的时间偏短，尤其是低频段的混响时间比中频段还要短，其丰满度不会太好；音响系统的输出频率特性差，缺乏中低音，这样的声音就会显得干瘪无力，也谈不上丰满。

3）亲切感

就是通常人们所说的传神，即听到的声音存在着一种交流、倾诉感。而一般或很差的音质是体会不到这种效果的，它会使你感到紧迫而遥远。

4）平衡感

平衡感指的是左、右扬声器，主扬声器和辅助扬声器之间的输出功率的比例协调与相位的正确。立体声的左右声道一致性好，声响正常。如果声响有时有偏移又不够协调，那就算不上是好的音质。

5）环境感

声音的空间感好，整个给人逼真的感觉，用身临其境来形容好的音质是最恰当不过了。

6）响度

在响度方面，好的音质听起来是适宜、舒服的。特别提醒，在辨别音质时应该选择优秀的声源作为试听的节目源，还有选择自己熟悉的内容做测试是最有利的。

（十二）汽车音响的保养

1. 主机的保养

（1）夏季温度较高，阳光照射影响主机的使用寿命，车子停放时应使用遮阳板遮盖前风挡玻璃。

（2）不要将潮湿的CD盘插入光驱，这样会损坏镭射头。潮湿和高温是电子组件和镭射头老化的主要元凶。

（3）保持主机清洁，灰尘会影响主机的使用寿命。

（4）主机装盘一般选用吸入式，不要用手硬推，外力可能会损坏盘片，严重时还会损坏机内的托盘结构。

2. 喇叭保养

（1）雨水淋湿喇叭时会损坏机器，严重的还能烧毁主机电路。

（2）喇叭在高温下直接影响到音响的音质。入夏后如感觉音质与以往不同可以到专业音响店做相应的调试。

（3）盘片保养。

①盘片不要放在仪表台上。炎热的夏天，盘片在烈日的暴晒下很容易发生变形。

②音响的磁带部分，同样应注意避热防潮。

③盘片在长时间不用后会有灰尘和划伤，在擦拭碟面灰尘时要沿着与音频轨迹垂直的方向擦拭。

④尽量选择质量好的正版盘片。

项目 2　安装车载导航仪

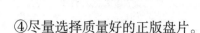学习目标

1. 能正确描述 GPS 的功用。
2. 能正确描述车载导航仪的类型。
3. 能正确描述车载导航仪的功用。
4. 能基本理解电气电路的特点、读懂电路识图。
5. 会安装与使用便携式车载导航仪。
6. 会安装与使用嵌入式车载导航仪。

一、项目情境引入

一车主买了一辆新车,他准备开着这辆车去自驾游,但他的车没有配置导航仪。他想安装一个,但是导航类型与种类繁多,选哪一种比较合适,又如何安装呢?

二、项目相关知识

车载导航仪具有 GPS 全球卫星定位系统功能,使驾车人随时随地知晓自己的确切位置,并且具有自动语音导航、最佳路径搜索等功能。目前高档轿车上都装备有车载导航设备,其他的车辆可以通过对原有车辆影音系统进行升级改装,也可以享受和高档轿车一样的配置。

（一）GPS 简介

全球定位系统（Global Positioning System,GPS）是美国从 20 世纪 70 年代开始研制,历时 20 年,耗资 200 亿美元,于 1994 年全面建成,具有在海、陆、空全方位实时三维导航与定位能力的新一代卫星导航与定位系统（图 8-19）。GPS 以全天候、高精度、自动化、高效益等显著特点,赢得广大测绘工作者的信赖,并成功地应用于大地测量、工程测量、航空摄影测量、运载工具导航和管制、地壳运动监测、工程变形监测、资源勘察、地球动力学等多种学科,从而给测绘领域带来一场深刻的技术革命。

图 8-19　GPS 导航系统

早在1994年3月，全球覆盖率高达98%的24颗GPS卫星星座已布设完成。这24颗工作卫星位于距地表20 200km的上空，均匀分布在6个轨道面上（每个轨道面4颗），轨道倾角为55°。此外，还有4颗有源备份卫星在轨道上运行。卫星的分布使得在全球任何地方、任何时间都可观测到4颗以上的卫星，并能保持良好定位解算精度的几何图像。这就提供了在时间上连续的全球导航能力。

接收机往往可以锁住4颗以上的卫星，这时接收机可按卫星的星座分布分成若干组，每组4颗，然后通过算法挑选出误差最小的一组用作定位，从而提高精度。由于卫星运行轨道、卫星时钟存在误差，大气对流层、电离层对信号的影响，使得民用GPS的定位精度只有100m。为提高定位精度，普遍采用差分GPS技术，建立基准站进行GPS观测，利用已知的基准站精确坐标，与观测值进行比较，从而得出一修正数，并对外发布。接收机收到该修正数后，与自身的观测值进行比较，消去大部分误差，得到一个比较准确的位置。实验表明，利用差分GPS，定位精度可提高到5m。

（二）车载导航仪

1. 功用与产品类型

车载导航功能是GPS全球卫星定位系统应用之一，导航仪可使驾驶员在驾驶汽车时随时随地知晓确切位置。车载导航仪根据驾驶员的设置选择最佳的行车路线，并进行自动语音导航。

车载导航仪分为便携式和嵌入式。便携式功能简单，安装非常方便，放在托架上并从点烟器上引出电源既可以使用，如图8-20所示为E路航E-V5款，其技术参数如表8-1所示，界面与接口如图8-21所示，其中USB接口是与"电子狗"相连接的，AVIN接口是用来连接倒车摄像头的，TF-CARD是用来插入扩展卡的。便携式常见的品牌有E路航、征服者、Newsmy/纽曼、GOU/任我游、善领、Garmin/佳明、Shinco/新科。

> 提示："电子狗"是一种车载装置，又称安全驾驶提醒仪。作用是提前提醒车主电子眼或测速雷达的存在，可防止因为超速或违规而被罚款和扣分，让驾驶者有防备的尽享驾驶乐趣。

图8-20　便携式车载导航仪

表 8-1 便携式车载导航仪技术参数

屏幕尺寸	5吋（12.7cm²）高分辨率 TFT 液晶触摸显示屏 800×480 像素
机身规格	135m×84m×13mm
系统信息	
主控型号	SiRF Atlas-IV 双核 ARM11
系统内存	64MB
存储介质	SD
扩展卡最大容量	8GB
导航配置	
操作系统	Wince.NET6.0
导航模块	主芯片内置 / 内置高灵敏度天线
卫星通道	24 通道
定位精度	5m 以内
启动时间	平均冷启动 42s、温启动 28s、热启动 1s
导航地图	内置 E 路航正版地图 papago 趴趴走
地图功能	3D 画面，路口放大，路径规划，语音提示，自动纠错，设施咨询，快速查找，显示设定
功能设置	
电池	内置 950mAH 聚合物锂电池
电源充电器	120/230V 适配器，5 V / 1.5 A，USB 插头
车用充电器	12～36 V 转 5 V / 1.5 A，USB 插头
游戏	内置益智游戏
音乐	支持 WMA9、MP3、WAV 格式的音频播放，支持顺序播放、随机播放、循环播放
电子书	支持 TXT 格式文本
工具	WIN 桌面，日程安排，记事本，电子词典，计算器，GPS 测试，唐诗宋词实用工具
图片	支持 JPG、GIF、BMP、PNG 格式图片
FLASH	支持 SWF 格式播放
FM 发射	全频发射 76～1078MHz，发射距离 <10m
语言支持	简、繁体中文，英、法、德、意大利、西班牙、葡萄牙、荷兰、丹麦、瑞典、挪威、希腊等多国语言
电影	支持 WMV、ASF、AVI 等播放，可调节播放进度、暂停、全屏播放视频文件

续表

LDT	内置 LDT 数据，实时升级更新；
随机配件	主机，座充，车充，背夹，支架，USB 数据线，地图光盘，保修卡，E 宝宝服务卡，触摸笔
AV-IN	支持无线倒车后视
蓝牙	蓝牙免提功能，带回声消除效果

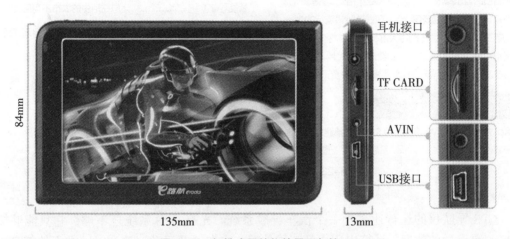

图 8-21　便携式导航仪的界面与接口

嵌入式车载导航仪是由专业生产厂家根据车型定制的，可以将原车影音系统进行替换升级，不但可以拥有车载导航功能，还兼具 DVD 播放器、收音接收、蓝牙免提、触摸屏、选配功能、智能轨迹倒车、胎压检测功能、虚拟六碟、后台控制功能，因此，也常将其称为 DVD 导航一体机或 GPS 影音导航系统，图 8-22 是适合安装于本田 CRV 的 GPS 影音导航系统及改装后的效果图，图 8-23 是其具有的五大功能系统，其中一部分功能需要网络支持。由上介绍可见，不同类型的车载导航仪其功能差别非常大。

（a）

（b）

图 8-22　嵌入式车载导航仪及改装后的效果
（a）导航仪实物；（b）改装效果图

辅助驾驶系统

蓝牙通信......................让您在驾驶中更安全的通信
倒车影像系统..................宽大视野，轻松倒车

娱乐系统

原车6碟CD...........融合原车6碟CD播放，更多音乐选择
原车空调控制...........触摸式空调设置，温度调节更便捷
天籁音质的音乐播放................纯数字格式CD音质播放
在线音乐..........连通3G网络，在线选听最流行的音乐 ★
炫动的高清电影..........7(8)吋大屏幕，真彩高清数字屏
在线电影.........................看最新的大片 ★
网络收音机........全球电台任你点播，世界资讯近在咫尺 ★

办公系统

Office文档处理......WORD、XLS、PPT都能表现非凡
电子邮件（E-MAIL）.................从容收发，把握商机

信息系统

上网冲浪...................畅享3G高速移动上网的魅力 ★
QQ、MSN、飞信............与您的亲朋、客户随时沟通 ★
股票信息........................从容把控大盘变幻 ★
订机票、订酒店........................从容预约 ★

智能导航系统

智能导航系统...................让您在陌生的城市不再陌生
智能交通系统......实时了解路况信息，从容规避拥堵路线 ★
位置共享系统......指路、救援、约会、出游变得简单 ★
一键导航系统......一键连通，迅捷规划，无忧导航 ★

注：带★号的应用需要网络支持。

图8-23 嵌入式车载导航仪五大功能系统

2. 构成

GPS导航仪的运行还需要一个汽车导航系统。光有GPS系统还不够，它只能够接收GPS卫星发送的数据，计算出用户的三维位置、方向以及运动速度和时间方面的信息，没有路径计算能力。用户手中的GPS接收设备要想实现路线导航功能还需要一套完善的包含硬件设备、电子地图、导航软件在内的汽车导航系统。

但就目前情况看来，市场中的GPS汽车导航仪在硬件上的差距并不大，内置的软件地图发展迅速，现在我国有8家地图公司从事导航地图软件的测绘与开发，如凯立德、道道通、四维图新、城际通、趴趴走（papago），经过几年的不断开发完善，都已能提供相当好的导航地图软件。车载导航系统主要由导航主机和导航显示终端两部分构成。内置的GPS天线会接收到来自环绕地球的24颗GPS卫星中的至少4颗所传递的数据信息，由此测定汽车当前所处的位置。导航主机通过GPS卫星信号确定的位置坐标与电子地图数据相匹配，便可确定汽车在电子地图中的准确位置。

GPS导航仪硬件部分包括芯片、天线、处理器、内存、显示屏、扬声器、按键、扩展功能插槽；软件部分主要是地图导航软件，总共由9个主要部分组成。

提示：随着导航地图软件测绘与开发的不断完善，产品内置的导航地图软件中数据库需要不断的升级更新，以达到更全面更为精确的导航效果。

三、项目实施——安装GPS影音导航系统

现以09款宝来安装汽车GPS影音导航系统，工艺流程图见图8-24所示，具体操作如下：

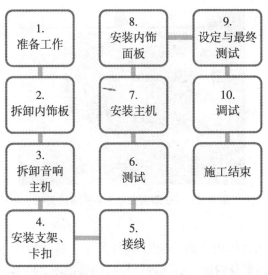

图 8-24 汽车 GPS 影音导航系统工艺流程图

1. 准备工作

(1) 明确作业内容：为 09 款宝来安装 GPS 影音导航系统主机。

(2) 阅读 GPS 影音导航系统主机相关说明。

(3) 准备好相关工具：主要有汽车音响空调内饰拆卸工具 9 件套（如图 8-25 所示）、万用表、12V 测试笔、绝缘胶布、密封胶、剥线钳、高温风枪、热缩管及常规拆装工具等。

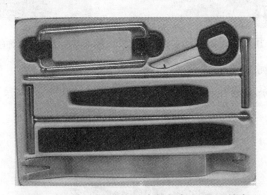

图 8-25 汽车音响空调内饰拆卸工具 9 件套

提示：内饰拆卸 9 件套，适用于汽车音响、防盗器、倒车雷达、中控锁等内饰部件的安装维护，是拆卸车内仪表、门板、压条、门扣、胶钉等的专业工具，还具有量度、螺丝对位、钩线、清洁等用途。

(4) 检查全车状况：着重检查原车中控及音响各功能，其面板如图 8-26 所示，并做必要的记录。将车停到正确的施工位置，取下钥匙，拉上手刹。

图 8-26　09 款宝来原车中控音响面板

2. 拆卸内饰板

小心拆下音响系统周边的内饰板，如图 8-27 所示。拆卸过程中内饰板是卡扣连接，使用专业工具小心不能划伤车身内饰。拆下内饰板后的效果图如图 8-28 所示。

图 8-27　用专用工具拆卸内饰板　　　图 8-28　拆下内饰板后的效果图

3. 拆卸原车音响主机

拆下固定原车音响系统螺栓，并取下主机，如图 8-29 所示，拆下线束并做好标记。

图 8-29　09 款宝来原车中控音响面板

4. 安装支架、卡扣

将卸下的原车主机上的支架、卡扣换装到 GPS 影音导航系统主机上。

5. 接线

连接原厂音响主机线束，安装好电源线、GPS 天线、收音机天线、音响及控制线束，如图 8-30 所示。

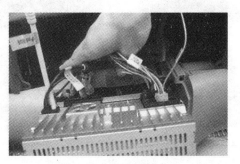

图 8-30　连接主机线束

6. 测试

接好线路后，将主机放置在便于支撑的位置上，然后将点火开关拨至 ACC 挡，打开 GPS 影音导航系统进行功能测试，如图 8-31 所示。若有问题需要进一步检测线束连接、电路供电及产品产量等问题。

图 8-31　GPS 影音导航系统测试

> **提示**：测试导航功能时，接收信号需要等待 60s 以上，具体时间视当时信号强弱。GPS 的信号是每秒传送一次，由于 GPS 是利用三角原理定位，所以要有三颗星以上才能定位成功，四颗星则会加上高度值。

7. 安装 GPS 影音导航系统主机

测试完成后，将 GPS 影音导航系统主机装入正位并固定。

8. 安装内饰面板

将内饰面板压入中控面板内，一定注意卡扣的位置，压入的力量不要过大，以免压坏卡扣。加装作业全部完成。

9. 设定与最终测试

（1）触摸屏设定。检查触摸屏是否校准，若没有请单击"触摸屏校准"按钮，系统会弹出"触摸屏校准"界面。用触摸笔点击十字光标中心，光标按中心、左上、左下、右上、右下路径移动，直至定标成功，系统将自动关闭触摸屏校准界面，返回系统设置主界面。

（2）最后进入全面测试，可依照产品说明来一一进行测试，图 8-32 为导航功能测试，图 8-33 为电视功能测试。

图8-32 导航测试

图8-33 电视功能测试

提示：进入导航时出现"程序错误，请与供应商联系"字样，表示地图数据丢失，要更换地图软件才能正常导航。注意：在未完全关机时不要将存储卡拨出。

如果找不到目的地或精确度不高则需要更新地图或更换导航地图软件。

项目3　改装氙气灯

学习目标

1. 能正确描述氙气灯的功用。
2. 能正确描述氙气灯的组成。
3. 会合理选用氙气灯泡。
4. 会进行氙气灯的安装与调试。

一、项目情境引入

小王的车用五年了，夜间驾驶时觉得灯光亮度越来越差了，已经严重影响行车安全。为此，他想改成氙气灯。对此，你有何建议？如何实施改装作业呢？

二、项目相关知识

（一）氙气灯发光原理

氙气灯（Intensity Discharge Lamp, HID）全称是气体放电灯，又称高强度放电式气体灯。氙气灯的发光原理是在 UV-cut 抗紫外线水晶石英玻璃管内，以多种化学气体充填，其中大部分为氙气（Xenon）与碘化物等惰性气体，然后再透过安定器（Ballast）将车上12V的直流电压瞬间增压至23 000V的电流，经过高压振幅激发石英管内的氙气电子游离，在两电极之间产生光源，这就是所谓的气体放电。而由氙气所产生的白色超强电弧光，可提高光线色温值，类似白昼的太阳光芒，HID工作时所需的电流量仅为3.5A，亮度是传统卤素灯泡的3倍，使用寿命比传统卤素灯泡长10倍。

氙气灯打破了爱迪生发明的钨丝发光原理，在石英灯管内填充高压惰性气体——Xenon氙气，取代传统的灯丝，在两段电极上有水银和碳素化合物，透过安定器高压电流刺激氙气发光，在两极间形成完美的白色电弧，发出的光接近非常完美的太阳光。

(二)氙气大灯的特点

氙气大灯虽存在在雨、雪、雾等天气情况下穿透力不及卤素灯,以及由于亮度过高,很容易使得对面来车驾驶员感到炫目而存在一定安全隐患这两大缺点外,其优点表现也非常突出。

1. 输出亮度高

一般的55W卤素灯只能产生1 000 lm·s的光量,而35W氙气灯能产生3 200 lm·s的光量,光量提升了300%。氙气灯拥有超长及超广角的宽广视野,让夜晚不再黑暗,视野更清晰,可大大减少行车事故。

2. 使用寿命长

氙气灯是利用电子激发气体发光,并无钨丝存在,因此寿命较长,约为3 000h,而卤素灯寿命只有500h。

3. 节能环保

氙气灯只有35W,而发出的是55W卤素灯3.5倍以上的光,大减轻汽车电力系统的负荷,电力损耗节省40%,相应提高了车辆性能,节约了能源。

4. 色温舒适度高

有4 300 ~ 12 000K等,6 000K接近日光,深受广大用户的好评,而卤素灯只有3 000K,光色且暗淡发红。

> **提示:** 避免氙气灯的两大缺点,可以通过对氙气灯合理选择来降低其缺陷的危害,更好发挥其长处。

(三)氙气灯的组成

氙气灯一般由灯头、电子安定器(也称镇流器、稳压器)、线组等组成,如图8-34所示。

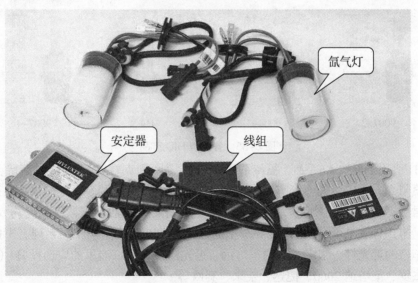

图8-34 氙气灯的组成

1. 灯头

灯头为水晶石英玻璃管,管内填充多种化学气体,其中大部分为氙气与碘化物等惰性气体。灯头内没有灯丝，有别于卤素灯。

2. 安定器

安定器是氙气灯的核心部件，它是利用蓄电池12V的直流电压，经过一系列的转换、控制、保护、升压、变频等动作后，产生一个瞬间23 000V的点火高压对灯头进行点火，点亮后再维持85V的交流电压。一个正常的氙气灯安定器必须具备的基本功能有：超电压保护、欠压保护、漏电保护、短路保护、反接保护、开路保护、防水、耐高低温等。

3. 线组

线组一般采用阻燃材料做成，通过加大电源线的截面积，提高了电流通过能力，以保证了氙气灯的正常工作。

（四）氙气灯的选用

1. 氙气灯适配类型选用

目前常见的车型灯泡型号主要有单灯系列、双灯系列（Bi-Xenon）、雾灯系列。

（1）单灯系列：H1、H3、H4、H7、H13、9004、9005、9006、9007、D1R/C/S、D2R/C/S、880、881、H4/H，部分产品如图8-35所示。

（2）双灯系列（Bi-Xenon）：H4伸缩型、H4双氙气灯、9004双氙气灯、9007双氙气灯。

（3）雾灯系列：H3、H8、H9、H10、H11。

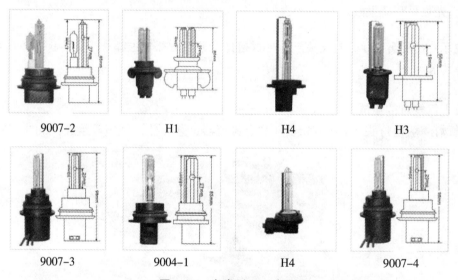

图8-35　各类型HID产品

其中H1适用于奥迪A6系列、福特系列、现代系列、别克君威、凯越、帕萨特、马3、马6、景程、尼桑阳光、本田奥德赛等车型的远光灯；H7适用于奥迪A6系列、福特系列、现代系列、别克君威、凯越、帕萨特、马3等车型的近光灯；9005适用于斯巴鲁翼豹、雅阁系列、大切诺基、丰田佳美2.4、尼桑风度等车型的远光灯；9006适用于雅阁系列、丰田花冠、尼桑风度等车型的近光灯。很多类型的车灯远、近光都在一个灯泡里的应选择H4（伸缩），如猎豹、帕杰罗、桑塔纳2000、捷达、宝来、赛欧等。

2. 氙气灯色温的认识与选择

不同色温的光，具有不同的照明和视觉效果。不同色温对应不同颜色的光如表8-2所示。可见，色温在3 000K左右时光色偏黄，色温在5 000K以上时光色偏蓝。

> 提示：色温以绝对温度 K 来表示，是将一标准黑色加热，温度升高至某一程度时颜色开始由红、橙、黄、绿、蓝、蓝紫、紫逐渐改变，利用这种光色变化的特性，定义为色温。

氙气灯的色温为 4 200 ~ 12 000K。色温越高，它对雾和雨的穿透力越差，即亮度反而更低，亮度是由 lm·s 来表示，而不是色温值。公认的人类最佳夜视色温值在 3 800 到 5 500 之间。色温超过 5 700K，人类的视觉及深度将大大降低；超过 6 000K，其实际的光输出伏特数将呈指数减少，因此色温值为 4 300 的 35W 氙气灯将是一个很好的选择，这被认为是最佳的白度与亮度的平衡点。

表 8-2 色温与灯光颜色及穿透力的关系

色温	灯光颜色及穿透力	色温	灯光颜色及穿透力
3 000K	黄色光，强穿透力	6 000K	光全白，略带蓝色
4 200K	白中带黄，原车配氙气灯	6 500K	阳光下的白天
5 000K	光全白（欧洲规定的最高色温）	7 000 ~ 8 000K	白中明显带蓝
8 000K 以上	蓝光，穿透力极差		

> 提示：有些人由于为了更酷一些，选择了色温过高的灯色偏蓝的氙气灯，然后这种蓝色灯光会特别刺激对方路人和司机的眼睛，不但让人不快，还会影响安全。

三、项目实施——改装氙气灯

现以安装 H4 伸缩型（远近光一体）氙气灯操作作业为例进行介绍，改装的工艺流程图如图 8-36 所示，具体操作如下：

图 8-36 氙气灯改装工艺流程图

1. 准备工作

1）明确安装类型

安装 H4 伸缩型（远近光一体）氙气灯

2）做必要的电路分析

氙气大灯电路由电瓶、控制线组盒、安定器、氙气灯泡和线束组成，其电路图如图 8-37 所示。要点亮氙气灯需要安定器将蓄电池的 12V 电压提升至 23 000V 以上，同时稳定后继续要提供 85V 供电电压，因此对电路供电能力的要求很高，所以该系统不能使用原来卤素大灯电路供电，要通过控制线组合正极和负极线直接与电瓶连接，并在火线上串联一个 30A 的保险丝，构成一个独立的供电系统。控制线组通过与原车大灯的控制插头连接，获得氙气灯开、闭控制信号，原车插头左右大灯各一个，其中只需要将一个作为控制型号，另一个用绝缘胶布裹好后妥善放置。控制线组盒的另一组线与两个安定器相连，给安定器供电，安定器再控制灯泡，安定器上的地线与车身壳体搭铁。当驾驶员打开大灯时，控制器通过原车大灯控制插头获得信号，控制盒内的继电器给安定器供电，安定器驱动氙气灯泡，使其发光。

> 提示：加装氙气大灯的重点在于氙气大灯安定器的加装，要认真解读氙气大灯说明书，对原车电路分析，在加装安定器后不能影响电子元件功能，特别是汽车电脑部分。

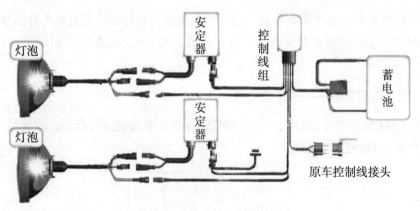

图 8-37　氙气灯电路图

3）备好施工作业工具

作业工具主要有万用表、12V 测试笔、绝缘胶布、密封胶、剥线钳、高温风枪、电钻及常规拆装工具等。

4）检查车况

检查全车状况，做必要的记录。将车停到正确的施工位置，取下钥匙，拉上手刹。

2. 拆卸卤素灯泡

待汽车发动机和灯罩冷却后，打开引擎盖，将氙气灯泡替换原有卤素灯泡，如图 8-38 所示。小心拆开线束，拆下橡胶密封座，拆下弹簧后旋转卤素灯泡，将灯泡取下。

（a）　　　　　　　　　　（b）

图 8-38　拆卸原车卤素灯泡

3. 安装氙气灯灯泡

氙气灯泡上的护罩去掉后，按拆卸卤素灯泡的方法将氙气灯复装到原车灯具上，注意灯座上的卡簧要卡到位。对橡胶密封座进行扩孔后将连线与氙气灯灯座插头相连，并复装橡胶密封座，最后在扩孔处涂上密封胶，做好密封处理。

> **提示**：在安装过程中避免划伤灯泡，不要用手触摸灯泡玻璃体。因为一旦手上的油脂黏附的灯头上，会引起散热不均而导致灯泡过早损坏。

4. 连接线路

按照电路图（图 8-37）的电气原理要求进行接线。接线时先接高压线，将高压线的阴阳头插入到专用接头的锁定位置，以防止高压接头进水，如图 8-39 所示，然后接低压线（直流 12V）。电源和搭铁连接可靠，安装过程中不要破坏原车线束，想换回卤素灯泡，几分钟内可以完成。

图 8-39　连接线路

提示： 安定器及灯泡的高压线安装时应注意清洁，不清洁的高压接头会漏电而产生氙气灯启动困难的故障。

5. 测试

打开点火开关，操作大灯远近光，检查氙气灯是否能正常工作，若能则可进行下一步的固定与整理线束工作；若没有正常启动点亮，需要进行故障检测，检查是否如电路图所示正确连接供电，检查供电与搭铁情况，打开大灯开关检查线组是否有信号过来。

6. 固定安定器

测试正确后将安定器及控制盒进行布置，把安定器固定在比较通风的位置，以方便散热，用扎带包扎固定，及螺丝拧紧，如图8-40所示。禁止把安定器固定在发动机及风扇旁。如果安定器温度达到105℃时，将会自动切断电源。

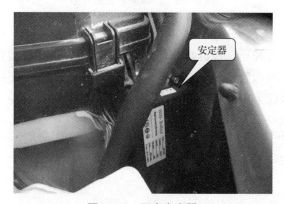

图8-40　固定安定器

提示： 不要将安定器装在发热体旁边，一般可以安装在保险杆附近。不要将安定器安装在一些电线旁边，不要安装在离水较近的地方，如水箱附近，过度的潮湿会导致安定器的漏电和老化。

7. 整理线束

用扎带将氙气灯线束包扎固定，如图8-41所示，注意不要过于靠近水箱等热源部件以及风扇等旋转部件。

图8-41　整理线束

提示： 安装时，专用线组走线一般尽可能美观，不要与发热体相连，以免温度过高造成电线短路断路。要用扎带扎好，不要与机械运动的部件接触，造成不必要的接触。

8. 检测完工

再次检测氙气灯工作情况，确保正常后收拾工具，关上发动机舱盖。

检测时如果出现故障可参照下列情况进行故障分析：

1）电压不稳

在安装时注意安装接地线，若接接地情况不良，氙气灯会出现时暗时亮的现象。电瓶使用时间过长，电压就会不稳，而达不到10V，造成安定器自动切断电路，氙气灯就会熄灭。不稳定的电压将直接影响到氙气灯的使用。

2）安定器工作不良

安定器温度达到105℃时，将会自动切断电源，氙气灯关闭。有的安定器质量不好，导致氙气灯开始工作时闪烁且时间较长，稳定后达不到足够的亮度。

3）散光

首先检查灯座是否安装到位，因不同车型的灯座略有不同，再检查灯座卡簧是否到位。

4）远近灯不变光（只适用于H4伸缩灯）

首先关闭电源，将灯泡取出，重新开启电源看能不能变光，如果能变光，说明问题在大灯总成，因有一些车灯座卡簧太紧，可用手或尖嘴钳将卡簧向外掰，以减少卡簧向内的弹力，不至于把灯体卡死。

5）灯闪或放电

首先检查灯泡顶端是否与总成内的挡光罩相接触，或者固距离太近引起放电，如果距离太近，可将总成内的挡光罩取掉，这不影响正常使用；另外检查安装时是否把陶瓷管碰断。

思 考 与 练 习

一、填空题

1. 汽车音响主要是由_____、_____、_____、音频处理器及线材等五部分构成

2. 按频响可以分为_____喇叭，_____喇叭，_____喇叭。

3. 高档汽车音响的频率响应已达_____。

4. 车载导航功能是_____应用之一，可使导航仪驾驶员在驾驶汽车时随时随地知晓确切位置。车载导航仪根据驾驶员的设置选择最佳的_____，并进行_____。

5. 车载导航仪分为_____式和_____式，其中，_____功能简单，安装非常方便，放在托架上并从点烟器上引出电源既可以使用。

6. 嵌入式车载导航仪是专业生产厂家根据_____的，可以将原车影音系统进行替换升级，不但可以拥有_____还兼具_____、收音接收、蓝牙免提、触摸屏、选配功能、智能轨迹倒车、胎压检测功能、虚拟六碟、后台控制功能。

7. 用户手中的GPS接收设备要想实现路线导航功能还需要一套完善的包含_____、_____、_____在内的汽车导航系统。

8. HID 氙气灯由_____、_____、_____等组成。

9. 要点亮氙气灯需要安定器将蓄电池的 12V 电压提升至_____以上，同时稳定后继续要提供_____供电电压。

二、选择题

1.（　　）品牌音响注重真实还原音乐的本色
　A. 欧美　　　　　B. 日本　　　　　C. 国产

2. 下列不是音乐信号的源头的是（　　）。
　A. CD　　　　　B. VCD　　　　　C. FM　　　　　D. DVD

3. 1994 年 3 月，全球覆盖率高达 98% 的（　　）GPS 卫星星座已布设完成，通过这些卫星的分布从而实现全球定位，为车载导航实现了可能。
　A. 4 颗　　　　　B. 12 颗　　　　　C. 24 颗

4. 内置的 GPS 天线会接收到来自环绕地球 GPS 卫星中的至少（　　）颗所传递的数据信息，由此测定汽车当前所处的位置。
　A. 3 颗　　　　　B. 4 颗　　　　　C. 6 颗

5. 当我们看到一辆很酷的呈现蓝色的灯光汽车时，我们可以基本判定它的色温为（　　）。
　A. 4 000K　　　　B. 5 000K　　　　C. 6 000K　　　　D. 7 000K 以上

6. H4 伸缩型属于（　　）。
　A. 单灯系列　　　B. 双灯系列　　　C. 雾灯系列

7. 依目前氙气灯技术来看，氙气灯色温最佳选择是（　　）。
　A. 4 300K　　　　B. 3 000K　　　　C. 8 000K　　　　D. 越大越好

三、判断题

1. 信噪比越大，汽车音响性能越好。（　　）

2. 灵敏度越高，调谐器性能越好。（　　）

3. 高音喇叭表现特性为具有强大震撼感，雄壮有力，丰满深沉。（　　）

4. 低音喇叭多安装在 A 柱上。（　　）

5. 便携式车载导航仪较嵌入式功能多一些。（　　）

6. 氙气灯要比卤素灯耗电量大。（　　）

7. 卤素灯与普通灯泡一样有灯丝，而氙气灯没有灯丝，这是氙气灯与卤素卤素灯重要区别之一。（　　）

8. 氙气灯亮度高且刺眼，利己不利于别人。（　　）

四、简答题

1. 简述汽车音响的组成及组成的类型。
2. 汽车音响的主要性能指标。
3. 汽车音响改装原则。
4. 汽车音响改装技术要求。
5. 简述如何制作障板。
6. 简述嵌入式车载导航仪功用。
7. 分析 GPS 导航仪的工作原理。
8. 简述安装氙气灯的好处。

9. 简述氙气灯灯泡的选用。

五、操作题

1. 安装汽车音响。
2. 安装车载导航仪作业。
3. 安装氙气灯作业。

参 考 文 献

［1］覃维献.汽车美容［M］.北京：北京理工大学出版社，2009.
［2］姚时俊.汽车美容［M］.北京：机械工业出版社，2008.
［3］覃维献.汽车美容与装饰［M］.北京：人民邮电版社，2011.
［3］李井清.汽车装饰与美容［M］.北京：电子工业出版社，2010.
［4］祖国海.汽车美容［M］.北京：机械工业出版社，2006.
［5］辛莉.汽车美容与装饰［M］.北京：机械工业出版社，2013.
［6］宋孟辉，孙涛.汽车美容与装饰［M］.北京：机械工业出版社，2011.
［7］钱岳明.汽车装潢与美容技术［M］.北京：人民交通出版社，2007.
［8］金守玲.汽车装饰与美容［M］.北京：北京大学出版社，2013.